제주도 · 제주시 · 서귀포시

공무직 공개채용 한국사 + 일반사회

SD에듀
㈜시대고시기획

2024 SD에듀 제주도 · 제주시 · 서귀포시
공무직 공개채용 한국사 + 일반사회

Always with you

사람의 인연은 길에서 우연하게 만나거나 함께 살아가는 것만을 의미하지는 않습니다.
책을 펴내는 출판사와 그 책을 읽는 독자의 만남도 소중한 인연입니다.
SD에듀는 항상 독자의 마음을 헤아리기 위해 노력하고 있습니다. 늘 독자와 함께하겠습니다.

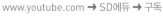

머리말

제주특별자치도 · 제주시 · 서귀포시 공무직 공개채용, 합격의 길을 열어드립니다!

제주특별자치도와 제주시 · 서귀포시에서는 공무직 근로자 공개채용을 시행해오고 있습니다. 공개채용은 각 도 · 시에서 개별적으로 진행되며, 18세 이상 60세 미만 이면 지원이 가능합니다. 공고일 이전 일부터 최종시험일까지 계속하여 제주특별자 치도와 제주시 · 서귀포시에 주민등록상 주소지를 두고 있는 사람이어야 하며, 시험 전형 및 우대사항은 직종에 따라 차이가 있습니다. 전형절차는 필기시험 ➡ 체력시험 ➡ 서류전형 ➡ 면접시험 ➡ 최종합격 순으로 진행되며, 도 · 시마다 차이가 있습니 다. 필기시험은 한국사와 일반사회(정치와 법, 경제, 사회 · 문화) 2과목으로 직종별로 차이가 있습니다. 문항수는 과목별 20문항입니다.

한국사와 일반사회, 단기간에 합격하도록 필요한 요점만 정리하여 공부해야 합니다!

본서는 제주특별자치도와 제주시 · 서귀포시의 공무직 공개채용을 준비하는 수험생 분들이 단기간에 필기시험을 대비할 수 있도록 한국사 · 일반사회 과목의 요점정리 와 출제예상문제를 실었고, 한국사 과목의 경우 주요 공공기관에서 출제된 기출복원 문제를 함께 수록해 시험대비에 도움이 되도록 했습니다.

도서의 특징

❶ 한국사와 일반사회의 광범위한 출제범위를 일목요연하게 핵심만 정리했습니다.

❷ 한국사와 일반사회 과목에서 출제될만한 예상문제를 정리해 수록했습니다.

❸ 한국사 과목의 경우 최근 주요 공공기관 채용시험에서 출제되었던 문제를 복원하여 별도로 수록했습니다.

제주도 · 제주시 · 서귀포시 공무직 공개채용을 준비하는 수험생 여러분들이 본서를 통해 합격의 길로 나아가시길 바랍니다.

시사상식연구소 씀

이 책의 구성과 특징 STRUCTURES

PART 1 한국사

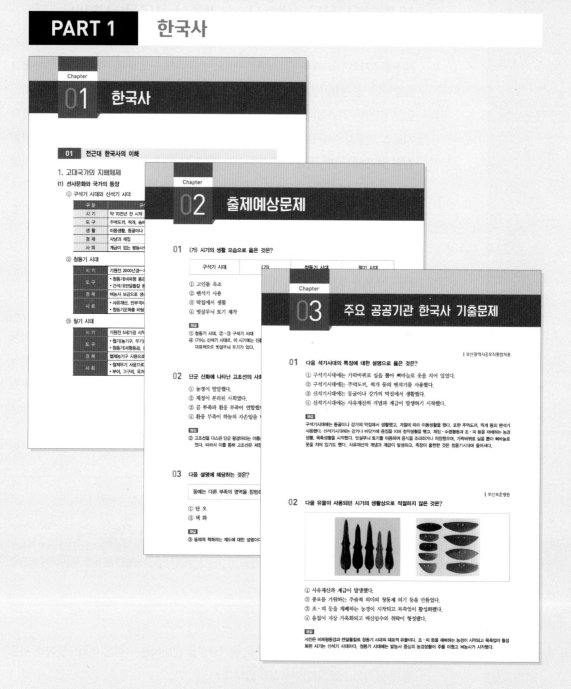

한국사 / 출제예상문제 / 주요 공공기관 한국사 기출문제

광범위한 한국사 과목의 이론내용을 한눈에 보기 쉽게 일목요연하게 정리하였으며, 학습한 내용을 정리할 출제예상문제를 수록했습니다. 아울러 주요 공공기관 채용시험에서 최근에 출제된 한국사 과목의 기출복원문제를 별도로 수록하여 빈틈없이 시험에 대비할 수 있도록 하였습니다.

PART 2 일반사회

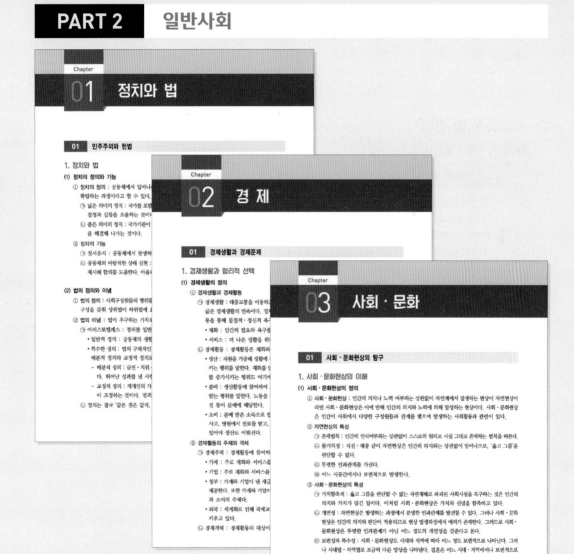

정치와 법 / 경제 / 사회·문화 / 출제예상문제

제주특별자치도와 제주시·서귀포시 공무직 공개채용에서 출제되는 일반사회 분야의 학습내용을 정치와 법, 경제, 사회·문화 등 과목별로 일목요연하게 정리했습니다. 아울러 실제 시험에서 출제될만한 출제예상문제를 수록해, 앞서 학습한 내용을 정리하고 시험에 더욱 만전을 기할 수 있도록 했습니다.

시험안내 INTRODUCE

◑ 선발인원

❶ **직종** : 일반사무, 농림환경, 시설, 관광교통, 운전, 보건위생, 환경미화
❷ **인원** : 총 ○○명

◑ 시험과목 및 방법

❶ **제1차 시험 : 필기시험(4지택1형)**

시험명	필기시험 과목		문항수	비 고
2024년도 제주특별자치도 · 제주시 · 서귀포시 공무직 공개채용	공무직 (환경미화원 제외)	한국사, 일반사회 (정치와 법, 경제, 사회 · 문화)	40문제	4지선다형
	공무직 (환경미화원)	한국사		

※ 합격자 결정 : 각 과목 40% 이상 득점한 자 중 고득점자 순으로 선발
※ 공무직(환경미화원 제외) : 채용인원의 1배수를 선발하되 동점자가 있을 경우 모두 필기시험 합격자로 처리
※ 공무직(환경미화원) : 채용인원의 3배수를 선발하되 동점자가 있을 경우 모두 필기시험 합격자로 처리

❷ **제2～4차 시험 : 체력시험, 서류전형, 면접시험**

구 분	2차 시험	3차 시험	4차 시험
공무직 (환경미화원 제외)	서류전형	면접시험	
공무직 (환경미화원)	체력시험	서류전형	면접시험

- 서류전형은 응시자격 요건의 적합 여부를 확인하고 당해 직무수행에 관련된 응시자의 자격요건 등이 소정의 기준에 적합한지 여부 서면심사
- 서류전형 불합격으로 인해 면접응시대상자가 채용예정인원보다 적을 경우, 필기시험 · 체력시험 차순위자에 대해서 서류전형을 추가로 실시함
- 환경미화원을 제외한 공무직 면접시험은 서류전형 합격자 대상으로 실시
- 환경미화원 체력시험의 경우, 과목과 합격자 결정기준이 제주시와 서귀포시가 각각 다르므로 반드시 공고를 확인할 것
- 면접시험은 5개 평정요소에 대하여 '평정성적이 우수한 자' 순으로 합격자 결정
  ※ 단, 면접위원 과반수가 2개 이상 평가요소에 대하여 "하(미흡)"으로 평정하거나 면접위원 과반수가 동일한 평가요소에 대하여 "하(미흡)"으로 평정한 경우에는 불합격 처리함

❸ **최종합격자 결정 : 면접시험 합격자 중 결격사유 없는 자를 최종합격자로 선발**

  ※ 전 단계에서의 시험에 합격한 자만이 다음 단계 시험 응시 가능
  ※ 공직 부적격자의 사전검증을 위한 면접시험을 강화하고 있으며, 선발예정인원에 미달되어도 면접시험 불량자는 불합격 처리

시험일정

채용공고 및 원서접수기간	구 분	시험장소 공고일	시험일자	합격자 발표
• 채용공고 : 3월 8일 • 원서접수 : 3월 29일~4월 4일	필기시험	4월 17일	4월 27일	5월 7일
	체력시험	5월 7일	5월 16일	5월 20일
	서류전형	–	제주도 : 5월 21일 제주·서귀포시 : 5월 24일	제주도 : 5월 24일 제주·서귀포시 : 5월 27일
	면접시험	제주도 : 5월 24일 제주·서귀포시 : 5월 27일	6월 5일	6월 12일

응시원서 접수

구 분	접수방법 및 응시료
접수처	자치단체 통합 인터넷 원서접수센터(local.gosi.go.kr)를 통하여 접수
응시료	없음 (무료)

응시자격

❶ 응시결격사유 : 「제주특별자치도 공무직 취업규정」 제6조(채용결격사유)의 규정에 의한 결격사유가 없고, 같은 규정 제50조(정년, 60세)에 해당하지 아니한 자

❷ 응시연령 : 2006.12.31. 이전 출생자로서 근무예정일부터 근무가능자

❸ 거주지 제한 : ①과 ② 중 하나만 충족하면 가능

　① 2024년 1월 1일 이전부터 최종시험일(면접시험)까지 계속하여 제주특별자치도 · 제주시 · 서귀포시에 주민 등록상 주소지를 갖고 있는 사람

　② 2024년 1월 1일 이전까지 제주특별자치도 · 제주시 · 서귀포시에 주소지를 두고 있던 기간을 합산하여 총 3년 이상인 사람

응시자 유의사항

❶ 각 도 · 시 중복접수, 응시원서접수 상의 기재 착오 또는 누락, 연락불능, 자격미비자의 응시, 거주지제한 미확인, 합격자발표 미확인 등은 응시자의 책임이므로 이를 확인하지 않았을 경우 본인에게 불이익이 될 수 있으며, 공고문을 통해 시험일정과 합격여부 등을 응시자 본인이 반드시 확인하시기 바랍니다.

❷ 필기시험 합격자는 반드시 필기시험 합격자 발표일에 안내하는 서류제출기간에 서류를 제출하여야 하며, 제출하지 않을 경우 면접시험에 응시할 수 없습니다.

　※ 제출서류 : 이력서, 자기소개서, 경력 및 자격증명서(사본), 자격요건 검증을 위한 동의서, 기타 증빙자료 등(필기시험 합격자 공고 시 첨부된 서식 활용)

❖ 본 시험안내는 2024년 제주특별자치도 · 제주시 · 서귀포시 공무직원 공개채용 공고를 바탕으로 정리한 것입니다. 2024년 공개 채용 시행계획의 상세일정 등이 변경될 수 있으니 반드시 제주특별자치도 홈페이지(www.jeju.go.kr), 제주시 홈페이지(www.jejusi.go.kr), 서귀포시 홈페이지(www.seogwipo.go.kr)에서 전체 공고문을 확인하시기 바랍니다.

이 책의 차례 CONTENTS

PART1

한국사

남에게 이기는 방법의 하나는 예의범절로 이기는 것이다.

– 조쉬 빌링스 –

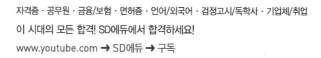

01 전근대 한국사의 이해

1. 고대국가의 지배체제

(1) 선사문화와 국가의 등장

① 구석기 시대와 신석기 시대

구 분	구석기 시대	신석기 시대
시 기	약 70만년 전 시작	약 1만년 전 시작
도 구	주먹도끼, 찍개, 슴베찌르개 등 뗀석기	간석기, 토기(빗살무늬토기), 가락바퀴, 뼈바늘
생 활	이동생활, 동굴이나 바위 그늘, 막집 거주	정착생활, 강가나 바닷가 움집 거주
경 제	사냥과 채집	농경과 목축 시작, 사냥과 채집
사 회	계급이 없는 평등사회, 무리생활	씨족마을 형성, 계급이 없는 평등사회

② 청동기 시대

시 기	기원전 2000년경~기원전 1500년경
도 구	• 청동기(비파형 동검, 거친무늬거울 등) • 간석기(반달돌칼 등 농기구), 토기(민무늬토기 등)
경 제	벼농사 보급으로 생산력 발전
사 회	• 사유재산, 빈부격차, 계급 발생 → 군장 출현(고인돌) • 청동기문화를 바탕으로 최초의 국가인 고조선 건국

③ 철기 시대

시 기	기원전 5세기경 시작
도 구	• 철기(농기구, 무기) • 청동기(세형동검, 잔무늬 거울) → 독자적인 청동기문화 형성
경 제	철제농기구 사용으로 농업 생산량 증가
사 회	• 철제무기 사용으로 정복전쟁 활발 • 부여, 고구려, 옥저, 동예, 삼한 등 여러 나라 등장

(2) 고조선과 여러 나라의 성장

① 고조선

건국	• 청동기문화를 바탕으로 단군왕검이 건국 • 요동 지방과 한반도 서북부에 위치
성장	• 연과 대립 • 부왕, 준왕 등 왕위 세습 • 기원전 2세기경 위만의 집권 → 철기문화 발달
사회	8조법(계급 사회, 개인의 노동력과 사유 재산 중시)으로 사회 질서 유지
멸망	한 무제의 침략으로 멸망(기원전 108년), 한 군현 설치

② 여러 나라의 성장

나라	지역	정치 체제	풍습
부여	쑹화강 유역	연맹국가, 사출도	형사취수제, 순장, 영고
고구려	졸본 지역	5부 연맹, 제가회의	형사취수제, 서옥제, 동맹
옥저	함경도 동해안	군장 국가 (읍군, 삼로)	민며느리제, 가족 공동 무덤
동예	강원도 북부 동해안		족외혼, 책화
삼한	한반도 남부	제정 분리 (천군, 소도)	벼농사, 철 수출(변한)

(3) 중앙집권국가로 발전한 삼국

① 중앙집권국가의 특징

ⓐ 중앙 체제 정비 : 관등제 마련, 공복 제정

ⓑ 율령 반포 : 국가와 백성을 다스리는 기준 마련

ⓒ 지방 행정 조직 정비

ⓓ 신분제 정비 : 골품제 등

ⓔ 불교 수용

② 고구려의 성장과 발전

1~2세기	태조왕	정복 활동 활발 → 옥저 정복, 요동 진출
	고국천왕	진대법 실시
4세기	미천왕	낙랑군 축출 → 대동강 유역 확보
	소수림왕	불교 수용, 태학 설립, 율령 반포
5세기	광개토대왕	만주 일대 장악, 신라에 침입한 왜 격퇴, 금관가야 공격, 한강 이북 차지
	장수왕	평양 천도(427), 남진 정책, 한강 유역 장악

③ 백제의 성장과 발전

3세기	고이왕	한강 유역 장악, 6좌평 등 관등과 공복 제정, 통치 조직 정비
4세기	근초고왕	마한 정복, 왕위 부자 상속, 고구려 평양성 공격(고국원왕 전사)
5세기	나제동맹 체결, 웅진 천도(475)	
6세기	무령왕	22담로에 왕족 파견, 중국 남조와 교류
	성왕	사비 천도, 국호 '남부여'로 변경, 한강 하류 일시 회복, 관산성 전투 패배

④ 신라의 성장과 발전

4세기	내물왕	김씨 왕위 계승 확립, '마립간' 칭호
6세기	지증왕	국호 '신라', '왕' 칭호, 우산국 정복
	법흥왕	불교 공인, 율령 반포, 17관등제 마련, 병부 및 상대등 설치, '건원' 연호 사용, 금관가야 정복
	진흥왕	화랑도를 국가 조직으로 개편, 영토 확장(한강 유역 장악, 대가야 정복, 함경도 진출) → 단양 신라 적성비, 진흥왕 순수비 건립

⑤ 가야연맹의 발전

건 국	• 변한 지역의 여러 소국에서 시작 • 철 생산 풍부, 벼농사 발달
금관가야	• 3세기 중반부터 전기 가야연맹 주도(김해) • 4세기 말 고구려 광개토대왕의 공격으로 쇠퇴
대가야	• 5세기 후반부터 후기 가야연맹 주도(고령) • 신라에 병합(562)

(4) 통일신라와 발해의 발전

① 신라의 삼국 통일

㉠ 고구려와 수·당의 전쟁 : 수의 침입 격퇴(살수 대첩, 612), 당의 침입 격퇴(안시성 싸움, 645)

㉡ 백제와 고구려 멸망 : 백제의 신라 공격 → 나당동맹 체결(648) → 나당연합군의 공격으로 백제 멸망(660), 고구려 멸망(668)

㉢ 백제와 고구려의 부흥 운동

백 제	복신·도침(주류성), 흑치상지(임존성) 주도 → 실패
고구려	검모잠·안승(한성) 주도 → 실패

㉣ 나당 전쟁과 신라의 삼국 통일 : 당의 한반도 지배 야욕(웅진 도독부, 계림 도독부, 안동 도호부 설치), 신라의 고구려 부흥 운동 지원, 사비에 주둔한 당군 격파 → 매소성·기벌포 전투에서 당에 승리 → 신라의 삼국통일(676)

② 통일신라의 발전

㉠ 왕권 강화

무열왕	최초의 진골 출신 왕
문무왕	삼국통일 완성
신문왕	김흠돌의 난 진압 → 진골 귀족 숙청, 왕권 강화

㉡ 통치 체제 정비

중 앙	• 집사부 중심 운영(장관인 시중의 권한 강화), 집사부 이하 13부가 행정 분담, 감찰 기구 설치 (사정부, 외사정 등) • 국학 설립 : 유학 교육, 인재 양성
지 방	• 9주 5소경, 특수 행정 구역인 향·부곡 존재 • 상수리 제도(지방 세력 견제) • 신라 촌락 문서(민정 문서) : 촌락 내 인구, 토지 종류와 면적, 가축 수 등 경제 상황 기록

군 사	9서당(중앙군), 10정(지방군)
관료제	• 신문왕 때 녹읍 폐지, 관료전 지급 → 귀족 세력 약화 • 골품 제도 : 정치적·사회적 지위와 일상생활까지 제한(가옥, 수레 등)

ⓒ 신라 말 지배 체제의 동요
- 신라 말의 상황 : 진골 귀족 간의 왕위 다툼(김헌창의 난, 장보고의 난) → 왕권 약화, 농민 봉기 빈번(원종과 애노의 난), 호족과 6두품 성장
- 후삼국 성립 : 견훤의 후백제(900), 궁예의 후고구려(901)

③ 발해의 발전
ⓐ 발해의 건국과 발전

대조영	지린성 동모산에서 발해 건국(698)
무 왕	영토 확장, 당의 산둥반도 공격, 신라 견제, 일본과 친교
문 왕	당·신라와 친선 관계, 당 문물 수용, 신라도를 통해 신라와 교류
선 왕	고구려 영토 대부분 회복, 최대 영토 확보 → '해동성국'이라 불림

ⓑ 발해의 통치 체제 정비

중 앙	3성 6부 : 당 제도 모방, 명칭과 운영은 독자적, 정당성 중심 운영(장관 대내상이 국정 총괄)
지 방	5경 15부 62주, 말단 촌락은 토착 세력이 운영

2. 고대사회의 종교와 사상

(1) 고대사회의 성장과 천신 신앙

① 선사 시대의 원시 신앙과 예술
ⓐ 구석기 시대 : 다산과 풍요, 사냥 성공 기원
ⓑ 신석기 시대 : 원시신앙 등장(애니미즘, 토테미즘, 샤머니즘)

② 고대의 천신 신앙
ⓐ 특징 : 초기 국가의 지배층이 자신의 기원을 천신과 연결 → 지배층의 통치를 정당화하는 논리로 이용
ⓑ 사례 : 단군의 고조선 건국 설화, 제천행사(영고, 동맹, 무천 등)

(2) 불교, 도교, 풍수지리설

① 불 교
ⓐ 수용 : 중앙집권국가로 발전하는 과정에서 수용 → 고구려 소수림왕, 백제 침류왕, 신라 법흥왕 (이차돈의 순교)
ⓑ 특 징

왕권강화	왕즉불 사상, 업설 수용(신분 질서 정당화), 신라의 불교식 왕명
호국불교	대규모 사찰 건설

ⓒ 통일신라 불교
- 특징 : 교리에 대한 이해 심화, 민간에 불교 확산
- 대표적 승려

원 효	일심사상·화쟁사상 주장, 아미타 신앙(불교 대중화)
의 상	당에 유학, 신라에 화엄사상 정립(〈화엄일승법계도〉), 관음신앙 전파
혜 초	인도와 중앙아시아 순례, 〈왕오천축국전〉

ⓔ 신라 말 선종 불교 유행

배 경	교종의 세속화·보수화
특 징	• 참선 수행 강조, 실천적 경향 • 9산 선문 형성 : 지방 호족 세력과 연결
영 향	지방 문화 발달, 6두품 출신 유학자들과 함께 새로운 사회 건설에 필요한 사상적 바탕

ⓜ 발해의 불교
- 특징 : 왕실과 귀족 중심으로 발달, 고구려 불교 계승
- 불교문화 : 이불병좌상, 흥륭사 발해 석등

② 도 교
ⓖ 수용 : 삼국 시대에 중국으로부터 전래돼 귀족을 중심으로 유행
ⓛ 특징 : 신선 사상을 바탕으로 산천 숭배, 민간신앙과 결합 → 불로장생, 현세 구복 추구
ⓒ 문화 : 고구려 고분 벽화(사신도), 백제 산수무늬 벽돌, 백제 금동 대향로

③ 풍수지리설
ⓖ 수용 : 신라 말 도선 등 선종 승려들이 체계적인 이론으로 수용
ⓛ 특징 : 산, 하천, 땅 등 지형적 요인이 인간 생활에 영향을 끼친다는 이론
ⓒ 영향 : 수도 금성에서 벗어나 지역의 중요성 인식, 지방 호족 세력의 확대 뒷받침

(3) 유학의 발달

① 삼국 시대
ⓖ 수용 : 중국과 교류하며 수용
ⓛ 특징 : 교육기관 설립(국가 주도) → 인재 양성, 유교적 도덕규범 장려

고구려	소수림왕 때 중앙에 태학 설립(유교 경전, 역사 교육), 지방에 경당(한학, 무술 교육)
백 제	오경박사(유학 교육)
신 라	임신서기석(청년들이 유교 경전을 공부한 내용이 적혀 있음)

ⓒ 역사서 편찬 : 국력 안정 도모와 왕권 강화

고구려	〈유기〉 100권 편찬, 이문진의 〈신집〉 5권(영양왕)
백 제	고흥의 〈서기〉(근초고왕)
신 라	거칠부의 〈국사〉(진흥왕)

② 통일신라와 발해

　㉠ 통일신라

　　• 유학의 통치 이념화 : 유학 교육기관인 국학 설립(신문왕), 독서삼품과 실시(원성왕)

　　• 대표적 유학자

6두품	강수(외교 문서 작성), 설총(이두 정리), 최치원(당의 빈공과 급제, 개혁안 10여 조 건의, 〈계원필경〉 저술)
진 골	김대문(〈화랑세기〉, 〈고승전〉 저술)

　㉡ 발 해

　　• 6부의 명칭에 유교 덕목 사용

　　• 주자감(유교 경전 교육), 문적원(유교 서적 관리) 설립

3. 고려의 통치 체제와 국제 질서의 변동

(1) 고려 건국과 통치 체제 정비

① 후삼국 통일

　㉠ 왕건이 궁예를 축출하고 고려 건국(918)

　㉡ 신라 경순왕의 항복 → 후백제 격파 → 후삼국 통일(936)

② 국가 기틀 확립

태 조	• 호족 통합 정책 : 유력 호족과 혼인, 성씨 하사, 사심관 제도와 기인 제도 • 민생 안정 : 조세 부담 축소 • 북진 정책 : 고구려 계승 의식, 서경(평양) 중시
광 종	노비안검법 실시(호족, 공신의 경제력 약화), 과거제 실시, 관리 공복 제정, 황제 칭호와 독자적 연호 '준풍' 사용
성 종	• 유교 정치 : 최승로의 시무 28조 수용, 불교 행사 억제, 국자감 설치 • 통치 체제 : 2성 6부제, 12목에 지방관 파견, 향리제 정비

③ 고려의 통치 체제

　㉠ 중앙정치제도

2성 6부	• 2성 : 중서문하성(최고 관서, 문하시중이 국정 총괄, 재신·낭사), 상서성(6부 관리, 정책 집행) • 6부(이부·호부·예부·병부·형부·공부) : 국정 실무 담당
중추원	군사 기밀, 왕명 출납 담당
어사대	관리 비리 감찰 및 풍속 교정, 어사대의 관원은 중서문하성의 낭사와 함께 대간으로 불림
삼 사	화폐와 곡식 출납 등 회계 담당
귀족회의기구	• 도병마사 : 국방 문제 논의 • 식목도감 : 법률, 제도 제정

ⓛ 지방 행정 제도

5도	일반 행정 구역(안찰사 파견), 주현보다 속현이 많음
양 계	군사 행정 구역, 병마사 파견, 진 설치
향·부곡·소	특수 행정 구역, 주현 수령의 지배

ⓒ 군사 제도

중 앙	2군(국왕 친위 부대), 6위(수도 경비, 국경 방어)
지 방	주현군(5도 주둔), 주진군(양계 주둔, 상비군)

ⓐ 관리 등용과 교육 제도

관리 등용	• 과거 제도 : 양인 이상 응시 가능, 문과와 잡과 위주, 무과 없음 • 음서 : 공신이나 5품 이상 고위 관리 자제를 과거 없이 관직에 임용
교육 기관	• 국자감(개경), 향교(지방) → 관리 양성과 유학 교육 진흥 • 고려 중기 최충의 문헌공도를 비롯해 사학 12도 융성

(2) 고려 전기의 대외 관계

① 다원적 동아시아 질서와 고려의 천하관

ⓐ 10~12세기 동아시아 질서 : 당 중심의 국제 질서 붕괴로 다원적 국제 질서 확립 → 고려, 거란, 송 사이에 세력 균형

ⓛ 고려의 독자적 천하관 : 해동 천하 인식, 황제국 체제(황제, 천자 칭호 사용)

② 고려의 대외 관계

ⓐ 거란의 침입

1차 침입	서희의 외교 담판(993) → 강동 6주 확보
2차 침입	강조의 정변을 구실로 고려 침입(1010) → 양규의 항전
3차 침입	강감찬의 귀주대첩(1019) 승리, 나성(개경)과 천리장성(압록강~영흥) 축조

ⓛ 여진과의 충돌

• 12세기 초 세력을 키운 여진이 동북쪽 국경 침략 → 윤관이 별무반 편성 후 여진 정벌 → 동북 9성 설치

• 여진의 성장 : 여진의 금 건국(1115) → 고려에 군신 관계 요구 → 이자겸 등이 금의 요구 수용

(3) 문벌귀족 사회의 동요와 무신정권 성립

① 문벌귀족 사회

ⓐ 문벌 형성 : 여러 대에 걸쳐 고위 관직을 독점한 가문이 문벌 형성, 상호 혼인 관계로 지위 유지, 음서·공음전 혜택

ⓛ 문벌귀족 사회의 동요

이자겸의 난(1126)	• 배경 : 외척 이자겸이 권력 독점 • 전개 : 인종과 측근 세력의 이자겸 제거 시도 → 이자겸, 척준경의 반란 • 결과 : 국왕 권위 실추, 문벌사회 분열
묘청의 서경 천도 운동(1135)	• 배경 : 인종의 개혁 • 전개 : 서경 세력(묘청·정지상)이 황제 칭호, 서경 천도, 금 정벌 등 주장 → 개경 세력(김부식) 반발 → 서경 세력이 서경에서 반란 → 김부식의 관군에게 진압

② 무신정권 성립

ⓐ 무신정변(1170)

- 배경 : 무신에 대한 차별 대우
- 전개 : 정중부·이의방 등이 정변 → 중방 중심 정치 운영 → 무신 간의 잦은 권력 다툼과 백성 수탈로 혼란 심화

ⓑ 최씨 무신정권 수립

- 최충헌 집권 : 교정도감 설치, 사병 집단인 도방 확대 → 이후 4대 60여 년간 최씨 가문이 권력 독점
- 최우 : 정방·서방 설치, 야별초 조직
- 농민과 천민의 난 빈번 : 망이·망소이의 난(공주 명학소), 김사미·효심의 난, 만적의 난(신분 해방 운동)

③ 몽골의 침략과 무신정권의 몰락

몽골의 침략	몽골 사신 피살 사건 → 몽골의 고려 침략 → 최씨 정권의 강화도 천도 → 처인성 전투, 충주성 전투 → 최씨 정권 몰락, 몽골과 강화 체결 → 개경 환도
삼별초 항쟁	삼별초가 몽골과 강화 반대, 강화도에서 진도·제주도로 차례로 이동하며 항전 → 고려와 몽골의 연합군에게 진압됨

(4) 원 간섭기와 고려 후기 정치 변동

① 원 간섭기 고려의 상황

원의 내정 간섭	• 위상 격하 : 원의 부마국, 왕실 칭호와 관제 격하 • 영토 상실 : 쌍성총관부, 동녕부, 탐라총관부 설치 • 일본 원정 동원 : 정동행성 설치(다루가치 파견) • 공물·공녀 요구, 몽골풍 유행
권문세족의 성장	• 친원적 성향 • 주로 음서로 관직 진출, 고위 관직 독점(도평의사사 장악), 지위 세습, 대농장과 노비 소유

② 고려 후기 정치 변동

　　㉠ 공민왕의 개혁 정책

반원 자주 정책	• 기철 등 친원파 제거, 정동행성 이문소 폐지 • 왕실 칭호와 관제 복구, 몽골풍 금지 • 쌍성총관부 공격 → 철령 이북 지역 수복
왕권 강화 정책	• 정방 폐지 : 인사권 장악 • 신진사대부 등용 • 신돈 등용(전민변정도감 설치)

　　㉡ 신진사대부의 성장과 고려의 멸망

신진사대부	• 지방 향리 자제, 중소 지주 출신 → 공민왕의 개혁 정치로 성장 • 성리학 수용, 권문세족과 사회 모순 비판
신흥 무인 세력	14세기 후반 홍건적과 왜구를 격퇴하는 과정에서 성장(이성계, 최영 등)

　　㉢ 고려 멸망 : 요동 정벌 추진 → 이성계의 위화도 회군(1388) → 이성계, 정도전 등이 과전법 실시(1391) → 조선 건국(1392)

4. 고려의 사회와 사상

(1) 고려의 신분 구조와 사회 모습

① 신분 구조 : 신라의 골품제에 비해 개방적, 과거나 군공을 통해 신분 상승 가능

	양 반	• 최상위 지배층 : 왕족, 문반, 무반 • 특징 : 문벌 형성(고위 관직 세습, 상호 혼인 관계)
양 민	중간계층	• 구성 : 서리, 남반, 향리, 하급 장교 등 • 특징 : 향리가 지방 행정을 실질적으로 담당(속현), 직역의 대가로 토지를 받음, 신분 세습
	양민(평민)	• 일반 군현민 : 농민(백정), 상인, 수공업자 • 특수 행정 구역민 : 향·부곡·소의 거주민, 일반 군현민에 비해 조세 차별받음, 이주 금지
천 민	천 민	• 대다수가 노비 : 공노비(국가 소유), 사노비(개인 소유) • 특징 : 매매, 증여, 상속의 대상

② 고려 사회의 모습

사회 시책	• 의창 : 흉년 시 빈민 구제 • 상평창 : 물가 안정 활동 • 동서 대비원 : 환자 진료 및 빈민 구제 • 제위보 : 기금 마련, 이자로 빈민 구제
가족 제도	• 일부일처제 • 여성의 지위 : 비교적 수평적, 여성 호주 가능, 태어난 순서대로 호적 기재, 여성 이혼과 재혼 가능, 재산 자녀 균등 상속, 사위와 외손에게 음서 혜택
사회 공동체	향도 : 불교 신앙 활동 + 마을 공동체 유지

(2) 유학의 발달과 역사 인식의 변화

① 유학의 발달

고려 전기	• 6두품 출신 유학자 등용(태조), 과거제 시행(광종) • 유교 정치 이념 확립, 국자감 설립(성종)
고려 중기	• 최충의 9재 학당 : 고려 유학 발전 • 김부식 : 이자겸의 난 진압, 금의 사대 요구 수용 등 보수적 경향 → 유학 침체
고려 후기	• 충렬왕 때 안향이 성리학 소개 • 신진사대부의 성리학 수용, 권문세족 비판

② 역사서 편찬

고려 중기	김부식의 〈삼국사기〉 : 기전체, 유교적 합리주의 사관, 현존하는 가장 오래된 역사서
고려 후기	• 몽골 침략과 원 간섭으로 자주 의식을 강조한 역사서 편찬 → 이규보의 〈동명왕편〉(고구려 계승 의식), 이승휴의 〈제왕운기〉와 일연의 〈삼국유사〉(단군을 민족의 시조로 서술) • 성리학적 유교 사관 : 이제현의 〈사략〉

(3) 불교, 도교, 풍수지리설의 발달

① 불교의 발달

ㄱ 국가의 불교 장려 : 태조의 훈요 10조, 광종 때 국사·왕사 제도 및 승과 실시, 사찰 건립, 불교 행사 거행

ㄴ 대표적 승려

의 천	• 교종 통합(화엄종 중심), 해동 천태종 창시 • 교관겸수 제창
지 눌	• 송광사에서 수선사 결사 운동, 조계종 창시 • 돈오점수, 정혜쌍수 주장
혜 심	유불일치설 주장, 심성의 도야 강조(성리학 수용의 사상적 토대 마련)
요 세	• 천태종 신앙 결사체인 백련사 조직 • 참회(법화) 신앙

ㄷ 대장경 조판

• 초조대장경 : 부처의 힘으로 거란의 침략을 물리치고자 간행 → 대구 부인사 보관 중 몽골 침략 때 소실

• 팔만대장경 : 몽골의 침입 때, 격퇴를 염원하며 간행 → 유네스코 세계기록유산(합천 해인사 보관)

② 도교와 풍수지리설의 발달

ㄱ 도교 : 나라의 안녕과 왕실의 번영 기원, 불로장생과 현세 구복 추구

ㄴ 풍수지리설 : 신라 말 도선 소개, 서경 길지설(묘청의 천도 운동의 이론적 근거), 한양 명당설(조선 수도 선정의 사상적 배경)

5. 조선의 정치운영과 세계관의 변화

(1) 조선의 건국과 통치 체제 정비

① 조선 건국과 유교 정치 확립

   ㉠ 조선 건국 과정 : 명 건국 → 이성계와 급진파 신진사대부가 위화도 회군으로 정치적 실권 장악
(1388) → 과전법 시행 → 조선 건국(1392)

   ㉡ 유교 정치 확립

태 조	• 국호 '조선', 한양 천도(1394) • 군사 체제 정비, 경복궁 건설 • 정도전의 활약 : 재상 중심의 정치 주장, 불교 비판(〈불씨잡변〉 저술) → 성리학의 통치 이념화
태 종	• 왕권 강화 : 의정부 설치와 6조 직계제 실시, 사간원 독립, 개국 공신 세력 견제와 숙청 • 사병 제도 폐지 : 국왕이 군사 지휘권 장악 • 국가의 경제 기반 안정 : 사원전・사원의 노비 제한, 양전사업 실시, 호패법 시행
세 종	의정부 서사제 실시(왕권과 신권의 조화), 경연 활성화, 집현전 설치(학문 연구), 훈민정음 창제・반포
세 조	왕권 강화 : 6조 직계제 실시, 집현전과 경연 제도 폐지, 유향소 폐지, 직전법 실시
성 종	• 홍문관 설치 : 경연 활성화 • 문물 정비 : 조선 왕조의 기본 법전인 〈경국대전〉 완성 → 유교적 통치 체제 확립

② 유교적 통치 체제 정비

   ㉠ 중앙정치제도와 지방행정제도

중앙 정치 제도	의정부	국정 총괄, 재상 합의 기구
	6조	직능에 따라 행정 분담, 실제 행정 집행
	3사	사헌부(관리 감찰), 사간원(간쟁), 홍문관(경연) → 언론 기능, 권력 독점 견제
	기 타	승정원(왕명 출납), 의금부(중죄인 처벌), 한성부(수도 행정, 치안 담당), 춘추관(역사서 편찬, 보관)
지방행정제도		• 8도 : 관찰사 파견 - 부・목・군・현(모든 군현에 수령 파견) • 향리 : 수령 업무 보좌, 지방 행정 실무 담당, 고려 시대에 비해 권한 약화 • 유향소(향청) : 지방 사족의 향촌 자치 기구, 수령 업무 보좌, 수령과 향리 감시, 풍속 교화

   ㉡ 군사 제도

군역 제도		양인 개병제, 정군(현역)과 보인(정군 비용 부담)
조 직	중앙군	5위 : 궁궐, 수도 방어
	지방군	• 영・진 방어 • 병마절도사・수군절도사가 지휘

   ㉢ 관리 등용 제도와 교육 제도

관리 등용 제도	과거(문과, 무과, 잡과), 음서(고려에 비해 대상축소), 천거제 실시
교육 제도	• 유학 교육 : 성균관(중앙 최고 교육 기관), 향교(지방 군현에 설치), 서원・서당(사립 교육 기관) • 기술 교육 : 각 해당 관청에서 담당

(2) 정치 운영의 변화

① 사림의 성장과 사화 발생

- ㉠ 사림의 형성과 성장 : 지방 사대부·중소 지주 출신으로 왕도정치와 향촌 자치 추구 → 성종 때 본격적으로 정치 참여, 3사의 언관직 차지(훈구파의 비리 비판)
- ㉡ 사화 발생

무오사화(연산군)	훈구 세력이 김종직의 조의제문을 문제 삼아 사림 축출
갑자사화(연산군)	연산군이 생모 폐위 문제로 훈구와 사림 세력 제거
기묘사화(중종)	조광조의 개혁 정치(3사의 언론 활동 활성화, 현량과 실시, 위훈 삭제, 소격서 폐지 등) → 훈구 세력의 반발로 조광조 및 사림 제거
을사사화(명종)	외척 간의 권력 다툼 과정에서 훈구와 사림 세력이 피해를 입음

② 붕당정치의 전개와 변질

- ㉠ 사림 세력 확대 : 서원과 향약을 기반으로 향촌 사회에서 세력 확대, 중앙 정계에서 세력 확장
- ㉡ 붕당 형성과 분화 : 이조 전랑 임명 문제로 대립 → 동인과 서인으로 분화

동 인	신진 사림(김효원 등), 척신 정치 청산과 도덕성 강조 → 이황, 조식, 서경덕의 학통 계승
서 인	기성 사림(심의겸 등), 척신 정치 청산에 소극적 → 이이와 성혼의 학통 계승

- ㉢ 붕당정치의 전개와 변질

선조~광해군	• 동인이 정여립 모반 사건을 계기로 남인과 북인으로 분화 • 광해군 때 북인 집권
인조~효종	인조반정 후 서인 집권 → 상호비판적 공존
현 종	두 차례 예송 발생 → 서인과 남인 대립 심화
숙 종	• 환국 전개 → 3사의 언론 기능 변질, 남인 몰락, 서인은 노론과 소론으로 분화 • 붕당 간 보복과 탄압으로 일당 전제화 경향

③ 탕평정치

- ㉠ 영조와 정조의 탕평정치

영 조	• 탕평 교서 발표(탕평비 건립) → 탕평 정책에 동의하는 인물(탕평파)을 등용해 정국 운영 • 붕당의 뿌리 제거 : 공론의 주재자인 산림의 존재를 인정하지 않음, 붕당의 근거지인 서원 정리 • 이조 전랑 권한 축소 • 개혁 정치 : 균역법 실시, 군영 정비, 신문고 제도 부활, 가혹한 형벌 폐지 • 문물제도 정비 : 〈속대전〉, 〈속오례의〉, 〈동국문헌비고〉 등 편찬
정 조	• 탕평책 계승(적극적 탕평), 소론 및 남인 계열 중용 • 규장각 설치 : 서얼 출신 등용, 국왕의 권력·정책을 뒷받침하는 정치 기구 • 초계문신제 시행 : 신진 인물이나 하급 관리 중 능력 있는 자를 재교육 • 장용영 설치 : 수원에 설치한 국왕 친위군, 군영의 독립적 성격 약화 → 왕권을 뒷받침하는 군사적 기반 • 수원의 화성 건설 : 정치적·군사적 기능 부여 → 정치적 이상을 실현하는 상징적 도시 육성 • 문물제도 정비 : 신해통공(금난전권 폐지), 〈대전통편〉, 〈무예도보통지〉, 〈탁지지〉 편찬

- ㉡ 탕평책의 한계 : 붕당 간 정쟁을 완화했으나 왕과 외척에 권력 집중 → 세도정치의 배경이 됨

④ 세도정치의 전개

배 경	탕평정치의 붕괴로 유력 가문 출신에 권력 집중
전 개	순조, 헌종, 철종의 3대 60여 년 동안 안동 김씨, 풍양 조씨 등 몇몇 가문의 권력 독점
폐 단	• 소수의 유력한 가문들이 권력과 이권 독점, 언론 활동 위축 • 비변사의 권한 강화 : 의정부와 6조 유명무실화 → 비변사에 권력 집중 • 정치 기강 문란 : 과거제 문란, 매관매직 등 • 탐관오리 수탈 극심, 삼정(전정・군정・환곡)의 문란으로 농촌 경제 피폐

(3) 국제 질서의 변동과 조선의 대외 관계

① 사대교린의 외교 관계

㉠ 명과의 사대 관계

조 공	사신 파견・조공(경제적・문화적 교류 및 선진 문물 수용)
책 봉	명으로부터 국왕의 지위를 인정받음

㉡ 여진・일본과의 교린 관계

여 진	• 회유책 : 귀순 장려, 국경 무역(무역소)과 조공 무역(북평관) 허용 • 강경책 : 4군 6진 개척(세종 때, 압록강~두만강까지 영토 확보)
일 본	• 회유책 : 계해약조 → 제한적 무역 허용, 3포 개항 • 강경책 : 세종 때 왜구의 본거지인 대마도 정벌(이종무)

② 임진왜란(1592)

㉠ 왜란의 배경 : 일본을 통일한 도요토미 히데요시의 대륙 침략 결정

㉡ 전개 과정

전쟁 초기	일본군이 한성과 평양 함락 → 선조의 의주 피난 → 명에 지원군 요청
수군의 활약	이순신(전라 좌수사)의 수군이 남해에서 활약 → 옥포, 사천(거북선 최초 사용), 한산도대첩(학익진 전법) 승리 → 전라도 곡창 지대 방어
의병의 항쟁	대표적 의병장 : 곽재우, 고경명, 조헌, 정문부, 서산대사, 사명대사 등
전쟁 극복	• 명군 참전, 조명연합군의 평양성 탈환, 권율의 행주대첩 승리 → 명의 휴전 제의 • 전열 정비 : 훈련도감 설치, 지방군 편제 개편(속오법 실시), 화포 개량, 조총 제작 등
정유재란(1597)	• 조명 연합군이 재침입한 왜군을 직산에서 격퇴 • 이순신이 명량해전에서 왜군 대파 → 전세가 불리해진 일본군 철수

㉢ 왜란의 결과

• 조선의 변화

비변사 기능 강화	비변사가 임진왜란 이후 군사뿐 아니라 모든 정무를 총괄하는 최고 회의 기구화 됨 → 왕권 약화, 의정부・6조 중심 행정 체계 유명무실화
사회 변화	• 인구 감소, 농토 황폐화, 국가 재정 궁핍, 식량 부족 • 토지대장과 호적 소실 : 조세・역 징발 곤란 • 공명첩 발행과 신분제 동요 • 문화재 소실 : 경복궁, 불국사, 사고(전주사고만 보존)

• 동아시아의 변화

일 본	• 도쿠가와 이에야스의 에도막부 정권 성립 • 문화재 약탈, 포로로 잡아간 조선 학자와 기술자들에 의해 성리학·도자기 문화 전래
중 국	• 명 : 막대한 전쟁 비용 소모로 국력 쇠퇴 • 여진 : 명의 쇠퇴를 틈타 후금 건국 → 명·청 교체

• 일본과 국교 재개 : 에도막부의 요청으로 조선통신사 파견

③ 광해군의 정책과 호란의 전개

㉠ 광해군의 정치와 인조반정

전후 복구 사업	• 토지대장과 호적 재정비로 국가 재정 확충 노력 • 농민의 공납 부담을 줄이기 위해 대동법 실시(경기도)
중립외교	• 배경 : 후금 건국(1616), 후금과 명의 충돌 → 명의 원군 요구 • 중립외교(실리 외교) : 명과 후금 사이에서 중립 추구 → 강홍립 파병, 신중한 대응과 항복
인조반정	인목 대비 폐위, 영창대군 살해에 대한 반발 → 서인 주도로 광해군 축출(1623) → 친명배금 정책 추진(명에 대한 의리와 명분 강조)

㉡ 정묘호란과 병자호란

정묘호란 (1627)	• 배경 : 인조와 서인 정권의 친명배금 정책 • 전개 : 후금의 침략 → 인조의 강화도 피신 → 정봉수, 이립의 활약 • 결과 : 후금과 형제 관계를 맺고 강화 체결
병자호란 (1636)	• 원인 : 청의 군신관계 요구 거절(척화주전론 우세) • 전개 : 청의 침략 → 인조의 남한산성 피신·항전 • 결과 : 청에 항복(삼전도에서 청과 군신관계를 맺고 강화 체결), 소현세자와 봉림대군 등 청에 끌려감

④ 북벌 운동과 북학론 : 양난 이후 대외 인식 변화

북벌 운동(17세기)	• 배경 : 병자호란 이후 청에 대한 복수심 고조 • 전개 : 효종이 송시열, 이완 등과 함께 청 정벌 계획 추진 → 군대 양성, 성곽 수리 • 결과 : 효종의 죽음 등으로 좌절
북학론(18세기)	청의 선진 문물을 수용해 부국강병을 이루자는 주장 → 북학파 실학자들이 주도
백두산 정계비 건립(1712)	• 조선과 청과의 국경 분쟁 발생 → 숙종 때 국경을 확정하고 정계비 건립(서쪽으로는 압록강, 동쪽으로는 토문강) • 간도 귀속 분쟁 발생 : 19세기 후반 정계비 해석에 대해 조선과 청이 서로 다른 주장을 펴면서 발생

(4) 세계관의 변화

① 성리학 발전

    ㉠ 통치 이념으로 활용 : 조선의 건국 이념, 사림의 성리학 절대화

    ㉡ 생활 윤리에 영향 : 〈소학〉, 〈주자가례〉 보급, 서원과 향약

② 조선 후기 새로운 사상 등장

    ㉠ 실학 등장 : 사회 모순을 해결하기 위한 개혁적 학문

농업중심	• 서울 남인 출신, 농민 입장에서 토지 제도 개혁과 자영농 육성 주장(경세치용 학파) • 유형원(〈반계수록〉), 이익(〈성호사설〉), 정약용(〈목민심서〉, 〈여유당전서〉) 등
상공업중심	• 서울 노론 출신, 상공업 진흥, 청의 선진 문물과 기술 수용 주장(북학파, 이용후생 학파) • 유수원(〈우서〉), 홍대용(〈의산문답〉, 〈임하경륜〉), 박지원(〈열하일기〉), 박제가(〈북학의〉) 등

    ㉡ 국학의 발달 : 역사, 지리 등 우리 것에 대한 관심 고조

역사연구	• 안정복의 〈동사강목〉 : 우리 역사 체계화(고조선부터 고려까지) • 유득공의 〈발해고〉 : 발해와 만주에 대한 관심(최초로 '남북국' 용어 사용)
지리연구	• 인문 지리서 편찬 : 한백겸의 〈동국지리지〉, 이중환의 〈택리지〉 • 실용적 지도 제작 : 김정호의 〈대동여지도〉

6. 양반 신분제 사회와 상품 화폐 경제

(1) 양반 중심의 신분 질서 확립

① 조선 전기 신분 질서와 특징

    ㉠ 양천제와 반상제

양천제	• 양인 : 자유민, 조세와 국역의 의무, 과거 응시 자격 • 천인 : 비자유민, 개인이나 국가에 소속, 천역 담당
반상제	지배층인 양반과 피지배층인 상민 간의 차별을 두는 제도 → 양반, 중인, 상민, 천민의 신분 제도 정착

    ㉡ 신분별 특징

양 반	• 관직 진출 : 과거·음서·천거로 관직 독점 → 현직 또는 예비 관료로 활동, 국역 면제 • 경제적 기반 : 과전, 녹봉, 토지와 노비 소유
중 인	• 의미 : 양반과 상민의 중간 신분 계층(넓은 의미), 기술관(좁은 의미) • 구성 : 서리·향리·기술관(의관, 역관) – 직역 세습, 행정 실무 담당 / 서얼 – 양반 첩에게서 출생 → 중인과 같은 신분적 처우, 문과 응시 금지
상 민	• 구성 : 농민, 수공업자, 상인, 신량역천(신분은 양인이나 천역을 담당하는 계층) • 과거 응시 가능(실제로는 불가능)
천 민	• 대부분 노비이며 재산으로 취급, 매매·상속·증여의 대상 • 노비는 일반적으로 부모 중 한쪽이 노비이면 그 자녀도 노비로 귀속

② 양반 중심의 향촌 지배 체제 확립

    ㉠ 유향소 : 수령 보좌, 백성 교화

    ㉡ 향회 : 향촌 사족의 명단인 향안에 등록된 지방 양반들의 총회, 지방 사족들이 결속을 다지며 향촌에서 영향력 행사

    ㉢ 서원 : 여론 형성, 학문의 기반 마련

    ㉣ 향약 : 향촌 질서 유지, 농민 교화

(2) 수취 제도 개편

① 조선 전기의 수취 제도

조세 (전세)	• 토지에 대한 세금, 수확량의 1/10 징수 • 세종 때 공법 시행(전분 6등법, 연분 9등법) : 토지의 비옥도와 풍흉을 고려해 차등 징수
공 납	각 지역의 특산물을 현물로 징수 → 방납의 폐단으로 농민 부담 증가
역	• 군역(정군·보인), 요역(토목공사 등에 동원) • 군역 기피로 대립, 방군수포 발생

② 조선 후기의 수취 제도 개편

영정법 (전세)	풍흉에 관계없이 전세를 토지 1결당 쌀 4~6두로 고정 → 전세의 정액화, 세율 인하
대동법 (공납)	• 광해군 때 경기도에 처음 실시돼 점차 확대, 숙종 때 평안도와 함경도 등을 제외하고 전국적 실시 • 공납을 토지 1결당 쌀 12두 또는 삼베, 무명, 돈 등으로 징수 • 결과 : 농민 부담 감소, 관청에 물품을 납품하는 공인 등장, 상품화폐경제 발달
균역법 (역)	• 군역 대신 1년에 군포 1필 징수 • 줄어든 군포 수입을 보충하기 위해 결작(토지 1결당 쌀 2두), 선무군관포(일부 상류층) 징수, 어염세·선박세 등을 활용

(3) 상품화폐경제의 발달

① 농업의 발달과 농민층의 분화

    ㉠ 농업 생산력 증가 : 이앙법(모내기법) 확산으로 노동력 절감과 수확량 증가(이모작 가능, 광작 등장), 인삼·면화·담배 등 상품 작물 재배, 일정액을 납부하는 도조법으로 지대 납부 방식 변화

    ㉡ 농민층 분화

        • 일부 농민이 상품 작물 재배를 통해 부농으로 성장

        • 대다수 농민은 소작농, 고용 노동자, 임노동자로 전락

② 수공업과 광업의 발달

수공업	• 관영 수공업 쇠퇴 : 장인세를 내고 물품을 직접 만들어 판매 • 민영 수공업 발달 : 공인·사상 등 상인 자본의 지원을 받아 제품을 만드는 선대제 유행, 임노동자를 고용해 공장제 수공업 형태로 물품 생산, 독립 수공업자가 등장해 생산과 판매까지 주관(18세기 후반)
광 업	• 설점수세제(민간인의 광산 채굴을 허용하고 세금 징수), 잠채(광물을 몰래 채굴) 성행 • 전문 광산 경영인인 덕대 등장

③ 상업의 발달

㉠ 상인의 성장

공인	• 대동법 실시로 정부에 필요한 물품을 공급하는 어용상인인 공인이 등장 • 서울 시전과 전국 장시를 중심으로 활동 → 점차 도고로 성장
사상	• 금난전권 폐지(신해통공) 이후 크게 성장 • 평양의 유상, 개성의 송상(송방 설치, 인삼 판매), 의주의 만상(대청 무역), 동래의 내상(대일본 무역) 등이 성장 • 일부 사상은 독점적 도매상인인 도고로 성장 → 상업 자본 축적 • 서울의 종로, 칠패 등에서 사상이 등장

㉡ 상업의 발달

장시	• 15세기 말 등장해 16세기 무렵 전국적으로 확산 • 보부상 : 전국 지방의 장시를 돌아다니며 활동 → 보부상단 조합 결성
포구상업	• 포구 상업의 중심지 : 강경포, 원산포(18세기 발달) • 선상 : 선박을 이용해 각 지방의 물품을 구입한 뒤 포구에서 판매(경강상인) • 객주·여각 : 상품의 매매 및 중개와 부수적으로 운송, 보관, 숙박, 금융 등의 영업 행위 담당

㉢ 대외 무역의 발달

청과의 무역	• 17세기 중엽부터 국경 지대를 중심으로 공무역(개시)과 사무역(후시)이 동시에 성행 • 의주의 만상이 청과의 무역 주도 • 비단·약재·문방구 등 수입, 금·은·무명·인삼 등 수출
일본과의 무역	• 17세기 이후 기유약조로 일본과의 관계가 정상화된 후 왜관 개시를 통한 대일 무역 활발 • 동래의 내상이 일본과의 무역 전개 • 은·구리·황 등 수입, 인삼·쌀 등 수출
중계 무역	• 개성의 송상이 청과 일본 연결 • 만상과 내상의 무역 활동 중계

㉣ 화폐의 유통

배경	상품화폐경제 발달, 대동법 실시 이후 조세 및 소작료의 금납화 확대 → 화폐 사용 증가
전개	숙종 때 상평통보(동전)가 전국적으로 유통
한계	지주나 대상인들이 화폐를 고리대나 재산 축적에 이용하면서 시중에 유통되는 화폐가 크게 부족해지는 전황이 발생

④ 신분 질서의 변화와 농민 봉기
 ㉠ 신분제 동요
  • 양반층 분화 : 권력이 일부 양반에 집중되면서 다수의 양반이 향반, 잔반 등으로 몰락
  • 상민의 신분 상승 : 부유한 상민이 공명첩, 납속책, 족보 위조 등을 통해 신분 상승 → 양반 수 증가, 상민 수 감소
  • 중인층의 신분 상승

서 얼	• 영·정조의 개혁 분위기에 편승해 적극적인 신분 상승 시도(상소 운동) → 서얼들의 청요직 통청 요구를 수용 • 정조 때 유득공, 이덕무, 박제가 등 서얼 출신들이 규장각 검서관에 기용됨
기술직 중인	• 축적된 재산과 실무 경력을 바탕으로 신분 상승 운동 추구 • 철종 때 관직 진출 제한을 없애 달라는 대규모 소청 운동 전개 → 실패(전문직의 역할 부각)

  • 노비의 신분 상승 : 군공과 납속 등으로 신분 상승 추구, 노비종모법(영조), 공노비 해방(순조) → 국가 재정 확보를 위해 노비 축소(상민 증가)
 ㉡ 향촌 질서 재편

배 경	일부 부농층이 양반으로 신분 상승
과 정	향전 발생 : 구향(기존 양반)과 신향(부농층)의 대립 → 수령의 신향 지원, 관이 주도해 향촌 질서 확립
영 향	구향의 향촌 지배권 약화, 수령 권한 강화 → 수령, 향리의 농민 수탈 심화

 ㉢ 새로운 사상의 등장

예언사상	• 사회 변혁 운동의 이념적 기반 • 〈정감록〉 등의 비기·도참 유행, 미륵 신앙이 현실을 부정하고 새로운 세상을 바라는 농민 의식을 자극함
천주교	17세기에 서학(학문)으로 수용 → 18세기 후반부터 남인 계열 실학자들로부터 신앙으로 수용 (인간 평등 주장) → 정부의 박해(신유박해)
동 학	• 철종 때 몰락 양반 최제우가 창시(1860) → 삼남 지방의 농촌 사회에 널리 보급 • 사상 : 인내천, 시천주, 후천개벽 • 탄압 : 세상을 어지럽히고 백성을 현혹한다는 이유로 탄압(최제우 처형)

 ㉣ 세도정치기의 농민 봉기 : 농민들이 사회 문제와 지배 체제의 모순에 저항

홍경래의 난(1811)	• 배경 : 평안도 지역에 대한 차별, 세도정치기에 과도한 수탈에 대한 불만 • 전개 : 몰락 양반 홍경래가 영세 농민, 광산 노동자 등과 봉기 → 청천강 이북 지역 장악 → 관군에 의해 5개월 만에 진압
임술농민봉기 (1862)	• 배경 : 삼정의 문란과 지배층의 수탈 • 전개 : 몰락 양반 유계춘의 주도로 진주농민봉기 발발 → 전국 확산 • 결과 : 안핵사 파견, 삼정이정청 설치 → 근본적 문제는 해결하지 못함

02　근대 국민 국가 수립 운동

1. 서구 열강의 접근과 조선의 대응

(1) 서구 열강의 동아시아 접근

① 제국주의 대두

등장배경	19세기 후반 독점 자본주의와 배타적·침략적 민족주의의 결합
특 징	• 서구 열강이 경제력·군사력을 이용해 대외 팽창 정책 추진 → 약소국 식민지화 • 백인 우월주의, 사회 진화론을 내세워 약소국에 대한 식민 지배 정당화

② 제국주의 열강의 동아시아 침략

㉠ 청의 개항

제1차 아편전쟁	• 과정 : 영국의 아편 밀수출 → 청 정부의 아편 몰수·폐기 → 전쟁 발발 → 청 패배 • 결과 : 난징조약 체결(5개 항구 개항, 홍콩 할양, 배상금 지급, 추가 조약에서 영사 재판권과 최혜국 대우 허용)
제2차 아편전쟁	• 과정 : 영프 연합군의 공격 → 청 패배 • 결과 : 텐진조약, 베이징조약 체결(추가 10개 항구 개항, 러시아에 연해주 할양)

㉡ 일본의 개항

과 정	미국 페리 함대가 무력으로 개항 요구
결 과	• 미일화친조약 체결 : 12개 항구 개항, 최혜국 대우 허용 • 미일수호통상조약 체결 : 5개 항구 개항, 영사 재판권 허용

③ 19세기 조선의 국내외 상황

국 내	세도정치, 삼정의 문란 → 농민 봉기, 천주교 확산
국 외	• 이양선 출몰 • 서구 열강의 통상 요구로 위기감 확산

(2) 흥선대원군의 개혁 정치

① 통치 체제 정비

세도정치 타파	• 세도 가문인 안동 김씨 축출 • 고른 인재 등용
통치 조직 정비	• 세도정치의 핵심 권력 기구인 비변사 축소 • 의정부, 삼군부 기능 부활
법전 편찬	〈대전회통〉, 〈육전조례〉 → 통치 질서 정비
경복궁 중건	• 목적 : 왕권 강화 • 공사비 마련을 위해 원납전 징수, 당백전 발행 • 토목 공사에 많은 백성 동원, 양반 묘지림 벌목 → 백성과 양반들의 불만 초래

② 민생 안정책

삼정의 문란 개혁	• 전정 : 양전 사업 실시 → 토지 대장에 누락된 토지 색출 • 군정 : 호포제 실시 → 개인이 아닌 가호 기준으로 군포 징수, 양반에게도 군포 부과 • 환곡 : 사창제 실시 → 민간 자치 운영
서원 정리	• 배경 : 서원은 붕당의 근거지로 면세·면역 특권을 누리며 백성 수탈 • 과정 : 전국에 47개소의 서원만을 남기고 모두 철폐, 만동묘 철폐, 토지와 노비 몰수 → 국가 재정 확충 • 결과 : 백성들의 환영, 양반 유생들의 반발

③ 개혁 정치의 의의와 한계

의 의	국가 기강 확립, 민생 안정에 기여
한 계	왕권 강화를 목적으로 한 전통적 왕조 체제 내에서의 개혁

(3) 서구 열강의 침략과 조선의 통상 수교 거부 정책

① 병인양요(1866)

배 경	천주교 확산, 흥선대원군이 프랑스 선교사를 통해 러시아 남하 견제 시도(실패) → 천주교 배척 여론 고조 → 병인박해(천주교 신자와 프랑스 선교사 처형, 1866)
과 정	프랑스군이 강화도 침공(강화부 점령, 재물 약탈) → 한성근 부대(문수산성), 양헌수 부대(정족산성)의 활약으로 프랑스군 격퇴
결 과	프랑스군이 철수하면서 외규장각 의궤 등 문화유산 약탈, 천주교 탄압 심화, 통상 수교 거부 정책 강화

② 오페르트 도굴 사건(1868)

배 경	조선 조정이 독일 상인 오페르트의 통상 요구 거절
과 정	오페르트 일행이 남연군 묘(흥선대원군의 아버지) 도굴 시도 → 지역 주민의 저항으로 실패
결 과	통상 수교 거부 정책 강화

③ 신미양요(1871)

배 경	미국 상선 제너럴 셔먼호가 대동강을 거슬러 평양까지 올라와 통상 요구 → 평안도 관찰사 박규수의 통상 요구 거부 → 미국의 민가 약탈 행위 → 평양 관민이 제너럴 셔먼호를 불태움(1866)
과 정	제너럴 셔먼호 사건을 구실로 미군이 강화도 침략(초지진, 덕진진 점령) → 어재연 부대의 항전(광성보) → 미군 철수
결 과	전국에 척화비 건립(1871) → 통상 수교 거부 의지 천명

2. 동아시아의 변화와 근대적 개혁 추진

(1) 문호 개방과 불평등 조약 체결

① 중국과 일본의 근대화 운동

청의 양무운동	• 중체서용(중국 전통을 바탕으로 서양 기술 수용)의 원칙 • 내용 : 서양식 무기 도입, 군수 공장 등 근대 산업 시설 설립 • 한계 : 근본적 제도 개혁 없이 기술만 도입
일본의 메이지 유신	천황 중심의 메이지 정부 수립(1868) → 문명개화론을 내세워 근대화 개혁 추진 → 신분제 폐지, 근대 시설 도입, 의회 설립 → 대외 팽창 추진

② 조선의 개항

㉠ 운요호 사건(1875)

정세 변화	흥선대원군 실권 장악, 통상 개화론 대두(박규수, 오경석, 유홍기 등)
과 정	운요호를 이끌고 강화도·영종도 일대 침략 → 개항, 강화도조약 체결

㉡ 강화도조약(조일수호조규, 1876)

배 경	운요호 사건
내 용	• 조선이 자주국임을 명시(청의 간섭 배제 의도) • 부산·원산·인천 개항, 해안 측량권 허용, 영사 재판권(치외 법권) 인정
성 격	외국과 맺은 최초의 근대적 조약, 불평등 조약
부속조약	• 조일수호조규 부록(1876. 6.) : 개항장 내 일본인 거류지(외국인 무역 활동과 거주가 허용된 지역) 설정, 일본 화폐 유통 • 조일무역규칙 : 양곡의 무제한 유출, 일본의 수출입 상품에 대한 무관세 원칙 허용

㉢ 조미수호통상조약(1882)

배 경	황준헌의 〈조선책략〉 유포 → 미국과의 수교 주장 → 청의 알선(러시아와 일본 견제 의도)
내 용	• 거중 조정, 관세 조항 규정 • 치외 법권, 최혜국 대우 인정
성 격	서양과 맺은 최초의 근대적 조약, 불평등 조약

㉣ 서양 각국과의 수교 : 영국·독일(1883), 러시아(1884), 프랑스(1886) 등과 불평등 조약 체결

> • 거중 조정 : 양국 중 한 나라가 제3국과 분쟁이 있을 경우 다른 한 나라가 국가 간의 분쟁을 조정하는
> 것을 말한다.
> • 최혜국 대우 : 가장 유리한 대우를 조약 상대국에게 부여하는 것을 말한다.
> • 〈조선책략〉 : 일본 주재 청 외교관 황준헌이 저술한 책으로, 러시아 남하를 견제하기 위해 조선이
> 중국, 일본, 미국과 우호 관계를 맺을 것을 주장했다.

(2) 개화 정책 추진과 반발

① 개화 정책

통리기무아문 설치(1880)		• 부국강병 목표 → 김윤식, 박정양, 어윤중, 김홍집, 김옥균, 홍영식 등 개화파 인물 등용 • 실무를 담당하는 12사를 두고 국내외의 군국 기무 총괄 및 각종 개화 정책 담당
군사 개편		• 2군영 : 기존 5군영을 무위영, 장어영의 2군영으로 개편 • 신식 군대 별기군 창설 : 신식 무기, 일본인 교관 초빙
해외 사절단 파견	수신사	• 김기수(1차, 1876), 김홍집(2차, 1880), 〈조선책략〉 소개 • 강화도조약 이후 일본에 파견 → 일본의 근대화 실상 파악
	조사시찰단(1881)	• 박정양, 어윤중, 홍영식 등 파견 • 일본 정부 각 기관의 사무 조사, 산업·군사 등 근대적 시설 관찰 • 시찰 후 보고서 제출
	영선사(1881)	• 김윤식을 중심으로 38명의 기술자 및 학생들 청에 파견 → 텐진에서 서양의 근대식 무기 제조 기술과 군사 훈련법 습득(1881) • 근대식 무기 제조 공장인 기기창 설립(1883)
	보빙사(1883)	• 조미수호통상조약을 계기로 미국에 파견 → 일부 사절단의 유럽 순방 • 민영익, 홍영식, 유길준 등으로 구성

② 위정척사 운동

㉠ 의미 : 반외세 자주 운동의 성격, 성리학적 전통 사회 체제 수호 목적, 외세 배척을 기본 정신으로 일본과 서양의 침략성 인지 → 항일 의병운동으로 이어짐

㉡ 전개 과정

1860년대	• 배경 : 열강의 통상 요구, 병인양요 • 척화 주전론에 근거한 통상 반대 → 이항로, 기정진 등
1870년대	• 배경 : 강화도조약 체결 • 개항 반대 운동, 왜양 일체론 → 최익현 등
1880년대	• 배경 : 개화 정책 추진, 〈조선책략〉 유포 • 개항 반대 운동, 영남 만인소 → 이만손 등

㉢ 의의와 한계
- 의의 : 조선의 자주성을 지키려 한 반외세·반침략 운동(이후 항일 의병으로 계승)
- 한계 : 개화 정책 추진의 걸림돌 됨

(3) 임오군란과 갑신정변

① 임오군란(1882)

㉠ 배경 : 개화 정책으로 인한 세금 증가에 대한 불만, 개항 이후 쌀 유출로 쌀값 폭등 → 백성 불만 고조

㉡ 전 개

발 단	신식 군대 별기군과 구식 군인에 대한 차별 대우, 밀린 급료로 받은 쌀에 겨와 모래가 섞임
전개 과정	구식 군인의 봉기(민씨 정권의 고위관료의 집과 일본 공사관·궁궐 습격) → 왕비 피신 → 흥선대원군 재집권(통리기무아문과 별기군 폐지, 5군영 복구) → 민씨 정권의 요청으로 청군 개입 → 흥선대원군이 청으로 압송, 군란 진압 → 민씨 정권 재집권

결 과	• 청의 내정 간섭 심화 : 마건상과 묄렌도르프 파견, 조청상민수륙무역장정 체결(청 상인의 내륙 진출, 영사 재판권 인정) • 제물포조약 체결 : 일본 공사관에 경비병 주둔 허용, 배상금 지불 • 개화 정책 후퇴

② 개화파의 분화

　㉠ 배경 : 개화 정책 추진 방식과 청에 대한 입장 차이

　㉡ 온건 개화파와 급진 개화파

구 분	온건 개화파	급진 개화파
중심인물	김홍집, 어윤중, 김윤식	김옥균, 박영효, 서광범, 홍영식
개화 모델	청의 양무운동	일본의 메이지 유신
개혁 사상	점진적 개혁 추구, 동도서기론 입장 → 전통적 유교와 도덕 유지, 서양의 기술만 수용	적극적인 근대화 추구, 문명개화론 입장 → 서양의 기술과 사상, 제도 수용
청과의 관계	전통적 우호 관계 중시	청의 내정간섭 반대, 사대관계 청산

③ 갑신정변(1884)

배 경	• 개화 정책 지연 : 청의 내정 간섭 강화, 민씨 정권의 친청 정책 • 급진 개화파 위축 : 김옥균이 일본에서 개화 정책 추진에 필요한 차관 도입을 시도했으나 실패 • 청프전쟁 발발 : 서울 주둔 청군의 절반이 베트남으로 철수 • 일본의 군사적 지원 약속
전개 과정	• 1884년 10월 급진 개화파(김옥균, 박영효, 서광범)가 우정총국 개국 축하연을 기회로 정변 • 사대당으로 지목한 고위 관료들 살해, 개화당 정부 수립 • 14개조 정강 발표 : 청과의 사대관계 청산, 내각제 수립, 지조법 개혁, 재정 일원화, 인민 평등 확립 등
결 과	• 청군이 진압 → 3일 만에 실패, 청의 내정간섭 심화 • 한성조약 체결(1884) : 일본의 배상금 요구, 공사관 신축비 보상 • 텐진조약 체결(1885) : 일본과 청의 양국 군대 철수 및 군대 파견 시 상대국에 알리도록 규정
의 의	• 근대 국가 건설을 목표로 한 최초의 정치 개혁 운동 • 근대화 운동의 선구자적 역할
한 계	• 소수의 지식인 중심 : 위로부터의 개혁 • 토지 개혁에 소홀 → 민중의 지지 부족 • 일본에 지나치게 의존

④ 갑신정변 이후 정세

거문도사건 (1885)	러시아와 우호 관계 강화 → 영국이 러시아의 남하를 견제한다는 명분으로 거문도 불법 점령
조선 중립화론 대두	조선 주재 독일 부영사 부들러와 미국 유학에서 돌아온 유길준 등이 주장

3. 근대 국민 국가 수립을 위한 노력

(1) 동학농민운동

① 동학의 확산과 교조신원운동

농민층의 동요	외세의 경제 침탈, 조세 부담 증가, 삼정의 문란, 지방관 수탈 심화 → 농촌 경제 악화
동학 확산	2대 교주 최시형이 포접제의 조직망 정비, 경전 간행 → 포교 활동을 통해 삼남 일대에 동학의 교세가 크게 확산
교조신원운동	• 정부의 탄압으로 처형당한 교조 최제우의 누명을 벗기고, 포교의 자유를 보장받으려는 목적 • 공주·삼례 집회, 보은 집회 등을 거치면서 종교 운동의 성격에서 정치·사회 운동으로 발전

② 전개 과정

㉠ 고부농민봉기(1894.1.)

배 경	고부 군수 조병갑의 비리와 수탈
전 개	전봉준을 중심으로 농민 봉기 → 고부 관아 습격, 만석보 파괴 → 조병갑 파면, 신임 군수 박원명의 회유로 농민들 자진 해산
결 과	정부 안핵사 이용태 파견 → 동학교도 탄압

㉡ 제1차 봉기(1894.3.)

배 경	안핵사 이용태의 봉기 주도자 체포
전 개	전봉준·손화중 등을 중심으로 봉기 → 백산에서 격문 발표(제폭구민, 보국안민 주장) → 황토현·황룡촌 전투 → 전주성 점령 → 정부가 청에 원군 요청, 청일 양국 파병(텐진조약 구실)
결 과	정부와 농민군이 전주 화약 체결 → 폐정 개혁 12개조 제시, 자진 해산 → 집강소 설치(폐정 개혁안 실천)

㉢ 제2차 봉기(1894.9.)

배 경	전주화약 체결 후 조선 정부가 청군과 일본군의 철수 요구 → 일본이 내정 개혁을 요구하며 경복궁 기습 점령, 청일전쟁 발발
전 개	동학농민군의 재봉기 → 논산 집결(남북접 연합) → 공주 우금치 전투에서 관군·일본군에게 패배 → 전봉준 등 동학농민군 지도자 체포

③ 동학농민운동의 의의 및 한계

성 격	• 반봉건 : 신분제 개혁 등 정치·사회 개혁 요구 • 반외세 : 일본의 침략과 내정간섭에 저항
영 향	• 농민군의 요구가 갑오개혁에 부분적으로 반영 • 의병운동에 가담해 반일 무장 투쟁 활성화
한 계	근대 국가를 건설하기 위한 구체적인 방안을 제시하지 못함

(2) 갑오개혁과 을미개혁

① 제1차 갑오개혁(1894.7.)

전 개	농민의 개혁 요구(동학농민운동)를 일부 수용하면서 자주적 개혁 추진, 일제의 내정 개혁 요구와 경복궁 무력 점령 → 김홍집 내각 성립, 군국기무처 설치
내 용	• 정치 : 개국 기년 사용, 내각 권한 강화와 왕권 강화(궁내부 설치, 의정부 권한 집중, 6조 → 80아문 개편), 과거제 폐지, 경무청 중심의 경찰 제도 도입 • 경제 : 재정을 탁지아문으로 일원화, 은 본위 화폐 제도 채택, 도량형 통일, 조세의 금납화 • 사회 : 신분제 철폐, 전통적 폐습(조혼, 고문, 연좌제, 과부의 재가 불허) 타파

② 제2차 갑오개혁(1894.12.)

배 경	• 일본의 적극적인 간섭 → 군국기무처 폐지, 김홍집과 박영효 연립 내각 구성 • 홍범 14조 반포 → 조선은 청에 의존하는 관계를 청산하고 자주독립을 국내외에 선포
내 용	• 정치 : 내각제 도입, 8개 아문을 7부로 교체, 전국 8도를 23부로 개편, 행정구역 명칭을 '군'으로 통일, 재판소 설치, 사법권과 행정권 분리 • 경제 : 징세 기관 일원화, 지방재판소·한성재판소·고등재판소 설치, 근대적 예산 제도 도입, 징세사·관세사 설치, 상리국 폐지 • 사회 : 교육 입국 조서에 따라 한성사범학교·외국어학교 관제 반포

③ 제3차 갑오개혁(을미개혁, 1895)

전 개	삼국간섭 이후 일본의 간섭을 막기 위해 친러 정책 추진, 박영효가 일본에 망명 → 일본이 명성황후 시해(을미사변), 친일 내각 수립(김홍집, 유길준), 을미개혁 추진
내 용	• '건양' 연호 제정 • 단발령 실시 • 태양력 사용, 종두법 실시
결 과	• 을미사변, 단발령 등에 대한 반발로 을미의병 봉기 → 전국으로 확산 • 아관파천(1896) : 고종이 러시아 공사관으로 처소를 옮김

④ 갑오·을미개혁의 의의와 한계

의 의	• 근대 국가 수립을 위한 시대적 요구에 부응하는 개혁 • 개화 인사들과 농민층의 개혁 의지가 일부 반영된 자주적 근대화 개혁을 위한 노력
한 계	• 개혁 주도 세력이 일본의 무력에 의존 • 민중의 지지를 얻지 못함(위로부터의 개혁 시도) • 국방력 강화와 상공업 진흥 등에 소홀

(3) 독립협회와 대한제국

① 독립협회

ㄱ 독립협회 창립(1896)

배 경	아관파천 이후 열강의 이권 침탈 심화, 자유 민주주의적 개혁 사상 보급, 자주 독립 국가 건설 목표
구 성	서재필, 윤치호, 이상재, 남궁억 등의 지도부와 광범위한 사회 계층(학생, 노동자, 여성, 천민 등) 참여
과 정	서재필 등이 자유민주주의 개혁 사상을 보급, 독립신문 창간 이후 독립협회 창립

ⓒ 독립협회 주요 활동

민중 계몽 운동	〈대조선 독립협회 회보〉 간행, 독립관에서 토론회 개최
자주 국권 운동	• 독립문 건립 • 만민공동회 개최 → 러시아의 절영도 조차 요구 저지
자유 민권 운동	국민의 신체와 재산권의 자유, 언론·출판·집회·결사의 자유 등 요구
의회 설립 운동	관민공동회를 개최해 헌의 6조 채택 → 고종의 수락, 중추원 관제 반포

• 헌의 6조
1. 외국인에게 의지하지 말고 관민이 한마음으로 힘을 합해 전제 황권을 공고히 할 것
2. 외국과의 이권에 관한 계약과 조약은 각 대신과 중추원 의장이 합동 날인해 시행할 것
3. 국가 재정은 탁지부에서 전관하고, 예산과 결산을 국민에게 공표할 것
4. 중대 범죄를 공판하되, 피고의 인권을 존중할 것
5. 칙임관을 임명할 때에는 황제가 정부에 그 뜻을 물어서 중의에 따를 것
6. 정해진 규정을 실천할 것

ⓒ 독립협회 해산

배 경	보수 세력의 독립협회 모함(공화정 수립 모함)
해산 과정	고종의 독립협회 해산 명령, 간부 체포 → 독립협회는 만민공동회 개최하며 저항 → 고종이 황국협회와 군대를 동원해 강제 해산

② 대한제국
　ⓐ 대한제국 수립(1897)

배 경	• 국내 : 고종의 환궁 요구, 자주독립의 근대 국가를 세우려는 국민적 열망 • 국외 : 조선에서 러시아의 세력 독점 견제
수립 과정	• 고종의 경운궁(덕수궁) 환궁 • 대한제국 선포(1897) : 국호는 대한제국, 연호는 광무로 하고, 황제라 칭하며 자주국가임을 선포 • 대한국 국제 반포(1899) : 만국 공법에 의거해 대한제국은 세계 만국이 공인한 자주독립국이며, 황제가 군 통수권, 입법권, 행정권, 사법권 등 모든 권한을 가진다고 규정 • 황제권 강화 : 입헌군주제가 아닌 전제 군주제 지향(대한국 국제에 민권에 대한 언급 없음)

　ⓑ 광무개혁 : 구본신참의 복고주의적, 점진적 개혁 → 전제 황권 강화

군 사	원수부 설치, 군부 권한 축소, 친위대(서울)와 진위대(지방) 확대, 무관 학교 설립, 징병제 실시 추진
경 제	궁내부에 내장원 설치(수익 사업 관할), 양전 사업과 지계 발급 사업 추진, 상공업 진흥 정책(근대 시설 마련, 공장·회사 설립)
사 회	• 전화 가설, 우편제도 정비, 전차 부설 • 실업학교와 기술 교육 기관 설립, 유학생 파견

　ⓒ 의의와 한계

의 의	군사력 강화, 근대적 토지 소유제도 확립, 상공업 진흥 등 근대화 지향
한 계	황제권 강화에 치중해 민권 보장 미흡, 재정 부족으로 외국 자본 도입

4. 일본의 침략 확대와 국권 수호 운동

(1) 일제의 국권 침탈

① 러일전쟁(1904~1905)

배 경	한반도를 둘러싼 러시아와 일본의 대립 격화, 대한제국의 국외 중립 선언
전 개	일본의 기습 공격 → 일본이 뤼순항 함락, 발트 함대 격파 → 일본 승리

② 일제의 국권 침탈 과정

한일의정서 (1904.2.)	• 러일전쟁 발발 직후 체결 • 일본이 군사 전략상의 요지를 임의로 사용할 수 있는 권리 확보
제1차 한일협약 (1904.8.)	재정 고문 메가타, 외교 고문 스티븐스 파견 → 일본의 내정간섭 본격화
제국주의 열강의 한국 지배 인정	• 가쓰라・태프트 밀약(1905.7.) : 일본의 한국 지배, 미국의 필리핀 지배를 서로 인정 • 제2차 영일동맹(1905.8.) : 영국이 한국에 대한 일본의 독점적 지배권 인정 • 포츠머스 조약(1905.9.) : 러시아가 한국에 대한 일본의 독점적 지배권 인정
을사늑약 (제2차 한일협약, 1905.11.)	• 대한제국의 외교권 박탈 • 통감부 설치 → 초대 통감 이토 히로부미 파견
고종 강제 퇴위 (1907.7.)	고종의 헤이그 특사 파견 → 일본이 고종을 강제로 퇴위, 순종 즉위
한일 신협약 (정미 7조약, 1907.7.)	• 통감의 내정(행정권) 장악, 일본인 차관 임명 • 부속 각서를 통한 대한제국 군대 해산
기유각서(1909)	사법권 및 감옥 관리권 박탈, 법부・군부 폐지
한일병합조약 (1910.8.)	경찰권 박탈(1910.6.) → 대한제국 국권 강탈 → 일본 식민지로 전락, 조선총독부 설치

(2) 항일 의병운동과 의열 투쟁

① 의병운동

을미의병(1895)	• 원인 : 을미사변(명성황후 시해 사건)과 단발령 강제 시행 • 주도 : 유인석 등 위정척사 사상을 가진 유생 • 활동 : 일본군과 거류민 공격, 친일 관리 처단 • 해산 : 아관파천 이후 단발령 철회와 고종의 해산 권고 조칙 발표로 자진 해산
을사의병(1905)	• 원인 : 을사늑약 체결, 러일전쟁 이후 일본의 침략 노골화 • 주도 : 최익현(양반), 민종식(전직 관리), 신돌석(평민 의병장) 등 • 활동 : 을사늑약의 폐기 및 친일 내각 타도(국권 회복)를 주장하며 무장 투쟁 전개
정미의병(1907)	• 원인 : 고종 황제의 강제 퇴위, 군대 해산 • 특징 : 해산 군인의 참여로 의병의 전투력・조직력 강화, 의병전쟁으로 발전해 전국으로 확산 • 활동 : 13도 창의군 결성(총대장 이인영), 서울진공작전 전개 • 호남 의병전쟁 : 서울진공작전 실패 후 13도 창의군이 해산되면서 전라도 지역을 중심으로 의병 　활동 전개 → 남한 대토벌 작전으로 의병 활동 위축

② 의열 투쟁

나철, 오기호	5적 암살단 조직 → 을사 5적 처단 시도
이재명	명동 성당 앞에서 이완용 암살 시도(1909)
장인환, 전명운	미국 샌프란시스코에서 친일파 미국인 스티븐스 사살(1908)
안중근	만주 하얼빈에서 이토 히로부미 처단(1909)

(3) 애국 계몽 운동

① 애국 계몽 운동의 특징

| 주도 세력 | 을사늑약 전후에 개화 운동과 독립협회의 활동을 계승한 지식인 |
| 활동 목표 | 사회 진화론 기반 → 실력 양성을 통한 국권 수호 |

② 주요 애국 계몽 운동 단체

보안회(1904)	• 독립협회의 정신 계승 • 일제의 황무지 개간권 반대 운동 → 저지 성공
헌정연구회(1905)	• 민족의 정치의식 고취와 입헌군주제 수립 목표 • 일진회 규탄 → 일제의 탄압으로 해산
대한자강회(1906)	• 국권 회복을 위해 교육·산업 진흥 강조, 입헌군주제 수립 주장 • 고종의 강제 퇴위 반대 투쟁 전개 → 일제의 탄압으로 해산
대한협회(1907)	대한자강회 계승, 실력 양성을 통한 국권 회복과 입헌군주정 지향 → 일제의 탄압으로 활동 약화, 친일화
신민회(1907)	• 주도 : 안창호, 양기탁 등이 비밀 결사 형태로 조직 • 목표 : 국권 회복, 공화정체의 근대 국가 건설 • 활동 − 민족 교육 실시 : 대성학교·오산학교 설립 − 민족 산업 육성 : 태극서관·자기 회사 운영 − 국외 독립운동 기지 건설 : 만주에 신흥강습소 설립 • 해산 : 일제가 날조한 105인 사건으로 와해(1911)

③ 교육·언론·출판 활동

| 교 육 | 서북학회, 기호흥학회 설립 |
| 언론·출판 | 황성신문(장지연의 시일야방성대곡), 대한매일신보(양기탁과 박은식이 국채보상운동 지원) |

(4) 독도와 간도

① 독 도

연 원	• 고대 : 〈삼국사기〉 신라 영토로 기록 • 고려 : 〈고려사〉 독도 기록(우산국이 고려 왕실에 조공) • 조선 : 안용복이 독도가 조선의 영토임을 확인 • 대한제국 : 대한제국 칙령 제41호(1900) 선포[독도를 울도군(울릉도)의 행정구역으로 편입, 독도가 우리 영토임을 분명히 함]
강 탈	러일전쟁 중 일본의 시마네현 고시 → 불법적 영토 편입(1905)
반 환	1946년 '연합국 최고 사령관 각서' 등에서 독도를 일본 영토에서 제외

② 간 도

간도 귀속 분쟁	• 숙종 때 청과 조선의 국경 설정 → 백두산 정계비 설립(1712) • 19세기 후반 토문강 해석을 둘러싸고 간도 귀속 분쟁 발생
간도 관리사 파견(1902)	간도를 함경도의 행정 구역으로 편입 → 간도 관리사 이범윤 파견
간도협약	을사늑약 이후 청일 간의 외교 문제화 → 간도협약(1909)으로 인해 간도의 중국 영토화

5. 개항 이후 경제적 변화

(1) 열강의 경제 침탈

① 개항 이후 무역 상황

개항 초기	• 강화도조약과 부속 조약으로 각종 특권이 일본 상인에게 부여 • 거류지 무역, 중계 무역, 약탈 무역으로 이득
임오군란 이후	• 임오군란 후 청나라 상인들이 대거 진출 → 일본 상인들과 치열한 경쟁 • 조청상민수륙무역장정(1882) : 청 상인의 내륙 시장 진출 허용 → 한성 진출 • 조일통상장정(1883) : 관세권 설정, 방곡령 선포 규정, 최혜국 대우 인정
청일 전쟁 이후	일본 상인 독점 → 조선의 중개 상인 몰락, 시전 상인의 타격, 조선의 무역 수지 악화

② 열강의 주요 이권 침탈

배 경	청일전쟁과 아관파천 이후 열강들이 최혜국 대우를 내세워 이권 침탈
내 용	• 미국, 프랑스, 일본 등이 철도 부설권 차지 • 미국, 독일, 영국 등이 광산 채굴권 차지 • 러시아 등이 삼림 채벌권 차지

③ 일본의 경제 침탈

금융 지배	• 일본의 차관 제공 독점 → 일본에 재정 예속 • 대한제국 황실 재정 축소해 정부 재정에 통합 • 화폐정리사업(일본인 재정 고문 메가타 주도, 엽전과 백동화를 일본 제일은행 화폐로 교환 → 　한국 상인과 은행 타격)
토지 약탈	일본이 철도 부지와 군용지 확보를 구실로 토지 대량 약탈, 동양척식주식회사 설립(1908)

• 백동화 : 전환국에서 1892년부터 발행했던 화폐이다. 액면가는 2전 5푼이었는데 재료값이 액면가에 크게 못 미쳤기 때문에 인플레이션을 일으켰다. 이후 화폐정리사업으로 통용이 중지됐다.
• 동양척식주식회사 : 1908년 한일 합작 회사로 설립됐다. 한국 정부에서 인수받거나 매입한 막대한 토지를 기반으로 일본인의 이민을 추진하는 등 한국 토지 침탈에 앞장섰다.

(2) 경제적 구국 운동

① 상권 수호 운동

회사 설립	대동상회(평양), 장통회사(서울) 등 상회사 설립
은행 및 기업 육성	• 조선은행(관료 자본 중심), 한성은행, 대한천일은행 등 설립 • 해운 회사 및 철도 회사 설립
상 인	• 개성 상인 : 수출입 유통업 확대 • 경강 상인 : 증기선 구입 • 시전 상인 : 황국중앙총상회 설립(1898)

> • 황국중앙총상회 : 1898년 서울에서 창립된 시전 상인의 단체이다. 외국 상인의 침투에 대항해 민족적 권익을 지키면서 그 속에서 시전 상인의 독점적 이익을 수호, 유지하고자 했다.

② 이권 수호 운동

배 경	아관파천 이후 열강의 이권 침탈 심화
내 용	• 독립협회 : 러시아의 절영도 조차 요구 저지, 한러은행 폐쇄, 프랑스와 독일의 광산 채굴권 요구 반대 • 보안회 : 일부 실업인과 관리들이 농광 회사 설립(우리 손으로 황무지 개간 주장), 황무지 개간권 요구 반대 운동(1904) → 일제가 황무지 개간권 요구 철회

③ 방곡령

배 경	개항 이후 곡물이 대량으로 일본에 유출 → 국내 곡물 부족, 곡물 가격 폭등
내 용	조선이 함경도와 황해도에서 방곡령 실시(1889, 1890) → 통보가 늦었다는 이유로 일본이 항의하며 배상 요구 → 방곡령 철수와 배상금 지급

④ 국채보상운동(1907)

배 경	대한제국을 경제적으로 예속시키기 위한 일제의 차관 강요
전 개	대구에서 서상돈 주도로 국채보상운동 전개 → 국채보상기성회 설립(서울) → 대한매일신보 등 언론 기관의 대국민 홍보 → 각계각층의 호응과 동참
결 과	일제의 탄압(주요 인사들을 횡령죄로 재판)과 고위 관료·부유층 불참으로 실패

6. 개항 이후 사회·문화적 변화

(1) 근대 문물 수용과 사회·문화의 변화

① 근대 문물 도입

통 신	• 전신 : 부산–나가사키 해저 전신(1884, 일본), 인천–서울–의주 육로 전신(1885, 청)
	• 우편 : 우정총국 설립(1884) → 갑신정변으로 중단 → 갑오개혁 때 재개(1895)
	• 전화 : 경운궁에 처음 설치 → 시내로 확대
전 기	경복궁에 최초로 전등 설치(1887), 한성전기회사 설립(1898)
교 통	• 전차 : 서대문~청량리 노선(1899, 한성전기회사)
	• 철도 : 경인선(1899), 경부선(1905), 경의선(1906)
의 료	• 광혜원(1885) : 최초의 서양식 병원, 이후 제중원으로 개칭
	• 광제원(1900) : 국립 병원
	• 지석영의 종두법 보급

② 생활 모습의 변화

의	단발 실시, 양복·양장 착용, 개량 한복 등장
식	• 서양식 요리, 커피 전래(궁중)
	• 중국, 일본 요리
주	서양식·일본식 건축 양식 도입(러시아 공사관, 명동성당, 덕수궁 정관헌, 덕수궁 석조전 등)

③ 문예·종교의 변화

㉠ 문예의 변화

문 학	역사·전기 소설(박은식의 〈서사건국지〉), 신체시(최남선의 〈해에게서 소년에게〉), 신소설(이인직의 〈혈의 누〉, 이해조의 〈자유종〉, 안국선의 〈금수회의록〉)
음 악	창가(서양식 곡과 우리말 가사) 유행, 서양식 군악대 설치, 창의가·용병가 등장, 창극 유행
미 술	서양 화풍 도입 → 유화 등장
연 극	원각사 설립(현대식 극장) → 「은세계」 공연

㉡ 종교계의 변화

유 교	박은식의 〈유교구신론〉 → 유교의 개혁과 유림계의 단결 주장
불 교	한용운의 〈조선불교유신론〉 → 불교 개혁과 불교 대중화를 위해 노력
동 학	손병희가 동학을 천도교로 개칭, 청년·여성·소년 운동 전개, 만세보 발행
대종교	나철·오기호 등이 창시, 단군신앙 체계화, 적극적인 항일 무장 투쟁 전개
천주교	애국 계몽 운동 참여, 고아원·양로원 설립, 교육기관 설립
개신교	병원 설립, 배재학당·이화학당 등 학교 설립

(2) 근대 의식의 확대

① 근대 교육 확산

개항 초기	• 원산학사(1883) : 함경남도 덕원, 최초의 근대적 사립학교 • 동문학(1883) : 정부가 설립한 외국어 교육 기관, 통역관 양성 • 육영공원(1886) : 근대적 관립학교 • 개신교 선교사들이 배재학당(1885), 이화학당(1886) 등 근대 학교 설립
갑오개혁기	교육입국조서 반포(1895) → 한성사범학교, 소학교 등 관립학교 수립
을사늑약 전후	개신교 선교사들과 애국 계몽 단체들이 대성학교, 오산학교 등 사립학교 설립 → 민족 교육 실시

• 교육입국조서 : 1895년에 고종이 발표한 것으로 '국가의 부강은 국민의 교육에 있다'는 내용이다. 이를 실천하기 위해 한성사범학교와 소학교 등이 설립됐다.

② 근대 언론의 발달

한성순보 (1883)	순한문, 박문국에서 10일에 한 번 발간, 최초의 근대 신문, 관보 성격, 정부 정책 홍보
한성주보 (1886)	국한문 혼용, 한성순보 계승(7일에 한 번 발간), 최초로 상업 광고 게재
독립신문 (1896)	순한글, 영문판 발행, 서재필 등이 창간, 우리나라 최초의 민간 신문, 민권 의식 향상에 기여
제국신문 (1898)	순한글, 서민층과 부녀자 대상, 민중 계몽
황성신문 (1898)	국한문 혼용, 유림층 대상
대한매일신보 (1904)	순한글·국한문·영문판 발행, 양기탁과 영국인 베델이 창간, 항일 논조(국채보상운동 지원)

③ 국학 연구

국 어	• 배경 : 갑오개혁 이후 국문 사용이 늘면서 문자 체계와 철자법에 대한 통일 필요성 제기 • 활동 : 국문연구소 설립(1907), 유길준·주시경·지석영 등이 국어 문법 연구
국 사	• 정부에서 〈조선 역사〉 등 교과서 편찬 • 위인전기(박은식의 〈동명왕실기〉, 신채호의 〈을지문덕전〉 등), 민족주의 역사학의 연구 방향 제시한 신채호의 〈독사신론〉

1. 일제 식민지 지배 정책

(1) 제1차 세계대전과 전후의 세계

① 제1차 세계대전(1914~1918)

배 경	제국주의 열강의 식민지 쟁탈전 고조 → 3국 동맹(독일, 오스트리아-헝가리 제국, 이탈리아)과 3국 협상(영국, 프랑스, 러시아)의 대립, 범게르만주의(독일 중심)와 범슬라브주의(러시아 중심)의 대립
전 개	사라예보 사건 → 3국 동맹과 3국 협상 측의 전쟁 가담 → 전쟁 장기화 → 미국 참전으로 협상국 우세 → 러시아 혁명 발생으로 러시아의 전선 이탈 → 독일 항복 → 협상국 승리

② 전후 처리와 베르사유 체제

베르사유 체제	전후 처리 문제를 논의하기 위해 파리강화회의 개최(미국 대통령 윌슨의 14개조 평화 원칙) → 베르사유 조약 체결, 국제연맹 창설(1920)
워싱턴 체제	전후 일본의 성장(중국에 21개조 요구) → 일본 견제를 위해 미국 주도로 워싱턴 회의 개최(1921) → 아시아·태평양 지역에서 미국의 주도적 역할 확립, 일본이 산둥반도를 중국에 반환, 군비 축소

③ 러시아 혁명과 사회주의 국가의 수립

러시아 혁명 (1917)	제1차 세계대전 이후 경제난 지속 → 3월 혁명(노동자와 군인들의 혁명으로 제정 붕괴, 임시정부 수립 → 임시정부의 개혁 미진, 전쟁 지속 → 11월 혁명(레닌 등 사회주의자들이 혁명 정부 수립)
소련 수립 (1922)	독일과 강화 조약 체결(1918), 사회 개혁 추진 → 반 혁명 세력이 내전에서 승리 → 소비에트 사회주의 연방 공화국(소련) 수립

(2) 1910년대 일제의 식민 통치

① 무단 통치

　㉠ 식민지 통치 제도 정비

　　• 조선총독부 설치 : 일제 식민 통치의 중추 기관(행정·입법·사법·군통수권 장악)

　　• 중추원 설치 : 총독부 자문 기관

　㉡ 헌병 경찰을 통한 무단 통치

　　• 헌병 경찰 제도 시행 : 헌병이 경찰 업무와 일반 행정 업무 관여

　　• 범죄즉결례(1910) 제정 : 헌병 경찰에게 즉결 처분권 부여

　　• 조선태형령(1912) 제정 : 한국인에게만 태형 적용

　　• 일반 관리와 학교 교원에게까지 제복을 입고 칼을 차게 함

　㉢ 한국인의 기본권 제한과 식민지 교육

　　• 기본권 박탈 : 출판·언론·자유 박탈, 한글 신문 폐간

　　• 교육 정책 : 제1차 조선교육령 제정(보통 교육과 실업 교육 위주의 편성, 일본어 교육 강화), 사립학교와 서당 탄압

② 1910년대 경제 수탈 정책

　㉠ 토지조사사업(1910~1918)

목 적	지세 수입을 늘려 한국을 일본의 식량과 원료 공급지화 → 토지 수탈 계획
내 용	• 시행 : 임시토지조사국 설치(1910), 토지조사령 공포(1912) • 방식 : 정해진 기간 안에 직접 신고한 토지만 소유권을 인정하는 신고주의
결 과	• 조선총독부의 지세 수입 증가 → 식민지 통치에 필요한 재정 확보 • 일본인의 토지 소유 증가 : 미신고 토지, 국유지·공유지를 조선총독부 소유로 편입해 동양척식주식회사나 일본인 지주에게 매매 → 일본인 대지주 증가 • 농민 몰락 : 지주의 소유권만 인정하고 소작농의 관습적 경작권 부정 → 농민들이 소작농·화전민으로 전락, 만주·연해주로 이주

　㉡ 일제의 산업 통제

회사령(1910)	기업을 설립할 때 총독의 허가를 받은 후 회사 설립 → 한국인의 기업 활동 억제
산업 침탈	어업령·삼림령·조선 광업령 공포, 인삼 등의 전매 사업 실시, 조선식산은행 설립
기간 시설 구축	철도·도로 건설 및 정비, 항만 시설 확충 → 식량·자원 일본 반출 목적

(3) 1920년대 일제의 식민 통치

① 민족 분열 통치(문화 통치)

　㉠ 배경 : 3·1 운동 이후 무단 통치의 한계 인식 → 사이토 마코토가 총독으로 부임, '문화 통치' 표방

　㉡ 목적 : 친일파 양성을 통해 민족 분열 도모

　㉢ 내 용

구 분	표면적 내용	실제 운영
총 독	문관 총독 임명 가능	문관 총독 임명되지 않음
경찰 제도	헌병 경찰제를 보통 경찰제로 전환, 태형 제도 폐지, 관리·교원의 제복 착용 폐지	경찰서와 경찰관 수 증가, 치안유지법 제정 (1925)
언론 정책	언론·출판·집회·결사의 자유 허용	신문 검열 강화(기사 삭제, 신문 압수·정간·폐간 등)
교육 정책	교육 기회 확대 표방 → 제2차 조선교육령(보통학교 교육 연한 6년으로 증가, 학교 수 증설)	학교 수 부족, 운영비 부담 증가로 한국인의 취학률 저조
지방 제도	지방자치제 실시 표방 → 도 평의회, 부·면 협의회 구성	평의회와 협의회는 자문기관으로 의결권이 없는 자문 기구에 불과

• 치안유지법(1925) : 일제가 국가 체제나 사유재산제도를 부정하는 사회주의 사상을 탄압할 목적으로 1925년에 제정한 법률이다. 이 법은 사회주의자는 물론 민족주의 계열의 독립운동가들을 탄압하는 데 이용됐다.

② 1920년대 경제 수탈 정책

　㉠ 산미증식계획(1920~1934)

배 경	일본의 공업화로 도시 인구 증가 → 쌀 부족 현상 → 한국에서 쌀을 확보하려 함
내 용	품종 개량, 비료 사용 확대, 수리시설 확충, 농토 개간 사업(밭을 논으로 변경) → 쌀 증산 시도
결 과	• 증산량보다 많은 양을 반출 • 수리 조합비 및 소작료 증가로 농민 몰락, 식량 사정 악화, 농업 구조 변화

　㉡ 일제 자본의 산업 침투

회사령 폐지 (1920)	회사 설립을 허가제에서 신고제로 변경 → 일본 대기업의 한국 진출 증가(미쓰비시 등)
관세 철폐 (1923)	한일 간 관세 폐지 → 일본 상품의 한국 수출 급증 → 한국 기업 타격
금융 장악	신은행령 발표(1928), 한국인 소유 은행 합병

2. 3·1 운동과 대한민국 임시정부

(1) 1910년대 국내외 독립운동

① 국내 항일 비밀 결사

독립의군부 (1912)	의병장 임병찬이 비밀리에 조직, 복벽주의 표방, 일본에 국권 반환 요구하는 서신 발송 시도
대한광복회 (1915)	박상진(총사령)·김좌진(부사령) 등이 군대식 조직으로 결성, 공화정체의 근대 국가 수립 목표, 군자금 마련·친일파 처단 등의 활동

② 국외 독립운동

만 주	• 서간도(남만주) : 신민회 중심 → 삼원보에서 경학사 조직, 신흥강습소 설립(이후 신흥무관학교로 개편 – 독립군 양성) • 북간도(동만주) : 한인 집단촌 형성(용정촌, 명동촌 등), 서전서숙·명동학교 설립(민족 교육 실시), 중광단 결성(대종교가 결성했고 이후 북로군정서로 개편)
연해주	한인 집단촌인 신한촌 건설(1911), 권업회(자치 단체로서 권업신문 발간, 1911) 결성 → 이후 대한광복군 정부 조직, 전로한족회 중앙 총회, 대한국민의회 수립(1919)
상하이	동제사 조직(1912), 대동단결 선언 발표(박은식·신규식 등, 1917), 신한청년당(파리강화회의에 김규식을 대표로 파견, 1918)
미 주	대한인 국민회(장인환·전명운의 의거를 계기로 결성, 독립운동자금 모금), 대조선 국민군단(하와이, 군단장에 박용만), 숭무학교(멕시코)

(2) 3·1 운동의 전개와 영향

① 3·1 운동의 배경

국 내	• 일본의 무단 통치와 수탈에 대한 반발 • 고종의 급사(독살설)
국 외	• 미국 대통령 윌슨이 민족자결주의 제시 • 레닌이 식민지와 반식민지의 민족 해방 운동 지원 선언

- 윌슨의 민족자결주의 : 다른 민족이나 국가의 간섭을 받지 않고 자민족의 정치적 운명을 스스로 결정하는 권리를 실현하고자 하는 사상이다.

② 3·1 운동의 전개 과정

독립 선언 준비	33인의 민족 대표 구성(대중적 비폭력 운동 전개 방침 수립) → 기미독립선언서 작성
독립선언서 발표	민족 대표 33인이 태화관에서 독립선언서 낭독 후 자진 체포 → 탑골공원에서 학생·시민들이 독립 선언서 낭독 후 서울 시내에서 평화적 만세 시위 전개
시위 확산	철도를 따라 전국 주요 도시로 확산(청년·학생 중심, 상인·노동자 동참) → 농촌으로 확대(농민 참여, 일제의 탄압에 대항해 무력 투쟁 전개) → 국외 확산(만주, 연해주, 미주, 일본 등)
일제의 탄압	유관순 순국, 헌병 경찰과 군대를 동원한 일본이 학살 자행(제암리 학살 사건)

- 제암리 학살 사건(1919.4.) : 화성 제암리에 파견된 일본군이 30여 명의 제암리 기독교도들을 교회에 모아 놓고 문을 잠근 뒤, 무차별 사살하고 불을 질러 증거를 인멸하려고 한 비인간적 학살 사건이다.

③ 3·1 운동의 의의와 영향
- ㉠ 우리 역사상 최대 규모의 민족 운동 : 모든 계층이 참여
- ㉡ 대한민국 임시정부 수립의 계기 : 독립운동을 조직적·체계적으로 전개할 지도부의 필요성 대두
- ㉢ 일제의 통치 방식 변화 : 기존의 무단통치에서 문화통치로 전환
- ㉣ 아시아의 반제국주의 민족 운동에 영향 : 중국의 5·4 운동과 인도의 독립운동에 영향

(3) 대한민국 임시정부 수립과 활동
① 대한민국 임시정부의 수립과 통합
- ㉠ 여러 지역의 임시정부 수립

대한국민의회	연해주, 전로한족회 중앙 총회를 정부 형태로 개편
한성정부	국내에서 13도 대표가 모여 수립
상하이 임시정부	신한청년당을 중심으로 임시 의정원을 만들어 구성, 대한민국 임시 헌장 선포

- ㉡ 임시정부의 통합
  - 수립 : 외교 활동에 유리한 상하이에 대한민국 임시정부 수립(1919.9.), 대한민국 임시 헌법 공포
  - 체제 : 우리나라 최초로 3권 분립에 입각한 민주 공화정체의 정부(임시 대통령 이승만, 국무총리 이동휘)

② 대한민국 임시정부의 활동

비밀 조직 운영	연통제(비밀 행정 조직), 교통국(통신 기관) 조직 → 독립운동 자금 확보, 정보 수집
자금 모금	독립공채 발행, 국민 의연금 모금
외교 활동	• 김규식을 전권대사로 임명, 파리강화회의에 대표로 파견 → 독립 청원서 제출 • 미국에 구미위원부 설치(1919) : 한국의 독립 문제를 국제 여론화하려 노력
무장 투쟁	군무부를 설치하고 직할 부대로 광복군 사령부, 광복군 총영, 육군 주만 참의부 편성
문화 활동	기관지로 독립신문 간행, 외교 선전 책자 발행, 임시사료 편찬 위원회에서 〈한일 관계 사료집〉 간행

③ 국민대표회의와 대한민국 임시정부의 변화

국민대표회의 (1923)	• 배경 : 일제의 탄압으로 임시정부의 연통제·교통국 마비, 외교 활동 성과 미약, 이승만의 위임 통치 청원서 제출 → 독립운동의 노선을 둘러싼 논쟁 발생(외교 독립론, 무장 투쟁론, 실력 양성론 등) • 전개 : 독립운동의 새로운 활로를 모색할 목적으로 개최 → 창조파(임시정부 해산 후 새 정부 수립 주장)와 개조파(임시정부 유지)로 대립 → 결렬 • 결과 : 많은 독립운동가들이 임시정부에서 이탈 → 임시정부의 세력 약화
대한민국 임시정부의 변화	이승만 탄핵, 제2대 대통령 박은식 선출 → 국무령 중심 내각책임제로 개편(1925) → 국무위원 중심 집단 지도 체제로 개편(1927) → 일제의 상하이 점령 및 중국 침략으로 충칭으로 이동(1940)

3. 다양한 민족 운동의 전개

(1) 무장 투쟁과 의열 투쟁

① 1920년대 무장 독립 투쟁

봉오동 전투 (1920.6.)	• 독립군이 압록강·두만강 유역의 일본 경찰·식민통치 기관 습격 → 일제의 독립군 공격 • 대한독립군(홍범도)을 중심으로 국민회군(안무), 군무 도독부군(최진동) 등의 연합 부대 형성 → 봉오동에서 대승
청산리 대첩 (1920.10.)	• 봉오동 전투에서 패한 일본군의 독립군 소탕 계획 → 훈춘 사건을 조작해 일본군이 만주 진입 • 북로군정서(김좌진)와 대한독립군(홍범도)의 연합 부대가 청산리 백운평·어랑촌 등에서 일본군에게 반격 → 대승

② 독립군의 시련

간도 참변(1920)	청산리 대첩 이후 일본군이 독립군 소탕이라는 명분하에 간도 지역 한인 학살
자유시 참변(1921)	북만주 밀산으로 독립군 집결, 대한독립군단 결성 → 러시아 자유시로 이동 → 지원을 약속했던 소련이 독립군의 무장 해제 요구 → 밀산에서 자유시로 이동한 수백 명의 독립군 희생

③ 독립군 부대 재정비

3부 성립	• 배경 : 간도 참변, 자유시 참변 • 참의부(지안 지역), 정의부(남만주), 신민부(간도, 북만주) 조직
3부 통합	• 배경 : 미쓰야협정 체결로 독립군 활동 위축, 민족 유일당 운동 확산 → 독립군 단체 통합의 필요성 대두 • 혁신 의회(북만주)와 국민부(남만주)로 재편

④ 의열단

결 성	3·1 운동 이후 강력한 무장 조직의 필요성 인식 → 김원봉을 중심으로 만주 지린성에서 결성
활 동	• 신채호가 작성한 '조선혁명선언'을 의열단의 행동 강령으로 채택 • 의거 : 박재혁(부산경찰서 투탄, 1920), 김익상(조선총독부 투탄, 1921), 김상옥(종로경찰서 투탄, 1923), 김지섭(일본 황궁 투탄, 1924), 나석주(동양척식주식회사와 식산은행 투탄, 1926)
변 화	• 개별 의거의 한계 인식으로 조직적인 무장 투쟁의 필요성 자각 • 김원봉을 비롯한 단원들이 황푸군관학교에 입교 → 난징에 조선혁명간부학교 설립(1932) • 민족혁명당 결성(1935)

(2) 실력 양성 운동

① 물산장려운동

배 경	일본 기업의 한국 진출 활발, 일본 상품의 관세 철폐(1923) → 일본 상품 대량 유입으로 한국 기업 위기 → 한국인 자본을 보호·육성해 민족의 경제적 실력을 양상하고자 함
전 개	• 평양에서 조만식을 중심으로 평양물산장려회 설립(1920) → 서울과 전국으로 확산 • '내 살림 내 것으로', '조선 사람 조선 것' 등의 구호 제시 • 민족 산업 보호·육성을 위한 토산품 애용, 근검저축, 금주·금연 등 실천
결 과	일부 기업가에 의해 토산품 가격 상승 → 일제의 탄압과 방해로 큰 성과 거두지 못함

② 민립대학 설립 운동

배 경	3·1 운동 이후 교육열 고조, 일제의 교육령 개정 → 대학 설립을 통해 고등 교육을 실현하기 위해 교육 분야의 실력 양성 추진
전 개	이상재 등이 주도, 조선민립대학기성회 결성(1923) → 전국적인 천만원 모금 운동('한민족 1천만이 한 사람이 1원씩'의 구호)
결 과	• 일제의 탄압과 방해, 가뭄과 수해로 모금 운동 부진 • 일제의 회유책 : 경성제국대학 설립(1924)

③ 문맹 퇴치 운동

문자 보급 운동	조선일보 주도, '아는 것이 힘, 배워야 산다' 구호
브나로드 운동	동아일보 주도, '배우자, 가르치자, 다함께 브나로드' 구호

④ 실력 양성 운동의 한계와 자치론 대두

한 계	일본이 허용하는 범위 안에서만 전개, '선 실력 양성, 후 독립' 강조 → 큰 성과 거두지 못함
타협적 자치론 대두	일부 민족주의 계열(이광수, 김성수, 최린 등) : 일제의 식민 통치 인정, 자치권을 확보해 민족의 실력 양성을 주장(자치 운동, 참정권 운동 전개)
결 과	민족주의 세력의 분열 초래(일제의 민족 분열 정책에 이용 당함)

(3) 민족 유일당 운동

① 사회주의 사상 확산과 탄압

확 산	3·1 운동을 계기로 국내 유입, 청년·지식인층 중심으로 확산 → 조선공산당 결성(1925)
탄 압	일제가 치안유지법 제정(1925) → 사회주의 세력 탄압

② 민족 유일당 운동의 전개(민족 협동 전선)

국 외	• 제1차 국공합작 성립(1924) • 한국독립유일당 북경촉성회를 결성(베이징), 만주에서 3부 통합 운동 전개
국 내	• 조선민흥회(1926) : 비타협적 민족주의 계열이 사회주의 세력과 연합 모색 • 정우회 선언(1926) : 사회주의 세력이 민족주의 세력과의 제휴 필요성 강조

③ 신간회

창 립	• 비타협적 민족주의 세력과 사회주의 계열이 연대해 창립(1927) • 회장 이상재, 부회장 홍명희 선출
활 동	• 민족 단결, 정치적·경제적 각성 촉구, 기회주의자 배격 • 민중 계몽 활동으로 순회 강연, 야학 등 전개 • 농민·노동·여성·형평 운동 등 지원 • 광주학생항일운동 지원(조사단 파견, 대규모 민중 대회 계획)
해 소	민중 대회 사건으로 간부 대거 구속 → 타협적 민족주의와의 협력으로 갈등 발생, 코민테른 노선 변화 → 해소론 대두 → 해소(1931)
의 의	• 민족주의 계열과 사회주의 계열의 민족 연합 • 일제 강점기 최대의 합법적인 반일 사회단체

4. 사회·문화의 변화와 사회 운동

(1) 사회 구조와 생활 모습의 변화

① 식민지 도시화

교통 발달	항만·전차 노선 확충, 철도망 완성(물자 수탈에 이용)
식민지 도시화	• 도시 발달 : 교통 발달 지역으로 확대(1920년대) → 공업 도시 성장(1930년대 이후) • 특징 : 일본인과 한국인 거주 지역 구분, 일본인 거주 지역 중심으로 도시 발전, 도시 변두리에 빈민촌 형성(토막민 거주)

② 농민 몰락

일제의 농업 정책	• 1910년대 : 토지조사사업 → 일본인 지주의 대토지 소유 확대 • 1920년대 : 산미증식계획 → 한반도가 일본의 식량 공급지화 • 1930년대 : 농촌진흥운동(1932), 조선농지령(1934)을 통해 일제가 농촌 경제 안정화 시도 → 해결 실패
농민의 삶	지주의 횡포, 높은 소작료로 농민 몰락(화전민, 도시 빈민으로 전락) → 농민 운동 확산

③ 생활양식의 변화

의	• 서양식 복장 보편화(고무신, 운동화, 구두, 양복 등), 단발머리 유행 → 모던 걸, 모던 보이 유행 • 중일전쟁 이후에는 일제가 국민복, 몸뻬 착용 강요
식	커피·빵·아이스크림·맥주 등 서양 및 일본 음식 유행, 일반 서민 및 농민은 식량 부족
주	대도시에 근대적 고층 건물 건립, 개량 한옥과 문화 주택 보급, 농촌과 도시 서민은 여전히 초가집이나 구식 기와집 거주

(2) 근대 사상의 확산과 다양한 사회 운동

① 근대 사상 확산 : 3 · 1 운동 전후로 자유주의, 공화주의, 사회주의, 개조론, 아나키즘(무정부주의) 등의 근대 사상이 국내에 유입

② 농민 운동과 노동 운동

농민 운동	배 경	토지조사사업, 산미증식계획 → 농민 몰락
	전 개	• 1920년대 : 소작료 인하와 소작권 인정 등을 요구하는 소작 쟁의 전개, 암태도 소작 쟁의(1923) • 1930년대 : 혁명적 농민 조합 중심, 항일 운동 · 계급 투쟁 성격
노동 운동	배 경	회사령 철폐 → 노동자 수 증가, 저임금, 열악한 노동 환경
	전 개	• 1920년대 : 임금 인상, 열악한 노동 조건 개선 요구 → 원산 노동자 총파업(1929) • 1930년대 : 비합법적 · 혁명적 노동조합 건설

③ 학생 운동

6 · 10 만세운동 (1926)	• 순종의 장례식을 기해 일제의 수탈과 식민지 교육에 대한 반발로 발생한 항일 운동 • 조선공산당, 천도교 세력, 학생 단체가 만세 시위 계획 → 사전에 발각돼 학생들 주도로 전개, 민족 유일당 운동의 공감대 형성(신간회 결성의 계기)
광주학생항일운동 (1929)	• 배경 : 민족 차별, 식민지 교육 • 전개 : 한일 학생 충돌 → 일본의 편파적 처벌 → 광주 지역 학생 총궐기 → 신간회 등의 지원으로 전국적인 규모의 항일 운동으로 확산 • 의의 : 전국적 규모, 3 · 1 운동 이후 최대 규모의 민족 운동

④ 기타 사회 운동

여성 운동	• 배경 : 여성에 대한 봉건적 차별 • 근우회(1927) : 신간회의 자매단체, 여성 단결과 지위 향상 노력, 기관지 〈근우〉 발행, 노동 · 농민 운동에 참여
소년 운동	방정환이 소년 운동 전개 → 어린이날 제정(1923, 조선소년운동협회), 잡지 〈어린이〉 발간
청년 운동	조선청년총동맹 결성(1924) → 식민 교육 반대 활동, 계몽 운동 등 전개
형평 운동	• 배경 : 갑오개혁 때 신분제 철폐 이후에도 백정에 대한 사회적 차별 • 조선형평사 결성(1923) : 신분 차별과 멸시 타파를 목표로 진주에서 창립 → 다른 사회 운동 단체와 연합해 항일 민족 운동 전개

(3) 민족 문화 수호 운동과 문예 활동

① 한글 연구

배 경	일제의 일본어 보급 → 학교에서 일본어 교육 비중 증가
활 동	• 조선어연구회(1921) : 이윤재, 최현배 등, 잡지 〈한글〉 간행, 가갸날(한글날) 제정 • 조선어학회(1931) : 조선어연구회 확대 개편, 한글맞춤법통일안 · 표준어 제정, 〈우리말큰사전〉의 편찬 준비 → 조선어학회사건으로 강제 해산(1942)

• 조선어학회사건 : 1942년에 총독부가 조선어학회를 독립운동 단체로 규정하고 회원 상당수를 구속한 사건이다. 이로 인해 조선어학회는 해산됐다.

② 한국사 연구

배 경	일제의 식민 사관 → 타율성론(외세의 영향을 받음), 정체성론(발전 없이 정체됨), 당파성론(당파를 만들어 싸움) 등 한국사 왜곡, 조선사편수회에서 〈조선사〉를 편찬해 식민사관 전파 시도
민족주의 사학	• 박은식 : 〈한국통사〉, 〈한국독립운동지혈사〉 저술, 민족의 '혼' 강조 • 신채호 : 고대사 연구에 치중해 〈조선상고사〉, 〈조선사연구초〉 저술
사회경제 사학	• 사회주의의 영향으로 유물 사관을 토대로 한국사 정리 • 백남운 : 〈조선사회경제사〉, 〈조선봉건사회경제사〉 → 식민주의 사관의 정체성 반박
실증 사학	• 객관적 사실에 근거한 문헌 고증 • 이병도 · 손진태 : 진단학회 조직(1934), 〈진단학보〉 발간

③ 종교계 활동

불 교	한용운 등이 사찰령 폐지 운동 전개, 조선 불교 유신회 조직
천도교	〈개벽〉, 〈신여성〉 등 잡지 간행, 대중 운동 전개
대종교	만주에서 중광단 조직, 항일 무장 투쟁 전개
천주교	사회 사업 확대(고아원 · 양로원 설립 등), 만주에서 의민단 조직 → 항일 무장 투쟁 전개
개신교	신사 참배 거부 운동, 교육 · 의료 활동 전개
원불교	박중빈 창시, 불교의 생활화 · 대중화 추구, 새생활 운동 전개

④ 문예 활동

문 학	• 1910년대 : 계몽적 문학 유행(이광수, 최남선 등) • 1920년대 : 동인지 발간, 신경향파 문학(사회주의 영향), 저항 문학(한용운, 이상화) • 1930년대 이후 : 순수 문학 등장(식민지 현실 외면), 친일 문학, 저항 문학 지속(심훈, 윤동주, 이육사 등)
예 술	• 연극 : 토월회(1923) → 본격적 신극 운동 전개 • 영화 : 나운규의 아리랑(1926) → 민족의 저항 의식과 한국적 정서 부각 • 음악 : 민족 정서가 드러난 가곡 · 동요, 안익태의 「애국가」 작곡(1936) • 미술 : 한국 전통 회화 계승, 서양화 기법 도입(나혜석, 이중섭 등) • 대중문화 : 대중가요 유행, 대중 잡지 발간

5. 전시 동원 체제와 민중의 삶

(1) 대공황과 제2차 세계대전

① 대공황 발생

배 경	제1차 세계대전 이후 미국의 경제 호황 → 생산 · 소비의 불균형 심화
전 개	뉴욕증권거래소 주가 폭락(1929), 기업과 은행 도산, 대량 실업 사태 발생 → 전 세계로 공황 확산
각국의 대응	미국(뉴딜 정책), 영국 · 프랑스(블록 경제), 이탈리아 · 독일 · 일본(전체주의 추구, 대외 침략)

② 제2차 세계대전

배경	전체주의 국가 독일·이탈리아·일본의 3국 방공 협정(추축국), 독·소 불가침조약 체결
전개	독일의 폴란드 침공 → 영국·프랑스의 선전 포고 → 독일·이탈리아의 유럽 장악 및 소련 공격 → 일본의 진주만 기습(태평양 전쟁, 1941)으로 미국 참전 → 노르망디 상륙 작전 → 이탈리아의 항복(1943) → 미국의 원자 폭탄 투하, 소련 참전 → 독일·일본 항복(1945)
결과	유럽 열강 쇠퇴, 미·소 중심의 국제 질서, 식민지 국가 독립, 국제연합 창설

(2) 일제의 침략 전쟁과 전시 동원 체제

① 일제의 침략 전쟁

시작	대공황에 따른 일본의 경제 위기 → 대륙 침략(만주사변, 1931) → 군부 쿠데타(전체주의 심화)
확대	경제난 지속 → 중국 본토 침략(중일전쟁, 1937) → 동남아시아 침략 → 미국·영국의 경제 봉쇄 → 진주만 기습(1941), 태평양 전쟁 발발

② 병참 기지화 정책

식민지 공업화 정책	• 목적 : 대공황 극복과 전쟁에 필요한 군수 물자 공급 • 만주를 농업·원료 생산지대로, 한반도를 중화학 공업 지대로 설정 → 한반도 북부 지방에 발전소 건설, 중화학 공업 육성 → 산업 간·지역 간 불균형 초래
남면북양 정책	• 목적 : 일본 방직업자에게 싼값에 원료 공급 • 일본에 필요한 공업 제품의 원료 생산을 위해 남부 지방에 면화 재배, 북부 지방에 양 사육 강요

③ 전시 동원 체제(국가총동원법 제정, 1938)

인력 수탈	• 병력 동원 : 지원병제(1938), 학도 지원병제(1943), 징병제(1944) • 노동력 동원 : 국민징용령(1939), 근로보국대 조직 → 광산·철도 건설, 군수 공장 등에 학생과 청년들 강제 동원 • 여성 동원 : 여자 정신 근로령(1944), 여성들에게 일본군 '위안부' 강요
물적 수탈	전쟁 물자 공출, 금속 및 미곡 공출제·양곡 배급제 실시, 위문 금품 모금, 국방 헌금 강요, 산미증식 계획 재개(1938)

④ 황국신민화 정책(민족 말살 통치)

내선일체 강요	황국신민서사 암송, 궁성 요배, 신사 참배, '창씨개명' 강요
교육·언론 통제	소학교 명칭을 국민학교로 변경, 우리말 사용 및 교육 금지, 한글 신문·잡지 폐간
사상 탄압	조선사상범 예방구금령(1941) : 독립운동가들을 재판없이 구금

6. 광복을 위한 노력

(1) 1930년대 이후 독립운동

① 만주 지역의 항일 투쟁

조선혁명군	조선혁명당 산하 군사 조직, 총사령관 양세봉, 중국 의용군과 연합 작전, 영릉가·흥경성 전투에서 승리
한국독립군	한국독립당 산하 군사 조직, 총사령관 지청천, 북만주 일대에서 중국 호로군과 연합 작전 전개, 쌍성보·사도하자·대전자령 전투 등에서 승리

② 항일 유격 투쟁

동북인민혁명군	중국 공산당이 만주 주변의 항일 유격대를 통합해 조직(1933) → 동북항일연군으로 개편
동북항일연군	동북인민혁명군 확대·개편(1936), 동북항일연군 내 한인 간부 중심으로 조국광복회 결성(사회주의·민족주의 세력 통합, 1936) → 보천보 전투(1937) → 일본의 탄압으로 러시아 연해주로 이동

(2) 중국 관내 항일 투쟁

① 한인애국단의 활동

배 경	위축된 대한민국 임시정부의 활로를 모색하기 위해 김구가 상하이에서 조직(1931)
활 동	• 이봉창 : 도쿄에서 일본 국왕 폭살 시도(실패, 1932), 중국 신문에 보도 → 일제가 상하이 침략(상하이 사변) • 윤봉길 : 상하이 훙커우 공원에서 일왕 생일 및 상하이 사변 승리 축하 기념식장에 폭탄 투척(성공, 1932)
영 향	중국 국민당 정부가 대한민국 임시정부를 지원하는 계기

② 민족 운동 단체 결성

민족혁명당 (1935)	• 결성 : 의열단(김원봉)을 중심으로 한국독립당·조선혁명당 등이 모여 결성(민족주의·사회주의 계열연합) • 분화 : 조소앙과 지청천 탈당
조선의용대 (1938)	• 결성 : 김원봉을 중심으로 중국 국민당 정부의 지원을 받아 조직 • 분화 : 일부 세력이 화북 지방으로 이동해 조선의용대 화북 지대 결성(1941) → 김원봉 등 나머지 세력은 충칭으로 이동해 한국광복군에 합류(1942)

(3) 건국 준비 활동

① 대한민국 임시정부의 활동

㉠ 체제 정비 : 윤봉길 의거 이후 일제의 탄압으로 근거지 이동 → 충칭에 정착, 주석(김구) 중심 체제 마련(1940)

㉡ 한국광복군(1940)

창 설	대한민국 임시정부의 정규군으로, 중일전쟁 이후 충칭에서 창설(1940) → 총사령관 지청천
활 동	• 대일 선전포고 : 태평양전쟁 발발 직후 연합국의 일원으로 일본에 선전 포고(1941) • 군사력 증강 : 조선의용대원들의 합류(1942)로 군사력 강화 • 연합 작전 전개 : 영국군의 요청으로 인도·미얀마 전선에 공작대 파견, 문서 번역, 일본군을 상대로 한 정보 수집과 포로 심문 등의 활동 전개 • 국내진공작전 : 미국전략정보국(OSS)의 지원하에 국내 정진군을 조직해 준비 → 일제의 패망으로 불발

㉢ 대한민국 건국 강령 발표(1941)

기 초	• 조소앙의 삼균주의에 입각 • 대한민국 임시정부가 제시한 신국가 건설 계획
내 용	민주 공화정 수립, 보통 선거와 무상 교육 실시, 토지와 주요 산업의 국유화, 노동권 보장 등

② 조선독립동맹과 조선의용군

조선독립동맹 (1942)	• 결성 : 김두봉을 위원장으로 화북 지역 사회주의자들 중심으로 결성 • 활동 : 일본 제국주의 타도, 보통 선거에 의한 민주 공화국 수립, 남녀평등권 확립 등의 건국 강령 발표
조선의용군 (1942)	• 화북 각지에서 중국 공산당군(팔로군)과 함께 항일전에 참여 • 광복 이후 중국 국공내전 참가 후 북한 인민군으로 편입

③ 조선건국동맹

결 성	국내에서 여운형 주도로 사회주의자와 민족주의자를 망라해 결성
활 동	• 건국 방침 : 일본 제국주의 세력 축출, 조선 민족의 자유와 독립 회복, 민주주의 국가 수립, 노농 대중 해방 • 전국에 조직망 설치, 농민동맹조직, 군사위원회 조직(일본군 후방 교란과 무장 봉기 목적) • 8 · 15 광복 후 조선건국준비위원회로 개편

④ 국제 사회의 한국 독립 약속

카이로 회담 (1943.11.)	미국 · 영국 사이에 열린 회담, 적당한 시기에 한국을 독립시킨다는 것에 합의
얄타 회담 (1945.2.)	미국 · 영국 대표가 참여, 일본과의 전쟁에 소련의 참여 결정
포츠담 회담 (1945.7.)	미국 · 영국 · 소련 대표 참여, 포츠담 선언 발표, 일본의 무조건 항복 요구, 한국 독립 재확인

⑤ 한국 독립 : 미국이 일본에 원자폭탄 투하, 소련의 대일 선전 포고 → 일본 항복, 한국 독립 (1945.8.15.)

04 대한민국의 발전

1. 8 · 15 광복과 통일 정부 수립을 위한 노력

(1) 냉전 체제 형성

① 제2차 세계대전 이후

전후 처리	제2차 세계대전 중 연합국은 카이로, 얄타, 포츠담 회담에서 전후 처리 문제 논의 → 독일이 서독(미국 · 영국 · 프랑스가 관리)과 동독(소련이 관리)으로 분리, 일본이 미국의 감시를 받음, 독일과 일본에서 군사 재판 개최
국제연합 창설(1945)	전쟁 방지와 세계 평화 유지 목적 → 안전보장이사회(5개 상임 이사국에 안건 거부권 부여) 등 조직, 국제 분쟁을 해결하기 위한 유엔군 창설 허용

② 냉전 체제 형성과 심화

　　㉠ 냉전 체제 형성

자본주의 진영 (미국 중심)	트루먼 독트린 발표, 유럽 부흥 계획(마셜 플랜) 수립, 북대서양조약기구(NATO) 설립
공산주의 진영 (소련 중심)	공산권 경제상호원조회의(COMECON) 조직, 바르샤바조약기구(WTO) 설립

　　㉡ 냉전 체제 심화 : 베를린 봉쇄(독일 분단), 6 · 25 전쟁, 쿠바 미사일 위기, 베트남전쟁, 중국 국공내전 등

(2) 8 · 15 광복과 국토 분단

① 8 · 15 광복(1945)

배 경	우리 민족의 끊임없는 독립운동 전개, 연합군의 한국 독립 약속과 전쟁 승리
광 복	연합군의 승리로 일본이 무조건 항복 선언 → 광복(1945.8.15.)

② 미 · 소 군정과 국토 분단

38도선 설정	38도선을 경계로 미국은 남한을, 소련은 북한을 각각 분할 점령
미 · 소 군정 실시	• 남한 : 1945년 9월 초 미군 진주 → 미군의 군정 실시(직접 통치) • 북한 : 소련군이 인민위원회를 통해 통치(간접 통치) → 민족주의 세력 탄압

③ 조선건국준비위원회

조 직	광복 직후 여운형, 안재홍 등이 조선건국동맹을 중심으로 민족주의 좌파와 사회주의 세력을 모아 결성
활 동	전국에 145개 지부 설치, 치안대 조직(치안 유지)
해 체	좌익 세력의 위원회 주도권 장악, 우익 세력 이탈 → 중앙 조직을 정부 형태로 개편 → 각 지부를 인민위원회로 교체, 조선인민공화국 수립 선포(1945.9.) → 미 군정의 불인정

④ 광복 이후 국내 정치 세력

우 익	• 한국민주당 : 송진우, 김성수 중심 • 독립촉성중앙협의회 : 이승만이 귀국 후 조직 • 한국독립당 : 김구, 대한민국 임시정부 세력 중심
좌 익	좌익 박헌영 등이 남조선 노동당(남로당) 결성

⑤ 모스크바 3국 외상회의(1945.12.)

결정 사항	한반도에 임시 민주주의 정부 수립을 위한 미 · 소 공동위원회 설치, 미 · 영 · 소 · 중 4개국에 의한 최대 5년간의 신탁 통치 결의
국내 반응	• 우익 : 반탁 운동 • 좌익 : 반탁 입장 → 회의 내용 총체적 지지로 입장 변경 • 결과 : 좌우 세력 대립 격화

⑥ 제1차 미소 공동위원회 개최(1946.3)

목 적	한반도에 임시정부 수립 목적
전 개	미국과 소련의 대립(미국은 모든 단체 참여 주장, 소련은 모스크바 3국 외상회의 결정에 찬성한 단체들만 참여 주장) → 회의 결렬

⑦ 이승만의 정읍 발언(1946.6.) : 제1차 미소 공동위원회 결렬 이후 전북 정읍에서 남쪽만의 단독 정부 수립 주장

(3) 통일 정부 수립을 위한 노력

① 좌우합작운동(1946~1947)

배 경	제1차 미소 공동위원회 결렬, 이승만의 정읍 발언(단독 정부 수립 주장)
전 개	• 중심 세력 : 여운형, 김규식 등 중도 세력 • 주요 활동 : 미 군정의 지원 아래 좌우합작위원회 결성, 좌우합작7원칙 발표 • 좌우합작으로 임시 민주주의 정부 수립, 미소공동위원회 속개 요청, 유상 몰수·무상 분배에 의한 토지 개혁 및 과도 입법 기구에서 친일파 처리 등 결의
한 계	• 김구·이승만·조선 공산당 등 불참 • 좌우합작7원칙 중 신탁 통치·토지 개혁·친일파 처벌 문제를 두고 좌우익 세력이 충돌
결 과	냉전 체제 심화로 미 군정이 좌우합작운동 지지 철회, 여운형 암살 → 좌우합작위원회 해체 (1947.12.)

② 유엔의 한반도 문제 논의

배 경	제2차 미소 공동위원회 결렬 → 미국이 한반도 문제를 유엔 총회에 상정
전 개	유엔 총회에서 인구 비례에 따른 남북한 총선거 결정(1947.11.) → 북한과 소련의 유엔 한국 임시 위원단 입북 거부로 남북한 총선거 실패 → 유엔 소총회에서 접근 가능한 지역(남한)에서의 총선거 실시 결정(1948.2.)

③ 남북협상(1948)

배 경	이승만·한국 민주당 등이 남한만의 단독 선거 결정 찬성, 좌익 세력은 반대 → 김구와 중도 세력이 통일 정부 수립을 위한 남북 정치 지도자 회담 제의
전 개	김구, 김규식 등이 평양 방문 → 남북 주요 정당 및 사회단체 연석회의와 남북지도자회의 개최 (1948.4.) → 단독 정부 수립 반대, 미소 양군 철수 요구 등을 담은 결의문 채택
결 과	미국과 소련이 합의안 미수용, 남북에서 각각 단독 정부 수립 절차 진행, 김구 피살로 남북 협상 중단

④ 단독 정부 수립 반대 운동

제주 4·3 사건 (1948)	남한만의 단독 정부 수립을 반대하며 제주도의 좌익 세력과 일부 주민이 무장 봉기 → 군대와 경찰의 진압 과정에서 많은 민간인 사망
여수·순천 10·19 사건 (1948)	정부 수립 이후 이승만 정부가 제주 4·3 사건의 잔여 세력 진압 시도 → 출동 명령을 받은 여수 주둔 군대 내 좌익 세력이 이에 반발해 출동 거부, 여수·순천 일시 점령 → 진압 과정에서 많은 민간인 사망

2. 대한민국 정부 수립

(1) 대한민국 정부 수립

① 대한민국 정부 수립 과정

5·10 총선거 (1948.5.10.)	38도선 이남 지역에서 총선거 실시(김구·김규식 등 남북 협상 세력은 남한 단독 정부 수립 반대로 불참) → 제헌 국회 구성
제헌 헌법 제정·공포 (1948.7.17.)	• '대한민국' 국호 결정, 3·1 운동 정신과 대한민국 임시정부의 법통을 계승한 민주 공화국임을 밝힘 • 제헌 헌법 제정 : 삼권 분립과 대통령 중심제 채택, 평등·공공복리 강조, 국회에서 임기 4년의 대통령 간접 선거(1회에 한해 중임 허용), 대통령 이승만·부통령 이시영 선출
대한민국 정부 수립(1948.8.15.)	대통령 이승만의 내각 조직 → 대한민국 정부 수립을 국내외에 선포 → 유엔 총회에서 대한민국 정부를 한반도 유일의 합법 정부로 승인(1948.12)

② 북한 정권 수립

북조선 임시 인민 위원회	실질적 정부 역할, 토지 개혁 실시, 노동법과 중요 산업의 국유화 조치 → 북조선인민위원회로 발전
정권 수립 과정	초대 수상 김일성을 중심으로 내각 구성 → 조선민주주의인민공화국 정부 수립 선포(1948.9.9.)

(2) 친일파 청산과 농지 개혁 추진

① 친일파 청산을 위한 노력

ㄱ) 반민족행위처벌법 제정(1948.9.)

배 경	친일파 청산으로 민족 정기 확립 요구, 미군정의 친일 관료 유지 정책
과 정	일제 강점기 반민족 행위자 처벌 및 재산 몰수 → 반민족행위 특별조사위원회(반민 특위) 설치

ㄴ) 반민족행위 특별조사위원회의 활동 및 위기

활 동	활동은 1949년 1월부터 시작, 이광수·박흥식·노덕술·최린·최남선 등 친일 혐의자 체포·조사
위 기	이승만 정부의 비협조와 방해, 일부 경찰의 반민 특위 습격, 국회 프락치 사건 등으로 활동 제약

ㄷ) 결과 : 처벌법 개정에 따른 반민 특위 활동 기간 단축, 반민 특위 해체(1949) → 친일파 청산 노력 좌절

② 농지 개혁 실시

ㄱ) 배경 : 대다수 농민들이 토지 분배와 지주제 개혁 요구, 북한의 토지 개혁 실시(1946)

ㄴ) 농지 개혁

과 정	제헌 국회의 농지개혁법 제정(1949.6.) → 1950년부터 농지개혁 시행
내 용	• 유상 매수·유상 분배 방식 • 가구당 농지 소유를 3정보로 제한 → 3정보 이상의 토지는 지가 증권을 발행해 정부가 매입
한 계	유상 분배에 따른 농민의 부담, 지주들의 편법 토지 매각으로 개혁 대상 토지 감소
결 과	지주-소작제 소멸, 경작자 중심의 토지 소유 확립

3. 6·25 전쟁과 남북 분단의 고착화

(1) 6·25 전쟁

① 6·25 전쟁의 배경과 전개 과정

배경	• 미국·소련의 군대 철수, 38도선 일대에서 잦은 무력 충돌, 북한의 군사력 강화 • 냉전 격화, 애치슨 선언 발표(1950.1.)
전개 과정	북한의 기습 남침(1950.6.25.) → 서울 함락, 낙동강 유역까지 후퇴 → 유엔군 참전 → 국군과 유엔군의 연합 작전으로 남하 저지 → 인천상륙작전(9.15.) 성공 → 서울 수복(9.28.) 및 압록강까지 진격 → 중국군 참전 → 흥남 철수 → 서울 재함락(1·4 후퇴) → 서울 재수복 → 38도선 부근에서 전선 교착 → 미소 양국의 휴전 회담 합의, 협상 시작 → 정전 협정 체결(1953.7.) → 군사분계선(휴전선) 설정

• 애치슨 선언 : 1950년 미 국무장관 애치슨이 발표한 미국의 태평양 방위선이다. 알래스카·일본·오키나와·대만·필리핀으로 구성돼 한반도는 제외됐고 북한은 이로 인해 남한을 공격해도 미국의 개입이 없을 것이라고 판단했다.

② 6·25 전쟁의 영향

㉠ 인적·물적 피해

• 인적 피해 : 수백만 명의 사상자 발생, 전쟁고아 및 이산가족 발생

• 물적 피해 : 전 국토 초토화, 대다수 산업 시설과 도로·주택·철도 등 파괴, 식량과 생활필수품 부족

㉡ 분단의 고착화

• 남북한 간의 이념 대립 및 적대적 감정 확대

• 한미상호방위조약 체결(1953) : 주한 미군 주둔, 한미 동맹 관계 강화

• 북한에서 중국의 영향력 강화

(2) 전후 독재 체제 강화

① 전후 남한의 정치와 경제 변화

㉠ 이승만 정부의 독재 체제 강화

발췌 개헌(1952)	• 배경 : 제2대 국회의원 선거(1950.5.) 결과 이승만 지지 세력 급감 • 내용 : 대통령 직선제, 양원제 국회 • 과정 : 자유당 창당, 임시 수도 부산 일대에 계엄령 선포 → 야당 의원 연행·협박 → 개헌안 국회 통과 • 결과 : 제2대 대통령 선거에서 이승만 당선
사사오입 개헌(1954)	• 배경 : 이승만의 대통령 장기 집권 목적 • 내용 : 초대 대통령에 한해 중임 제한 규정 철폐 • 과정 : 개헌안이 1표 차로 부결 → 사사오입(반올림) 논리로 개헌안 불법 통과 • 결과 : 제3대 대통령 선거(1956)에서 이승만 당선(3선)
독재 강화	진보당 사건(조봉암 사형, 1958), 국가보안법 개정(1958), 경향신문 폐간(1959) 등

> • 사사오입 개헌 : 개헌안 통과를 위해 136명의 찬성이 필요하나 자유당은 사사오입, 즉 반올림한 135명만으로도 가능하다는 억지 논리로 개헌안을 통과시켰다.

    ⓛ 전후 복구와 원조 경제 체제
- 전후 복구 : 귀속 재산과 미국의 원조 물자를 민간 기업에 헐값으로 팔아 전후 복구 자금 마련
- 미국의 원조 경제 : 소비재 산업 원료(밀가루, 설탕, 면) 중심 물자 원조 → 삼백 산업(제분업, 제당업, 면방직 공업) 발달, 농산물 대량 유입으로 농업 기반 약화

② 전후 북한의 정치와 경제 변화

    ㉠ 김일성의 독재 체제 강화 : 6·25 전쟁 기간 중 남로당 출신 및 연안파, 소련파 인물 제거 → 반대파 숙청 → 김일성 1인 독재 체제 구축

    ㉡ 소련·중국의 지원과 사회주의 경제 체제 확립 : 사회주의 국가(소련, 중국)의 지원, 천리마 운동 (대중 노동력을 중심으로 생산력 향상 도모), 농업 협동화(토지 및 생산 수단 통합, 노동량에 따른 수확물 분배)

4. 4·19 혁명과 민주화를 위한 노력

(1) 4·19 혁명(1960)

① 4·19 혁명의 배경과 전개 과정

배경	• 이승만 정부의 독재와 부정부패 • 3·15 부정 선거
전개 과정	각 지역에서 부정 선거 규탄 시위 → 마산에서 김주열 학생의 시신 발견(4.11.), 전국으로 시위 확산 → 학생·시민 대규모 시위 → 경찰 발포로 여러 사상자 발생, 비상 계엄령 선포(4.19.) → 서울 시내 대학 교수단 시국 선언문 발표 및 시위(4.25.)
결과	이승만 대통령의 하야 성명 발표(4.26.), 허정 과도 정부 구성

② 장면 내각 수립

    ㉠ 과도 정부 : 헌법 개정(양원제 국회, 내각 책임제) → 총선거 실시 → 국회에서 대통령 윤보선, 국무총리 장면 당선

    ㉡ 장면 내각의 정책
- 내용 : 지방자치제 실시, 공무원 공개 채용 제도 실시, 경제개발5개년계획 마련, 학생·노동 운동 전개, 통일 논의 활성화
- 한계 : 시민들의 민주화 요구 수용 미흡, 부정 축재자·부정 선거 책임자 처벌에 소극적, 5·16 군사정변으로 붕괴

(2) 5 · 16 군사정변과 박정희 정부

① 5 · 16 군사정변(1961.5.16.)

발생	박정희를 중심으로 한 군인들의 군사 정변 → 정권 장악, 장면 내각 붕괴
군정 실시	반공을 국시로 한 혁명 공약 발표, 비상계엄 선포 → 국가 재건 최고 회의를 통해 군정 실시, 모든 정당과 사회단체 해산
박정희 정부 수립	중앙정보부 설치, 민주 공화당 조직 → 헌법 개정(대통령 중심제, 단원제 국회) → 민주 공화당 후보로 출마해 제5대 대통령 선거에서 박정희 당선(1963)

② 박정희 정부의 활동

한일 국교 정상화(1965)	미국의 한일 국교 정상화 요구 → 한일 회담 추진(경제 개발에 필요한 자본 확보 목적) → 반대 시위 전개(6 · 3 시위, 1964) → 정부의 휴교령 · 계엄령 선포, 시위 진압 → 한일 협정 체결(1965)
베트남 파병 (1964~1973)	• 전개 : 미국의 한국군 파병 요청 → 부대 파견 → 미국의 추가 파병 요청 → 미국의 군사적 · 경제적 지원 약속을 받고 추가 파병(브라운 각서 체결, 1966.3.) • 성과 : 미군의 차관 제공, 파병 군인들의 송금 · 군수 물자 수출 등 베트남 특수로 외화 획득에 도움, 한미 동맹 관계 강화 • 문제점 : 많은 사상자 발생, 고엽제 문제
3선 개헌	대통령 3회 연임을 허용하는 3선 개헌 추진 → 3선 개헌 반대 운동(야당 의원, 학생) → 반대 여론 억압, 개헌 단행(1969) → 제7대 대통령 선거에서 박정희 당선(1971)

(3) 유신 체제

① 유신 체제 성립

배경	닉슨 독트린(1969) 등 냉전 체제 완화, 장기 집권과 경제 불황으로 국민 불만 고조
전개	비상계엄령 선포, 국회 해산 → 유신 헌법 제정, 국민 투표로 확정(1972.10.17) → 통일 주체 국민 회의에서 제8대 대통령으로 박정희 선출
유신 헌법 (1972)	• 장기 독재 : 대통령 간선제(통일 주체 국민 회의에서 선출, 임기 6년), 대통령 중임 제한 조항 삭제 • 대통령 권한 강화 : 대통령에게 긴급조치권, 국회 해산권, 국회의원 3분의 1 추천권(사실상 임명권) 부여

② 유신 체제의 전개와 붕괴

유신 반대 운동	김대중 납치 사건 → 장준하 등이 개헌 청원 100만인 서명 운동 전개 → 긴급조치 발표, 제2차 인혁당 사건 조작 → 명동 성당에서 유신 체제 반대 3 · 1 민주 구국 선언 발표(1976)
유신 체제 붕괴	• 배경 : YH 무역 사건에 항의하는 야당(신민당) 총재 김영삼 국회의원직 제명, 부마민주항쟁 발생 (1979) • 전개 : 시위 진압을 두고 정권 내 갈등 발생 → 중앙정보부장 김재규가 박정희 암살(10 · 26 사태, 1979)

> • YH 무역 사건(1979) : 신민당사에서 농성하던 가발 공장 여성 노동자 중 1명이 진압 과정에서 숨진 사건이다.
> • 부마민주항쟁(1979) : YH 무역 사건으로 김영삼이 국회의원직에서 제명된 사건을 계기로 대학생들이 민주주의 회복과 학원 자율화 등을 요구하며 유신정권에 반대하는 시위를 벌이자, 정부는 부산과 마산 지역에 위수령을 발동했다.

(4) 5 · 18 민주화운동과 전두환 정부

① 신군부 등장

　ⓒ 배경 : 국무총리 최규하를 대통령으로 선출(통일주체국민회의) → 전두환 · 노태우 등 신군부
　　　세력이 군사권 장악(12 · 12 사태, 1979)

　ⓒ 서울의 봄(1980) : 신군부 퇴진 요구, 유신 헌법과 계엄령 철폐 등을 요구하며 민주화 운동 전개
　　　→ 정부의 계엄령 전국 확대, 모든 정치 활동 금지, 국회와 대학 폐쇄, 민주화 운동 탄압 등

> • 서울의 봄 : 10 · 26 사태 이후 1980년 5월 17일까지 벌어진 학생과 시민들의 민주화 운동 시기를
> 말한다. 이들은 신군부 퇴진, 계엄령 철폐, 유신 헌법 폐지 등을 요구했다. 서울의 봄은 신군부가
> 전국에 계엄령을 선포하고 무력으로 진압하면서 종료됐다.

② 5 · 18 민주화운동(1980)

전 개	광주에서 비상계엄 확대와 휴교령 반대에 따른 민주화 시위 발생(1980.5.18.) → 신군부의 공수부대 투입, 계엄군의 발포 → 시민군 조직, 평화적 협상 요구 → 계엄군의 무력 진압
의 의	• 민주화 운동의 기반 : 이후 민주화 운동의 원동력이 됨 • 아시아 여러 나라의 민주화운동에 영향 • 5 · 18 민주화운동 기록물이 유네스코 세계기록유산에 등재(2011)

③ 전두환 정부

성 립	신군부의 국가보위비상대책위원회 설치 → 통일주체국민회의에서 전두환을 대통령으로 선출(11대, 1980) → 간선제(대통령 선거인단에서 7년 단임의 대통령 선출) → 제12대 대통령으로 전두환 당선(1981)
정 책	• 강압 정책 : 삼청교육대 운영, 언론사 통폐합 및 기사 검열 · 단속(보도지침), 학생 · 노동 운동 등 민주화 요구 세력 탄압 등 • 유화 정책 : 야간 통행금지 해제, 두발과 교복 자율화, 대입 본고사 폐지, 해외여행 자유화, 프로 스포츠 육성 등

5. 경제 성장과 사회 · 문화의 변화

(1) 산업화와 경제 성장

① 1960~1970년대 경제 성장

　ⓒ 제1 · 2차 경제개발5개년계획(1962~1971)

배 경	박정희 정부가 장면 내각의 경제개발5개년계획 보완 → 국가 주도 경제 성장 정책 추진
특 징	• 경공업 육성, 노동 집약적 산업(가발 · 섬유 산업) 중심, 대규모 산업 단지 조성 • 베트남 특수로 고도 성장, 경부고속국도 개통(1970) → 한강의 기적

ⓒ 제3·4차 경제개발5개년계획(1972~1981)

배 경	경공업 중심의 경제 성장 한계 인식
특 징	• 중화학 공업 육성, 자본 집약적 산업 중심 • 포항제철소 준공, 울산·거제조선소 설립, 공업 단지 건설 • 중화학 공업 비중이 경공업 비중 초과, 수출액 100억 달러 달성(1977)
경제 위기	제1·2차 석유파동(1973, 1978), 중화학 공업에 대한 과잉 투자 → 기업 도산, 실업률 증가, 경제성장률 감소

② 1980년대 경제 변화

전두환 정부의 경제 정책	경제 안정화 실시(부실기업 정리), 중화학 공업에 대한 투자 조정
3저 호황	1980년대 중반 저유가·저달러·저금리 상황으로 세계 경제 호황 → 중화학 공업(자동차, 철강) 발달, 첨단 산업 육성(반도체) → 높은 경제성장률 기록, 국민소득 증가

③ 시장 개방

배 경	선진 자본주의 국가들의 보호 무역 강화, 후발 자본주의 국가들에 대한 개방 압력 강화
과 정	신자유주의 정책과 자유 무역 강조(우루과이 라운드) → 다국적 기업, 국제 금융 자본 등 국내 진출

④ 경제 성장 과정의 문제점

　　ⓐ 경제 불균형 심화 : 지역 간 경제 격차 심화(대규모 산업 시설이 영남 지방에 집중), 도시와 농촌 간의 소득 격차 심화

　　ⓑ 정부의 대기업 중심 육성 정책 : 정부와 대기업 간의 정경 유착 지속, 정부의 특혜를 받는 재벌 중심의 산업 독과점 발생

　　ⓒ 무역 의존도 심화 : 내수보다 무역의 비중이 커짐, 해외 자본에 대한 경제 의존도 심화, 외채 부담 증가

　　ⓓ 산업 불균형 심화 : 정부의 공업 중심 경제 개발 정책, 저임금·저곡가 정책 → 노동자·농민들의 경제적 어려움 심화

(2) 경제 성장에 따른 사회 변화

① 산업화와 도시화

　　ⓐ 배경 : 제조업, 서비스 산업 → 도시로 인구 집중

　　ⓑ 특징 : 도시 빈민 증가, 빈민촌 형성, 정부의 신도시 건설, 대규모 아파트 단지 조성(경기도 광주 대단지 사건 발생)

　　ⓒ 소비·주거 형태 변화 : 분식·외식 문화 확산, 아파트·연립 주택 등장

② 농촌의 변화

　ⓐ 새마을운동(1970)

배 경	정부의 공업화·저곡가 정책으로 도시와 농어촌 간 소득·문화 격차 심화
전 개	근면·자조·협동을 바탕으로 농촌 환경 개선에 중점을 둔 정부 주도 운동 → 도시로 확대
결 과	• 농어촌 근대화에 기여 • 유신 체제 유지에 이용 • 새마을운동 기록물이 유네스코 세계기록유산으로 등재(2013)

　ⓑ 농민 운동의 성장

1970년대	• 정부의 저곡가 정책 → 농촌 경제 악화 • 추곡 수매 운동, 전남 함평 고구마 피해 보상 운동 등
1980년대	부족한 농산물 수입 개방 압력 → 외국 농산물 수입 개방 반대 운동 전개

③ 노동 운동의 성장

배 경	• 산업화로 도시 노동자 급증 • 정부의 지속적 저임금 정책, 열악한 작업 환경으로 노동자의 생존권 위협
노동 운동	• 전태일 분신 사건(1970), YH 무역 사건 • 민주화의 진전으로 노동 운동 활성화, 노동조합 설립

(3) 문화의 변화

① 교육의 변화

장면 내각	교육 자치제 실시 → 5·16 군사정변으로 중단
박정희 정부	• 국가주의 교육 → 국민 교육 헌장 • 사교육 열풍 → 중학교 무시험 추첨 제도(1969), 고교 평준화 제도(1974)
전두환 정부	국민 윤리 교육 강조, 과외 전면 금지, 대학 졸업 정원제

② 언론 활동의 성장

이승만 정부	언론 탄압 강화 → 경향신문 폐간(1959)
박정희 정부	• 유신 체제 성립 이후 정부에 비판적인 언론인 구속·해직 • 프레스 카드제 시행(기자 등록제) → 동아일보 기자들의 '자유언론 실천선언' 발표(1974)
전두환 정부	언론사 통폐합, 보도 지침을 통해 기사 검열

③ 대중문화 발달

1960년대	신문·라디오 보급 증가, 텔레비전 보유 가정 증가
1970년대	정부가 문화·예술 분야 검열 및 통제 강화(금지곡 지정), 반공 의식 고취
1980년대	상업적 프로 스포츠 등장(프로야구 출범, 1982), 6월 민주항쟁 이후 언론 및 대중문화 통제 완화

6. 6월 민주항쟁과 민주주의의 발전

(1) 민주주의의 발전

① 6월 민주항쟁(1987)

배 경	• 전두환 정부의 군사 독재, 대통령 간선제 유지 • 부천 경찰서 성 고문 사건, 박종철 고문치사 사건(1987.1.) → 정부의 사건 은폐·조작 • 4·13 호헌 조치(대통령 직선제 논의 금지)
전 개	대통령 직선제 개헌 및 전두환 정권 퇴진 운동 → 시위 도중 이한열이 경찰의 최루탄에 피격 → 민주 헌법 쟁취 국민운동 본부 민주항쟁 선언, '호헌 철폐, 독재 타도' 구호를 내세워 전국적 시위 전개(1987.6.10.)
결 과	여당 대통령 후보 노태우의 6·29 민주화선언 발표(대통령 직선제 개헌 요구 수용)

> • 박종철 고문치사 사건 : 1987년 1월 대학생 박종철이 경찰의 물고문에 의해 사망한 사건으로, 정부의
> 고문 은폐 시도가 드러나 전두환 정권에 대한 국민들의 분노는 더욱 커졌다.

② 민주화의 진전

노태우 정부	여소 야대 형성(여소 야대를 극복하기 위해 3당 합당 단행, 1990), 전두환의 비리 및 5·18 민주화운 동 진상 규명, 부분적 지방자치제 실시, 언론 자유 확대, 북방 외교(공산주의 국가와 수교)
김영삼 정부	공직자 윤리법 개정(고위 공직자 재산 등록 의무화), 금융실명제 시행, 지방자치제 전면 실시, '역사 바로 세우기' 사업 진행, 외환 위기로 국제통화기금(IMF)의 구제 금융 지원 요청

③ 평화적 정권 교체 정착

김대중 정부	최초로 여야 간 평화적 정권교체회담 개최(2000), 김대중 대통령 노벨 평화상 수상
노무현 정부	제2차 남북정상회담 개최(2007), 수도권 소재 주요 공공 기관 지방 이전(행정 수도 건설 특별법 제정), 과거사 정리 사업 추진, 권위주의 청산에 노력
이명박 정부	10년 만에 여야 정권 교체, 자유무역협정(FTA) 체결 확대, 기업 활동 규제 완화
박근혜 정부	민간인에 의한 국정 농단 의혹 사건으로 국회에서 대통령 탄핵 소추안 가결 → 헌법 재판소의 탄핵 인용
문재인 정부	국민의 나라·정의로운 대한민국을 국정 지표로 삼음, 지역 발전·복지·한반도 완전한 비핵화와 남북 평화에 중점을 둔 정책

(2) 시민 사회의 성장

① 노동 운동 활성화

배 경	6월 민주항쟁 이후 노동자의 사회의식 성장
내 용	• 노동 환경·처우 개선을 위한 '노동자 대투쟁' 전개(1987) • 전국적 노동조합 설립

② 시민의 정치 참여 확대

배 경	시민 단체가 경제, 환경, 여성, 인권 등 다양한 영역에서 활동하며 사회 문제 제기
과 정	호주제 폐지 운동, 2016년 국정 농단에 대한 진상 규명과 박근혜 대통령 퇴진 요구 집회, 총선 연대의 낙선 운동 등

③ 인권·사회 복지 증진

　　㉠ 인권 증진 : 헌법 소원 심판 청구 제도 마련, 국가인권위원회 설립, 여성부 설치, 학생인권조례
　　　제정

　　㉡ 사회 복지 확대 : 의료보험제도, 국민연금제도, 국민기초생활보장법 등 사회 보장 제도 확대

7. 외환 위기와 사회·경제적 변화

(1) 세계화에 따른 한국 경제의 변화

① 시장 개방과 한국 경제

세계 경제의 변화	선진 자본주의 국가들의 전면적 시장 개방 논의 → 우루과이 라운드 타결(1993) → 세계무역기구(WTO) 출범(1995) → 국제 교역 증가, 세계 자본 시장 통합
한국 경제의 변화	시장 개방 압력 증가 → 상품과 자본 시장 개방으로 세계화 추진, 공기업 민영화, 금융 규제 완화, 경제협력개발기구(OECD) 가입(1996) 등 신자유주의 정책 추진

② 외환 위기 발생과 극복

전 개	동남아시아에서 시작된 외환 위기 및 금융 불안 → 외환 보유고 고갈, 기업 연쇄 부도 → 김영삼 정부가 국제통화기금(IMF)에 구제 금융 요청(1997)
극 복	• 김대중 정부 : 기업의 구조 조정 실시, 외국 자본 유치 노력, 공기업 민영화 및 경영 혁신 추진, 노사정 위원회 설치 • 금 모으기 운동 : 국민들의 자발적 참여
결 과	국제통화기금(IMF) 지원금 조기 상환(2001)
영 향	• 노동자 대량 해고, 비정규직 노동자 급증 → 고용 안정 저하, 소득 격차 심화 • 많은 자영업자의 도산 → 중산층 비중 감소

③ 외환 위기 이후 한국 경제

　　㉠ 자유무역협정(FTA) 체결 : 2004년 칠레를 시작으로 미국, 유럽연합(EU) 등과 체결 → 시장
　　　확대

　　㉡ 첨단 산업 발달 : 반도체·전자·자동차 산업 및 정보기술(IT) 산업 발달

　　㉢ 한국 경제의 과제 : 대외 무역 의존도 심화, 사회 계층 간 격차 심화, 농민 경제 위기, 대기업
　　　중심의 경제 구조로 소상공인 생계 어려움

(2) 현대 사회의 변화

① 사회 양극화 심화

배 경	외환 위기 이후 실업 증가, 소득 격차 확대
현 상	개인 간·계층 간 소득 불균형 심화, 도시와 농촌 간 지역격차 심화, 부의 대물림 현상
해결 노력	사회취약계층 지원 제도, 중소기업 및 소상공인 지원 등

② 다문화 사회

　㉠ 다문화 사회로의 변화 : 국제결혼을 통한 다문화 가정 증가, 외국인 이주 노동자와 새터민 유입 증가

　㉡ 문제점 : 문화적 차이와 의사소통 문제, 사회적 차별과 편견

　㉢ 해결 방향 : 사회 인식 개선, 각종 제도적 마련

8. 남북 화해와 동아시아 평화를 위한 노력

(1) 북한 사회의 변화

① 북한의 정치적 변화

　㉠ 김일성 유일 지배 체제 확립

　　• 주체사상 수립

　　• 국가 주석제 채택

　㉡ 3대 권력 세습 체제 확립

김정일	• 김일성 사망(1994) 이후 권력 승계·국방위원장 권한 강화 • 군대가 사회를 이끄는 '선군정치' 추구 • 두 차례 남북정상회담 진행
김정은	• 김정일 사망(2011) 이후 권력 승계 • 비핵화를 전제로 한 남북정상회담과 북미정상회담 성사

② 북한의 경제적 변화

1960~ 1970년대	• 경제개발계획 추진 → 공산품 생산 증가 • 지나친 자립 경제 노선, 국방비 증가로 목표 달성 실패
1980~ 1990년대	외국 자본과 기술 유치를 위해 합영법 제정(1984) → 동유럽 사회주의 국가의 붕괴와 미국의 제재, 식량난으로 경제 위기
2000년대 이후	7·1 경제관리개선조치 발표(2002)로 시장 경제 요소 부분적 도입, 신의주 경제특구 설치 등 개방 정책 실시 → 핵무기 개발, 미사일 발사 등으로 인한 국제 사회의 제재 지속

(2) 남북 화해와 협력을 위한 노력

① 남북 갈등 심화

　㉠ 6·25 전쟁 이후 적대 관계 지속

　㉡ 5·16 군사정변 이후 반공정책 강화, 북한의 군사 도발로 긴장 고조

② 남북 관계의 개선

박정희 정부	닉슨 독트린 이후 냉전 체제 완화 → 남북적십자회담 개최(1971), 자주·평화·민족 대단결의 3대 통일 원칙에 합의한 7·4 남북공동성명 발표(1972), 남북조절위원회 설치
전두환 정부	민족 화합 민주 통일 방안 제시, 최초로 이산가족 고향 방문 및 예술 공연단 교환 방문(1985)

③ 남북 관계의 변화와 진전

노태우 정부	남북한 유엔 동시 가입, 남북한 정부 간 최초의 공식 합의서인 남북기본합의서 채택, '한반도 비핵화 공동선언' 발표(1991)
김영삼 정부	북한의 핵확산금지조약(NPT) 탈퇴(1993)로 남북 관계 악화 → '한민족 공동체 건설을 위한 3단계 통일 방안' 제시(1994)
김대중 정부	대북 화해 협력 정책(햇볕 정책) 추진 → 정주영의 소떼 방북, 금강산 관광 시작, 평양에서 남북정상 회담 개최 및 6·15 남북공동선언 발표(2000) → 이산가족 상봉, 경의선 철도 복구, 개성공단 건설 등 남북 교류 활성화
노무현 정부	대북 화해 협력 정책 계승·발전, 제2차 남북정상회담 개최 및 10·4 남북공동선언(6·15 남북공동 선언의 이행 방안) 채택(2007)
이명박 정부	금강산 관광 중단(2008), 연평도 포격 사건(2010)
박근혜 정부	개성공단 폐쇄(2016), 대북 강경 정책 지속
문재인 정부	남북 정상회담 개최 및 '한반도 평화와 번영, 통일을 위한 판문점 선언' 발표(2018)

(3) 역사 갈등 해결과 동아시아 평화를 위한 노력

① 영토 갈등

㉠ 러일 간 북방 4도 분쟁 : 일본이 러일전쟁 때 러시아에 빼앗긴 사할린 남부와 섬 4개(북방 4도) 반환 요구

㉡ 중일 간 센카쿠 열도(댜오위다오) 분쟁 : 청일전쟁에서 승리한 일본이 차지 → 중국은 강제로 빼앗겼다고 주장

② 역사 갈등

㉠ 중국의 역사 왜곡 : '통일적 다민족 국가론'을 내세워 만주 지역의 고구려, 발해의 역사를 자국의 역사로 편입·왜곡 시도

㉡ 일본의 역사 왜곡 : 한국 식민 지배 당시 강제 징병·징용 피해자 배상 거부와 침략 전쟁 옹호 발언, 일본군 '위안부' 문제 부인·배상 거부

③ 동아시아 역사 갈등 해결을 위한 노력

㉠ 한국·중국·일본 공동 역사교재 집필

㉡ 일본군 '위안부' 문제 해결을 위한 아시아 연대 회의 개최

㉢ 음악, 영화 드라마 등 문화 교류

01 (가) 시기의 생활 모습으로 옳은 것은?

구석기 시대	(가)	청동기 시대	철기 시대

① 고인돌 축조

② 뗀석기 사용

③ 막집에서 생활

④ 빗살무늬토기 제작

해설

④ (가)는 신석기 시대로, 이 시기에는 진흙으로 그릇을 빚어 불에 구워 만든 토기를 음식물 조리와 저장에 이용했는데, 대표적으로 빗살무늬토기가 있다.

① 청동기 시대, ②·③ 구석기 시대

02 단군 신화에 나타난 고조선의 사회상으로 적절하지 않은 것은?

① 농경이 발달했다.

② 제정이 분리된 사회였다.

③ 곰 부족과 환웅 부족이 연합했다.

④ 환웅 부족이 하늘의 자손임을 내세워 우월성을 과시했다.

해설

② 고조선을 다스린 단군 왕검이라는 이름은 제사장을 뜻하는 '단군'과 정치·군사적 지도자를 뜻하는 '왕검'으로 이루어 졌다. 따라서 이를 통해 고조선은 제정일치 사회였음을 알 수 있다.

03 다음 설명에 해당하는 것은?

> 동예는 다른 부족의 영역을 침범하면 노비나 소, 말로 배상하게 했다.

① 단 오   ② 순 장

③ 책 화   ④ 영 고

해설

③ 동예의 책화라는 제도에 대한 설명이다.

04 다음 업적을 남긴 신라의 국왕은?

> • 화랑도를 국가적 조직으로 정비했다.
> • 한강 유역을 확보하고 4개의 순수비를 건립했다.

① 내물왕   ② 지증왕
③ 진흥왕   ④ 문무왕

해설
③ 진흥왕은 신라의 전성기를 이끌었던 왕으로 한강 하류 지역을 점령해 삼국통일의 기반을 마련했다.

05 (가)에 들어갈 왕의 업적으로 옳은 것은?

> 쌍기는 (가) 에게 상소를 올려 과거 제도를 통해 나라의 인재를 선발할 것을 건의했다.

① 국자감을 설치했다.
② 독서삼품과를 마련했다.
③ 노비안검법을 시행했다.
④ 12목에 지방관을 파견했다.

해설
③ 고려 광종은 노비안검법을 시행해(956), 호족 세력에 의해 불법으로 노비가 된 자를 다시 양민으로 돌아가게 했다.
①·④ 고려 성종, ② 통일신라 원성왕

06 고려 때 몽골과의 강화에 반발해 진도와 제주도로 근거지를 옮기며 항쟁한 군대는?

① 별무반   ② 속오군
③ 별기군   ④ 삼별초

해설
④ 삼별초 항쟁 : 고려 정부가 개경으로 환도하면서 몽골과 강화를 맺자 배중손과 김통정 등이 이에 반발해 진도와 제주도로 근거지를 옮기며 항전을 이어갔다.

07 (가)에 들어갈 정치 기구가 아닌 것은?

> **주제 : 조선의 주요 정치 기구**
> ・언론 학술 기구 : (가)
> ・왕권 강화 기구 : 승정원, 의금부

① 사간원   ② 사헌부
③ 춘추관   ④ 홍문관

해설
③ 조선 시대에는 사간원, 사헌부, 홍문관 등 삼사가 언론의 기능을 담당했다.

08 다음과 같은 내용의 개혁 정치를 주장한 인물은?

> ・현량과 실시와 위훈 삭제
> ・소격서 폐지와 향약의 전국적 시행
> ・불교・도교 행사 폐지

① 묘 청   ② 조광조
③ 정도전   ④ 최승로

해설
② 조광조의 개혁 정치에 대한 설명이다.

09 조선 후기에 볼 수 있었던 경제 상황으로 옳은 것은?

① 우경 시작
② 이앙법 확산
③ 청해진 설치
④ 해동통보 주조

해설
② 조선 후기 모내기법의 보급과 수리 시설의 확충으로 이앙법이 확산돼 농업 생산량이 증가했다.

10 흥선대원군의 정책을 〈보기〉에서 모두 고른 것은?

> **보기**
>
> ㄱ. 경복궁 중건
> ㄴ. 호포제 시행
> ㄷ. 대마도 정벌
> ㄹ. 수원 화성 축조

① ㄱ, ㄴ   ② ㄱ, ㄹ
③ ㄴ, ㄷ   ④ ㄷ, ㄹ

해설

① 흥선대원군은 왕권 강화를 위해 임진왜란 때 불에 타서 방치된 경복궁을 중건하고 국가의 재정을 확충하기 위해 양반에 게도 군포를 부과하는 호포제를 시행했다.

11 다음에서 설명하는 것은?

> • 흥선대원군이 권력을 잡은 후 프랑스 선교사 9명과 신자 8천여 명을 처형했다.
> • 프랑스는 천주교인에 대한 탄압을 구실로 강화도를 침략했다. 그러나 양헌수 부대의 활약으로 프 랑스군은 강화도에서 철수했다.
> • 프랑스군이 외규장각 의궤 등 각종 문화재를 약탈해갔다.

① 갑신정변   ② 갑오개혁
③ 병인양요   ④ 임오군란

해설

③ 병인양요는 1866년 병인박해를 빌미로 프랑스의 군함이 강화도를 침략한 사건이다. 프랑스군은 약 30일 간 강화도를 점령했으며 외규장각 도서 등 중요 문화유산을 약탈했다.

12 다음 설명에 해당하는 것은?

> 〈대한제국 시기의 (가)〉
> • '옛 법을 근본으로 하고 새로운 제도를 참작한다.'라는 구본신참(舊本新參)을 기본 방향으로 했다.
> • 개혁 내용으로는 원수부 설치, 양전 사업 실시, 지계 발급 등이 있다.

① 갑신정변　　　　　　　　　　　② 광무개혁
③ 을미개혁　　　　　　　　　　　④ 정묘호란

해설
② 고종은 광무개혁을 통해 원수부를 설치해 군 통수권을 장악하고 양지아문을 설치해 양전 사업을 실시했다. 또한, 지계아문을 통해 근대적 토지 소유 문서인 지계를 발급해 토지 소유권을 확립하고자 했다.

13 다음 설명에 해당하는 조약은?

> • 조선이 외국과 맺은 최초의 근대적 조약
> • 치외 법권과 해안 측량권을 인정한 불평등 조약

① 톈진조약　　　　　　　　　　　② 강화도조약
③ 제물포조약　　　　　　　　　　④ 시모노세키조약

해설
② 조선이 외국과 맺은 최초의 근대적 조약인 강화도조약은 치외 법권과 해안 측량권을 인정한 불평등 조약으로, 조선은 일본의 요구에 따라 부산·원산·인천을 개항했다.

14 다음 내용을 담고 있는 책으로 옳은 것은?

> 러시아가 강토를 공격하려 한다면 반드시 조선이 첫 번째 대상이 될 것이다. …… 러시아를 막을 수 있는 조선의 책략은 무엇인가? 오직 중국과 친하며 일본과 맺고 미국과 연합함으로써 자강을 도모하는 길뿐이다.

① 〈조선책략〉　　　　　　　　　　② 〈조선상고사〉
③ 〈삼국사기〉　　　　　　　　　　④ 〈동국통감〉

해설
① 1880년대에 김홍집이 청에서 황준헌의 〈조선책략〉을 국내로 들여왔다. 이로 인해 러시아의 남하 정책에 대비하기 위해 미국과 수교를 맺어야 한다는 여론이 형성됐고, 이만손을 중심으로 한 영남 유생들이 만인소를 올려 이를 비판하기도 했다.

15 밑줄 친 '이 조약'에 해당하는 것은?

> 일본이 대한제국의 외교권을 빼앗은 이 조약은 체결 절차의 강제성 때문에 늑약으로 부르기도 한다.

① 을사늑약　　　　　　　　　② 한성조약
③ 정미 7조약　　　　　　　　④ 강화도조약

해설
① 조선은 일제의 강압으로 을사늑약을 체결해 외교권을 박탈당했다.

16 다음 내용에 해당하는 민족 운동은?

> 1920년대 후반부터 농촌 계몽의 일환으로 언론 기관이 중심이 돼 한글을 보급했다. 조선일보는 문자 보급운동을, 동아일보는 브나로드 운동을 전개했다.

① 형평운동
② 국채보상운동
③ 문맹퇴치운동
④ 6·10 만세운동

해설
③ 1930년대 초 조선일보와 동아일보 등의 언론사를 중심으로 농촌계몽운동이 전개됐다. 조선일보는 한글 교재의 보급과 순회강연을 통한 문자보급운동을 전개했고, 동아일보는 문맹퇴치운동인 브나로드 운동을 전개했다.

17 (가)에 들어갈 기관에 대한 설명으로 옳은 것은?

> (가) 는 1885년에 조선 정부가 세운 최초의 근대식 병원이다. 정부는 미국 공사관의 소속 의사가 갑신정변 당시 중상을 입은 민영익을 치료하자 그의 건의를 받아 이 병원을 세웠다.

① 제중원으로 이름을 바꾸었다.
② 경운궁(덕수궁) 내부에 설치됐다.
③ 일본이 군사적 목적으로 부설했다.
④ 갑신정변으로 인해 운영이 중단됐다.

해설
① 조선 정부는 알렌의 건의를 받아들여 최초의 서양식 병원인 광혜원을 건립했고(1885), 설립 이후 이름을 제중원으로 바꾸었다.

18 다음 (가)에 들어갈 내용은?

1903년부터 [(가)] 지역의 하와이의 사탕수수 농장의 노동자를 선발하면서 이주가 시작됐다.

① 미 주   ② 만 주
③ 연해주   ④ 동남아시아

해설

① 미주 지역의 한인들은 하와이 사탕수수 농장의 노동자로 이주하기 시작해 한인 단체를 조직했으며, 대한인국민회 등 자치 단체를 만들어 독립운동을 전개했다.

19 개항 이후 외국 상인과 무역을 전개하면서 나타난 결과로 옳은 것을 〈보기〉에서 모두 고른 것은?

보기

ㄱ. 조선의 곡물 가격이 폭락했다.
ㄴ. 조선의 면방직 수공업이 쇠퇴했다.
ㄷ. 객주·여각이 중개 무역으로 성장했다.
ㄹ. 공인이 등장했다.

① ㄱ, ㄴ   ② ㄱ, ㄹ
③ ㄴ, ㄷ   ④ ㄷ, ㄹ

해설

③ 개항 초기에는 개항장 주변에서 거류지 무역이 활발했다. 일본 상인은 영국산 면직물을 싸게 들여와 조선에서 비싼 가격에 판매했고 이로 인해 조선의 면방직 수공업이 쇠퇴했다. 또한, 외국 상인과 국내 상인의 중개 무역이 활발해져 이를 담당하는 객주와 여각이 성장했다.
ㄱ. 개항 이후에는 조선의 곡물이 일본에 다량 수출되면서 국내 곡물 가격이 폭등했다.
ㄹ. 조선 후기 대동법 실시 이후 공인이 등장했다.

20 1910년대 일제가 시행한 식민 정책이 아닌 것은?

① 조선태형령

② 헌병경찰제

③ 국가총동원법

④ 토지조사사업

해설

③ 일제는 중일전쟁(1937) 이후 자원 수탈을 강화하기 위해 국가총동원법(1938)을 실시해 전쟁 수행에 필요한 인적, 물적 자원은 물론, 한민족의 문화까지 말살하려 했다.

①·②·④ 1910년대 일제는 조선총독부를 설치하고 강력한 헌병경찰통치를 실시했다. 이 시기에는 조선인에 대한 처벌 수단으로 태형을 시행하고, 근대적 토지 제도 확립을 명분으로 토지조사사업을 실시해 많은 토지를 약탈했다.

21 다음 설명에 해당하는 사건은?

> 모든 계층이 참여한 우리 역사상 최대 규모의 민족 운동으로, 대한민국 임시정부가 수립되는 계기가 됐다.

① 3·1 운동

② 브나로드 운동

③ 물산장려운동

④ 6·10 만세운동

해설

① 3·1 운동은 각계각층의 사람들이 참여한 대규모 독립운동으로 이후 대한민국 임시정부가 수립됐으며, 중국의 5·4 운동, 인도의 독립운동에도 영향을 주었다. 또한, 일제는 3·1 운동 이후 통치 체제를 기존의 무단통치에서 문화통치로 바꾸었다.

22 다음 (가)에 들어갈 인물은?

> 1919년 만주 지린성에서 [(가)]의 주도로 의열단이 조직됐다. 의열단은 일제 고위 관리나 친일파 거두를 처단하고, 식민 통치 기관을 파괴하는 항일 투쟁 활동을 전개했다.

① 김원봉　　　　　　　　　　② 김좌진
③ 안창호　　　　　　　　　　④ 홍범도

해설
① 김원봉을 중심으로 만주 지역에서 결성된 의열단은 신채호가 작성한 조선혁명선언을 기본 행동 강령으로 해 직접적인 투쟁 방법인 암살, 파괴, 테러 등을 통해 독립 운동을 전개했다.

23 일제 식민지 지배 당시 문예 활동에 대한 설명으로 옳지 않은 것은?

① 이육사는 일제 강점기의 저항 시인으로 활동했다.
② 나운규는 토월회를 결성해 신극 운동을 전개했다.
③ 이중섭은 일제 강점기의 화가로 소 그림과 은지화 등을 남겼다.
④ 1920년대 후반 사회주의의 영향을 받은 카프(KAPF)가 결성됐다.

해설
② 박승희, 김기진 등이 중심이 돼 토월회를 결성해 신극 운동을 전개했다.

24 다음 중 일제가 1920년대 문화통치 시기에 시행한 정책으로 옳은 것은?

① 치안유지법을 제정했다.
② 남면북양정책을 추진했다.
③ 토지조사사업을 실시했다.
④ 헌병경찰제도를 실시했다.

해설
① 치안유지법(1925)은 일제가 1920년대 사회주의 운동이 활성화되자 이를 탄압하기 위해 만든 법으로, 주로 사회주의 사상과 민족독립운동을 탄압하는 데 이용됐다.
② 1930년대 민족말살통치기의 병참 기지화 정책이다.
③ · ④ 1910년대 무단통치기에 실시된 정책이다.

25 다음 인물들의 공통된 사실로 옳은 것은?

> • 박은식
> • 신채호
> • 정인보

① 한글 보급 운동
② 한국사 연구
③ 민립대학 설립 운동
④ 경제 자립 운동

해설
② 박은식, 신채호, 정인보 등은 한국사 연구를 통해 민족 문화의 우수성, 한국사의 주체적 발전을 강조했다.

26 대한민국 임시정부의 활동이 아닌 것은?

① 갑오개혁 추진
② 독립공채 발행
③ 한국광복군 창설
④ 연통제와 교통국 조직

해설
① 갑오개혁은 고종 시기인 1894년에 실시됐다.

27 다음 설명에 해당하는 단체는?

> • 일제 식민 통치 아래 백정에 대한 사회적 차별 심화
> • 공평은 사회의 근본이고 애정은 인류의 본령

① 근우회   ② 형평사
③ 보안회   ④ 신민회

해설
② 일제 강점기 때 백정에 대한 차별이 더욱 심해지자 이러한 차별을 철폐하기 위해 조선형평사를 결성하고 형평 운동을 전개했다(1923).

28 밑줄 친 '그'에 해당하는 인물은?

> 그는 대한민국 임시정부의 주석을 역임했으며, 광복 후 남한만의 단독 정부 수립에 반대하고, 남북 협상을 추진했다.

① 김 구
② 나 철
③ 김옥균
④ 서재필

해설
① 김구의 활동에 대한 설명이다.

29 1948년 4월 평양에서 열린 남북 협상에서 채택된 내용으로 옳은 것은?

① 신탁 통치 반대
② 독재 정치의 타도
③ 통일된 조국 건설
④ 남한 단독 총선거 실시 결정

해설
③ 1948년 김구와 김규식 등은 남북 협상(남북 지도자 회의)을 통해 통일 정부를 수립하기 위해 김일성에게 회담을 제의했다. 이 회담에서 남한단독정부 수립 반대, 미·소 양군 철수 등을 요구하는 내용의 결의문이 채택됐다.

30 다음 (가)에 들어갈 정부는?

> 주제 : 　(가)　 시기의 주요 사건
> • 발췌 개헌
> • 사사오입 개헌
> • 경향신문 폐간

① 박정희 정부
② 전두환 정부
③ 노태우 정부
④ 이승만 정부

해설
④ 이승만 정부 시기의 사건들이다.

31 5 · 16 군사정변을 일으킨 세력에 대한 설명으로 옳은 것을 〈보기〉에서 모두 고른 것은?

> **보기**
> ㄱ. 국가재건최고회의를 구성해 군정을 실시했다.
> ㄴ. 반민족행위 처벌법을 제정했다.
> ㄷ. 대통령 중심제와 단원제 국회를 골자로 한 헌법 개정안을 공포했다.
> ㄹ. 이산가족 고향 방문을 최초로 성사시켰다.

① ㄱ, ㄴ
② ㄱ, ㄷ
③ ㄴ, ㄷ
④ ㄷ, ㄹ

> **해설**
> ② 5 · 16 군사정변을 일으킨 박정희 군부 세력은 국가재건최고회의를 구성해 군정을 실시했다. 또한, 대통령 중심제와 단원제 국회를 골자로 한 헌법 개정안을 공포했다.
> ㄴ. 이승만 정부
> ㄹ. 전두환 정부

32 다음 (가)에 들어갈 내용으로 가장 적절한 것은?

> **대한민국의 경제 발전 과정**
> 1960년대 : 노동 집약적 경공업 육성
> 1970년대 : ⌈ (가) ⌉
> 1980년대 : 3저 호황, 고도 성장

① 여러 국가와 자유무역협정 체결
② 경제협력개발기구(OECD) 가입
③ 수출 주도형 중화학 공업화 정책 추진
④ 국제통화기금(IMF)으로부터 긴급 자금 지원

> **해설**
> ③ 1970년대 박정희 시기 수출 주도형 중화학 공업 정책을 추진했으며, 1977년에는 수출 100억 달러를 달성하기도 했다.

33 밑줄 친 '선언'에 해당하는 것은?

> 박종철의 고문치사 등을 배경으로 직선제 개헌을 요구하는 시위가 전국에서 일어났다. 결국 전두환 정부는 조속한 대통령 직선제 개헌을 약속하는 <u>선언</u>을 발표했다.

① 정우회 선언
② 6 · 29 민주화선언
③ 3 · 1 민주구국선언
④ 물산장려운동

해설

② 1987년에 박종철 고문치사 사건과 4 · 13 호헌 조치를 계기로 6월 민주항쟁이 전국적으로 확산됐다. 정부는 국민들의 직선제 개헌과 민주 헌법의 제정 요구를 받아들여 6 · 29 민주화선언을 발표했고, 5년 단임의 대통령 직선제를 바탕으로 한 새로운 헌법이 마련됐다.

34 다음 내용을 일어난 순서대로 바르게 나열한 것은?

> ㄱ. 4 · 19 혁명
> ㄴ. 유신 헌법 선포
> ㄷ. 3 · 15 부정 선거

① ㄱ - ㄴ - ㄷ
② ㄱ - ㄷ - ㄴ
③ ㄴ - ㄱ - ㄷ
④ ㄷ - ㄱ - ㄴ

해설

ㄷ. 3 · 15 부정 선거(1960.3.15.) → ㄱ. 4 · 19 혁명(1960.4.19.) → ㄴ. 유신 헌법 선포(1972)

35 다음과 같은 정책을 실시한 정부는?

> • 금융실명제 시행
> • 지방자치제 전면 실시
> • 고위 공직자 재산 공개 의무화

① 박정희 정부
② 전두환 정부
③ 노태우 정부
④ 김영삼 정부

해설

④ 김영삼 정부는 금융 거래의 투명성을 확보하기 위해 1993년 금융실명제를 실시했고, 공직자 재산 등록, 지방자치제를 전면 실시했다. 또한, 1996년 경제협력개발기구(OECD)에 가입했다.

36 다음 내용에 해당하는 정부 시기에 있었던 사실로 옳은 것은?

> • 남북한 유엔 동시 가입
> • 남북기본합의서 채택
> • 한반도 비핵화에 관한 공동선언 합의

① 개성공단이 조성됐다.
② 서울올림픽 대회가 개최됐다.
③ 베트남 전쟁에 국군이 파병됐다.
④ 국민기초생활보장법이 제정됐다.

해설

② 노태우 정부 때 서울에서 올림픽 대회를 개최했으며, 적극적인 북방 외교를 펼쳐 남북한의 유엔 동시 가입, 남북기본합의서 채택(1991)과 한반도 비핵화에 관한 공동선언이 이루어졌다.
① 노무현 정부
③ 박정희 정부
④ 김대중 정부

37 김대중 정부 시기의 통일 정책으로 옳은 것은?

① 이산가족이 최초로 상봉했다.
② 남북한이 유엔에 동시 가입했다.
③ 7 · 4 남북공동성명을 발표했다.
④ 6 · 15 남북공동선언을 발표했다.

해설

④ 김대중 정부 시기인 2000년에 평양에서 최초의 남북정상회담을 개최하고 6 · 15 남북공동선언을 발표했다.
① 전두환 정부
② 노태우 정부
③ 박정희 정부

┃ 부산광역시공무직통합채용

01 다음 석기시대의 특징에 대한 설명으로 옳은 것은?

① 구석기시대에는 가락바퀴로 실을 뽑아 뼈바늘로 옷을 지어 입었다.

② 구석기시대에는 주먹도끼, 찍개 등의 뗀석기를 사용했다.

③ 신석기시대에는 동굴이나 강가의 막집에서 생활했다.

④ 신석기시대에는 사유재산의 개념과 계급이 발생하기 시작했다.

해설

구석기시대에는 동굴이나 강가의 막집에서 생활했고, 계절에 따라 이동생활을 했다. 또한 주먹도끼, 찍개 등의 뗀석기를 사용했다. 신석기시대에는 강가나 바닷가에 움집을 지어 정착생활을 했고, 채집·수렵활동과 조·피 등을 재배하는 농경생활, 목축생활을 시작했다. 빗살무늬 토기를 이용하여 음식을 조리하거나 저장했으며, 가락바퀴로 실을 뽑아 뼈바늘로 옷을 지어 입기도 했다. 사유재산의 개념과 계급이 발생하고, 족장이 출현한 것은 청동기시대에 들어서다.

┃ 부산보훈병원

02 다음 유물이 사용되던 시기의 생활상으로 적절하지 않은 것은?

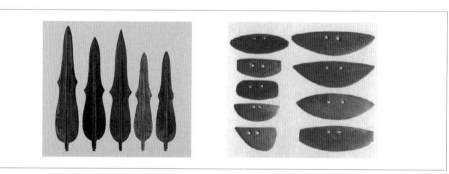

① 사유재산과 계급이 발생했다.

② 풍요를 기원하는 주술적 의미의 청동제 의기 등을 만들었다.

③ 조·피 등을 재배하는 농경이 시작되고 목축업이 활성화됐다.

④ 움집이 지상 가옥화되고 배산임수의 취락이 형성됐다.

해설

사진은 비파형동검과 반달돌칼로 청동기 시대의 대표적 유물이다. 조·피 등을 재배하는 농경이 시작되고 목축업이 활성화된 시기는 신석기 시대이다. 청동기 시대에는 밭농사 중심의 농경생활이 주를 이뤘고 벼농사가 시작됐다.

03 다음과 같은 규범으로 사회질서를 유지한 국가는?

> • 사람을 죽인 자는 사형에 처한다.
> • 남에게 상해를 입힌 자는 곡식으로 갚아야 한다.
> • 도둑질한 자는 노비로 삼되, 용서받고자 할 때에는 50만전을 내야 한다.

① 고조선
② 부 여
③ 금관가야
④ 동 예

해설
고조선은 사회질서를 유지하기 위해 8개 조항으로 이뤄진 범금8조를 만들었으며, 현재는 3개 조항만 전해진다. 범금8조의 내용을 통해 인간의 생명 중시, 사유재산 보호 등을 확인할 수 있다.

04 삼한에 대한 설명으로 옳지 않은 것은?

① 신성 지역인 소도에는 군장의 세력이 미치지 못하였다.
② 천군은 농경과 종교에 대한 의례를 주관하였다.
③ 세력이 큰 지배자를 읍차, 세력이 작은 지배자를 신지라 불렀다.
④ 철기 문화를 바탕으로 하는 농경 사회였다.

해설
삼한의 지배자 중에서 세력이 큰 경우는 신지, 작은 경우는 읍차로 불렸다.

05 다음은 어느 나라에 대한 설명인가?

> • 특산물로 단궁이라는 활과 과하마, 반어피 등이 유명하였다.
> • 매년 10월에 무천이라는 제천 행사를 열었다.
> • 동해안에 위치하여 해산물이 풍부하였다.

① 가 야
② 마 한
③ 옥 저
④ 동 예

해설
동예는 강원도 북부 동해안 중심에 형성된 나라로 읍군과 삼로라는 군장이 통치하였다. 방직기술이 발달하였고 족외혼과 책화라는 풍속이 있었다.

06 〈보기〉에 제시된 시기의 백제의 왕은?

> **보기**
>
> 태화 4년 5월 16일 병오일의 한낮에 백 번이나 단련한 철로 된 칠지도를 ○○○○가 만들었다. 온 갖 적병을 물리칠 수 있으니 제후국의 왕(侯王)에게 주기에 알맞다. 지금까지 이런 칼이 없었는데 백제 왕세자 기생성음이 일부러 왜왕을 위하여 정교하게 만들었으니 후세에 전하여 보이라.
>
> — 칠지도 명문 —

① 고국원왕
② 고이왕
③ 침류왕
④ 근초고왕

해설

근초고왕(346년 ~ 375년)은 백제 제13대 왕으로 활발한 정복활동을 펼쳐, 남쪽으로는 마한 세력을 통합하고 가야 지역까지 진출해 백제 역사상 최대 영토를 자랑하며 전성기를 이룩했다. 북쪽으로는 낙랑의 일부 지역을 확보했고, 평양성까지 진출해서 고구려 고국원왕을 전사시켰다. 그리고 요서지역과 왜에도 진출하여 왜에 칠지도를 하사하는 등 활발히 국제교류했다.

07 다음 중 고구려 장수왕의 업적이 아닌 것은?

① 고구려 역사상 가장 넓은 영토를 다스렸다.
② 수도를 국내성에서 평양성으로 옮겼다.
③ 북진정책을 펼쳐 중국의 북위와의 전쟁에서 여러 차례 승리했다.
④ 충주에 중원 고구려비를 건립했다.

해설

고구려 제20대 왕인 장수왕은 중국과의 적극적인 외교활동을 펼쳐 당시 중국을 제패한 북위에 사절을 파견해 외교 관계를 맺고 대체로 긴밀한 사이를 유지했다. 북위뿐 아니라 유연 등 다른 중국 민족·국가와도 다각적으로 외교하며 서방의 안정을 꾀했다. 한편 장수왕은 427년 수도를 국내성에서 평양성으로 옮겨 백제와 신라를 향한 남진정책을 펼쳤고, 백제의 위례성을 함락시키고 개로왕을 사살하는 등 전공을 올리는 데 성공한다. 그는 고구려 역사상 가장 넓은 영토를 다스린 왕이며 충주에 중원 고구려비를 건립하기도 했다.

08 다음 중 신라 김헌창의 난에 대한 설명으로 옳지 않은 것은?

① 유력한 왕위 계승 후보였던 아버지 김주원이 왕위에 오르지 못한 것을 구실로 일으켰다.

② 귀족들 간의 왕위계승전이 치열하게 벌어졌던 시기에 일어났다.

③ 무열왕계 귀족의 세력이 더욱 강화되는 계기가 되었다.

④ 난을 일으킨 지 한 달이 못 되어 진압되었다.

> **해설**
> 통일 신라 헌덕왕 때 무열왕계였던 김주원이 원성왕계 귀족들과의 왕위 쟁탈전에서 패배하자 아들인 웅천주(현재 충남 공주) 도독 김헌창이 반란을 일으켰다. 그러나 한 달이 못 되어 관군에 진압되어 실패하였다. 당시는 귀족들 간의 왕위계승 전이 치열하게 벌어지던 시기였는데, 김헌창의 난으로 무열왕계 귀족들은 크게 몰락했다.

09 다음 중 실직주 군주인 이사부를 보내 우산국을 점령한 신라의 왕은?

① 지증왕   ② 진흥왕
③ 법흥왕   ④ 무열왕

> **해설**
> 삼국시대 신라의 제22대 왕인 지증왕은 농사에 소를 활용하는 우경을 실시해 생산력을 향상시켰고, 국명을 신라로 확정했 다. 전국에 주·군·현을 설치하는 행정제도인 군현제를 실시했고, 이때 지금의 강원도 삼척 지역에 실직주가 탄생하였 다. 지증왕은 실직주의 군주로 임명된 이사부를 우산국으로 보내 점령케 했다.

10 다음 중 통일 신라의 지방통치거점이었던 서원경에 대한 설명으로 옳지 않은 것은?

① 지금의 충청북도 청주 지역으로 추정된다.

② 지방 행정구역인 5소경과는 별도로 계획된 도시였다.

③ 신라가 백제를 멸망시키고 삼국을 통일한 후 신문왕 5년에 설치되었다.

④ 서원경 인근 촌락의 정보를 기록한 문서가 일본에서 발견되었다.

> **해설**
> 서원경은 신라의 지방행정구역인 5소경의 하나로서 현재의 충청북도 청주 인근에 설치되었던 것으로 추정된다. 당시 호남과 영남을 통하는 교통의 요충지였기 때문에 지방통치의 거점으로 삼았다. 신라가 백제를 멸망시키고 삼국 통일을 이룩한 후 신문왕 5년인 685년에 설치되었다. 이 서원경 인근 촌락의 인구와 토지 등 각종 정보를 기록한 신라촌락문서가 1933년 일본 나라현의 동대사에서 발견되었다.

11 다음 중 발해 무왕의 업적으로 맞는 것은?

① 대흥이라는 독자적 연호를 사용했다.

② 고구려의 옛 땅을 대부분 회복했다.

③ 수도를 중경에서 상경으로 옮겼다.

④ 장문휴를 보내어 당의 산둥반도를 공격하도록 했다.

해설

남북국시대 발해의 제2대 왕인 무왕은 독자적 연호인 인안을 사용했고, 장군이었던 장문휴로 하여금 당의 산둥반도를 공격하게 했다. 또한 돌궐과 일본을 연결하는 외교 관계를 수립하는 데에도 힘썼다. ①, ③은 제3대 왕인 문왕, ②는 제4대 왕인 선왕에 대한 내용이다.

12 다음에서 말하는 인물에 대한 설명으로 옳은 것은?

> 이 인물은 신라 왕족 출신으로 알려졌으며, 통일신라 말에 반란을 일으킨 양길의 부하가 되어 세력을 키웠다. 이후에는 송악을 도읍으로 삼아 새로운 국가를 세웠는데 스스로를 미륵불이라 칭했다.

① 영락이라는 독자적 연호를 사용했다.

② 국호를 태봉으로 고쳤다.

③ 백제를 계승함을 내세웠다.

④ 청해진을 설치했다.

해설

신라의 왕족 출신인 궁예는 북원에서 반란을 일으킨 양길의 휘하로 들어가 세력을 키워 송악에 도읍을 정하고 후고구려를 세웠다(901). 궁예는 건국 후 영토를 확장해 철원으로 천도하고 국호를 마진으로 바꿨다가 다시 태봉으로 바꿨다. 그는 광평성을 중심으로 한 정치기구를 새롭게 마련했으나 미륵신앙을 바탕으로 한 전제정치로 인해 백성과 신하들의 원성을 사면서 왕건에 의해 축출됐다.

13 다음 고려의 왕과 업적이 올바르게 연결된 것은?

① 광종 – 전국을 5도와 양계, 경기로 나눠 지방행정제도를 확립했다.

② 성종 – 당의 제도를 모방해 2성 6부의 중앙관제를 완성했다.

③ 숙종 – 쌍성총관부를 공격해 철령 이북의 땅을 수복했다.

④ 예종 – 삼한통보, 해동통보 등의 동전과 활구를 발행했다.

해설

고려 성종은 최승로의 시무 28조를 받아들여 12목을 설치하고 지방관을 파견해 지방세력을 견제했다. 또한 유교국가의 기틀을 마련했으며 당의 제도를 모방해 2성 6부의 중앙관제를 완성했다. 또 성종 때에는 개경(개성)과 서경(평양)에 물가를 조절하는 기구인 상평창이 설치되기도 했다.

14 고려시대의 향·부곡·소에 대한 설명으로 틀린 것은?

① 향·부곡은 신라 때부터 있었고 고려 때 소가 신설됐다.

② 향·부곡에는 농업종사자가 거주했다.

③ 소에 거주하는 주민은 수공업에 종사했다.

④ 조세의 의무가 면제됐다.

해설

향·부곡·소는 고려시대의 지방에 있는 특수행정구역이었다. 향·부곡(농업 종사)·소(수공업 종사)에 거주하는 주민이 살았으며 신분은 일반 양민과 달리 노비·천민과 유사한 특수 열등계급이었다. 이곳 주민들이 다른 지역으로 이주하는 것은 원칙적으로 금지됐고, 과중한 세금도 부담됐다.

15 고려 태조 왕건이 왕실자손들에게 훈계하기 위해 남겼다고 전하는 항목은?

① 시무28조

② 훈요10조

③ 12목

④ 봉사10조

해설

고려 태조 왕건은 왕권강화를 위해 〈정계〉와 〈계백료서〉를 통해 임금에 대한 신하들의 도리를 강조했고, 후대의 왕들에게도 지켜야 할 정책방향을 훈요10조를 통해 제시했다. 또 사심관제도와 기인제도를 활용하여 지방호족을 견제하고 지방통치를 보완하려 했다.

16 고려시대 군사조직인 별무반에 대한 설명으로 틀린 것은?

① 숙종 때 윤관의 건의에 따라 설치됐다.

② 예종 때 별무반은 여진을 물리치고 강동 6주를 획득했다.

③ 신기군, 신보군, 항마군으로 구성됐다.

④ 2군 6위에 속하지 않는 별도의 임시군사조직이었다.

해설

고려 숙종 때 부족을 통일한 여진이 고려의 국경을 자주 침입하자 윤관이 왕에게 건의하여 신기군, 신보군, 항마군으로 구성된 별무반을 조직했다(1104). 예종 때 윤관은 별무반을 이끌고 여진을 물리쳐 동북 9성을 설치하기도 했다(1107). 별무반은 고려의 정규 군사조직인 2군 6위와는 별도로 편제된 임시군사조직이었다.

17 다음 대화의 (가)의 인물에 대한 설명으로 옳은 것은?

> 거란 소손녕 : 고려는 우리 거란과 국경을 접하고 있는데 왜 바다 건너 송을 섬기는가?
> 고려 (가) : 여진이 압록강 안팎을 막고 있기 때문에 귀국과 왕래하지 못하는 것이다. 여진을 내쫓고
> 우리 옛 땅을 돌려준다면 어찌 교류하지 않겠는가?

① 강동 6주를 확보했다.
② 동북 9성을 축조했다.
③ 화통도감을 설치했다.
④ 4군과 6진을 개척했다.

해설
거란은 송과의 대결에서 우위를 차지하기 위해 여러 번 고려를 침략했다. 고려 성종 때 1차 침입한 거란은 고려가 차지하고 있는 옛 고구려 땅을 내놓고 송과 교류를 끊을 것을 요구했다. 고려에서 외교관으로 나선 서희는 소손녕과의 외교담판을 통해 거란과 교류할 것을 약속하는 대신, 고려가 고구려를 계승하였음을 인정받고 압록강 동쪽의 강동 6주를 획득하는 성과를 거두었다.

18 고려시대에 실시된 전시과에 대한 설명으로 옳은 것은?

① 고려 말 공양왕 때 신진사대부의 건의로 실시됐다.
② 관직과 직역의 대가로 토지를 나눠주는 제도였다.
③ 관등에는 상관없이 균등하게 토지를 나눴다.
④ 처음 시행 이후 지급기준이 3차례 개정·정비됐다.

해설
고려 경종 때 처음 시행된 시정 전시과는 관직 복무와 직역의 대가로 토지를 나눠 주는 제도였다. 관리부터 군인, 한인까지 인품과 총 18등급으로 나눈 관등에 따라 곡물을 수취할 수 있는 전지와 땔감을 얻을 수 있는 시지를 주었고, 수급자들은 지급된 토지에 대해 수조권만 가졌다. 이후 목종 때의 개정 전시과 제도는 인품에 관계없이 관등을 기준으로 지급하였고, 문종 때의 경정 전시과는 현직 관리에게만 지급하는 등 지급기준이 점차 정비됐다.

19 다음 활동을 한 인물에 대한 설명으로 옳은 것은?

> • 위화도회군으로 권력을 장악함
> • 정도전 등과 함께 개혁을 추진함
> • 조선을 건국함

① 〈조선경국전〉을 편찬했다.
② 황산에서 왜구를 격퇴했다.
③ 우산국을 정벌했다.
④ 전민변정도감을 설치했다.

> **해설**
> 고려 말 우왕 때 요동정벌을 추진했으나, 이성계는 4불가론을 제시하며 반대했다. 그러나 왕명에 따라 출병하게 됐는데, 결국 의주 부근의 위화도에서 군사를 돌려 개경으로 회군하면서 최영 등 반대파를 제거하고 권력을 장악했다. 이후 정도전, 남은 등 신진사대부들과 함께 유교사상을 바탕으로 개혁을 단행했으며 마침내 1392년 공양왕을 쫓아내고 조선을 건국했다.

20 조선시대 세종이 실시한 것으로 남쪽백성들을 함길도·평안도 등 북방으로 이주시킨 정책은?

① 은본위제   ② 13도제
③ 기인제도   ④ 사민정책

> **해설**
> 세종은 한반도 북방의 여진족을 몰아내고 압록강과 두만강 일대의 4군6진을 개척했다. 이후 1433년에 세종은 조선 백성이 살지 않는 함길도와 평안도 지역에 남쪽백성들을 이주시키는 사민정책을 실시했다. 또한 해당 지역을 관리할 지방관을 배치하기 위해, 이주한 지방백성들과 같은 지방출신인 관리를 지방관으로 임명하는 토관제도를 실시했다.

21 조선시대에 당대 시정을 기록하는 일을 맡아보던 관청은?

① 춘추관   ② 예문관
③ 홍문관   ④ 승정원

> **해설**
> ② 예문관 : 국왕의 말이나 명령을 담은 문서의 작성을 담당하기 위해 설치한 관서
> ③ 홍문관 : 궁중의 경서·사적 관리와 문한의 처리, 왕의 각종 자문을 관장하던 관서
> ④ 승정원 : 왕명의 출납을 관장하던 관청

22 다음 밑줄 친 전쟁 이후 동아시아의 정세에 대한 설명으로 틀린 것은?

> 적선이 바다를 덮어오니 부산 첨사 정발은 마침 절영도에서 사냥을 하다가, 조공하러 오는 왜라 여기고 대비하지 않았는데 미처 진에 돌아오기도 전에 적이 이미 성에 올랐다. 정발은 난병 중에 전사했다. 이튿날 동래부가 함락되고 부사 송상현이 죽었으며, 그의 첩도 죽었다. 적은 드디어 두 갈래로 나누어 진격하여 김해·밀양 등 부(府)를 함락하였는데 병사 이각은 군사를 거느리고 먼저 달아났다. 2백년 동안 전쟁을 모르고 지낸 백성들이라 각 군현(郡縣)들이 풍문만 듣고도 놀라 무너졌다.

① 명나라는 국력 소모를 크게 하여 국가재정이 문란해졌다.
② 조선에서는 비변사의 역할이 크게 축소되고 의정부의 권한이 강화되었다.
③ 만주의 여진이 세력을 확대하는 계기가 되었다.
④ 일본 내의 봉건 세력이 약화되었고 도쿠가와 이에야스가 정권을 장악하였다.

해설

동아시아 3국이 참전한 국제전이었던 7년간의 임진왜란 이후 명나라는 원군 출정으로 인한 국력 소모로 국가재정이 문란해졌다. 때문에 만주 지역의 여진이 세력을 확장하는 계기가 되었고, 이후 명나라는 무너지고 청나라가 들어서게 된다. 일본에서는 봉건 제후 세력이 약화되어 도쿠가와 이에야스가 정권을 쉽게 장악할 수 있게 되었다. 조선에서는 전쟁 중 기능이 확대된 비변사의 역할과 권한이 그대로 유지되고, 의정부의 역할이 축소되었다.

23 다음 중 조선의 중앙 군사 편제인 5군영에 해당하지 않는 것은?

① 훈련도감   ② 어영청
③ 금위영   ④ 속오군

해설

5군영은 조선 후기 서울과 그 외곽지역을 방어하기 위해 편제된 군사제도로 훈련도감·어영청·총융청·수어청·금위영이 있다. 이 중 총융청은 경기도 일대를, 수어청은 남한산성을 수비하기 위해 설치되었다. 속오군은 지방군으로서 속오법에 따라 편성되었고, 각 지방의 주민이 대부분 편입되어 평상시 농사와 군사훈련을 병행했다.

24 다음 인물의 업적으로 옳은 것은?

 조선 후기의 대표적 중상주의 실학자인 이 인물은 상공업의 진흥과 수레·선박의 이용 및 화폐 유통의 필요성을 강조하였다. 또한, 〈양반전〉, 〈허생전〉, 〈호질〉 등을 통해 양반의 무능과 허례를 풍자하고 비판했다. 홍대용, 박제가 등과 함께 북학론을 전개하기도 했다.

① 청나라에 다녀온 뒤 〈열하일기〉를 저술했다.
② 신분에 따라 토지를 차등 분배하는 균전론을 주장했다.
③ 단군조선과 고려 말까지를 다룬 역사서 〈동사강목〉을 저술했다.
④ 신유박해로 탄압을 받아 유배를 갔다.

해설

조선 후기 중상주의 실학자였던 연암 박지원은 상공업의 진흥과 수레·선박의 이용 및 화폐 유통의 필요성을 강조했다. 또한, 〈양반전〉, 〈허생전〉, 〈호질〉 등을 저술해 양반의 무능과 허례를 풍자하고 비판했다. 그는 청나라에 다녀온 뒤 〈열하일기〉를 저술해 상공업과 화폐의 중요성에 대해 주장하기도 했다.

25 다음 중 조선 정조의 업적에 해당하는 것은?

① 통일법전인 대전회통을 편찬했다.
② 의정부서사제를 도입했다.
③ 직전법을 실시해 토지부족문제를 해결하려 했다.
④ 규장각을 설치하고 인재를 등용했다.

해설

조선의 제22대 왕인 정조는 선왕인 영조의 탕평책을 이어 받아 각종 개혁정치를 펼쳤다. 왕의 친위부대인 장용영을 설치해 왕권을 강화했으며, 규장각을 설치하고 초계문신제를 시행해 훌륭한 인재를 등용하려 힘썼다. 또한 수원에 화성을 건설하고, 시전 상인들의 금난전권을 폐지하는 신해통공을 단행했다.

26 '대동법'에 관한 설명으로 틀린 것은?

① 세금을 쌀로 통일한 납세제도이다.

② 광해군이 최초로 시행하여 전국적으로 확산시켰다.

③ 농민에게 과중하게 부과되던 세금이 어느 정도 경감되었다.

④ 전국적으로 확산되면서 쌀뿐만 아니라 옷감·동전으로도 납부할 수 있었다.

> **해설**
>
> 대동법은 광해군 때 최초로 경기도에 한해서 시행되다가 인조가 등극한 후 강원도, 충청도, 전라도까지 확대되었고, 17세기 후반이 되어서 전국적으로 확산되었다.

27 조선시대에 발생한 다음 네 사화 중 가장 시기가 늦은 것은?

① 기묘사화 ② 을사사화

③ 갑자사화 ④ 무오사화

> **해설**
>
> 사화는 조선시대 사림파와 훈구파 사이의 대립으로 사림파가 큰 피해를 입은 4가지 사건을 말한다. 1498년 무오사화, 1504년 갑자사화, 1519년 기묘사화, 1545년 을사사화로 이어진다. 을사사화는 명종 재임 당시 일어났으며 인종의 외척이던 윤임과 명종의 외척이던 윤원형 세력의 대립으로 벌어졌다.

28 다음에서 밑줄 친 전쟁 이후 발생한 사건으로 옳은 것은?

> 의정부 참정 심상훈이 아뢰기를, "지금 일본과 러시아 간에 <u>전쟁</u>이 시작된 이후 일본군사들이 용맹을 떨쳐 육지와 해상에서 연전연승한다는 소식이 세상에 퍼져 각기 나라 사람들과 더불어 가서 관전하는 일이 많습니다. 원수부에서 장령(將領)과 위관(尉官)을 해당 싸움터에 적절히 파견하여 관전하게 하는 것이 어떻겠습니까?"하니, 윤허하였다.

① 독립협회가 관민공동회를 개최했다.

② 평민 의병장 출신 신돌석이 을사의병을 주도했다.

③ 고종이 러시아 공사관으로 피신했다.

④ 서양국가와의 최초의 조약인 조미수호통상조약이 체결됐다.

> **해설**
>
> 만주와 조선의 지배권을 두고 러시아와 일본이 1904~1905년에 러일전쟁을 벌였다. 전쟁에서 승리한 일본이 사실상 열강들로부터 한국에 대한 지배를 인정받자 일본은 을사늑약을 체결하여 대한제국의 외교권을 박탈하고 한국을 식민지로 만들려는 계획을 진행했다(1905). 을사늑약 체결 이듬해 서울에 통감부가 설치됐고, 이토 히로부미가 초대통감으로 부임하여 외교뿐만 아니라 내정에도 간섭하였다. 을사늑약 체결 이후 유생 출신의 민종식, 최익현과 평민 의병장 출신 신돌석 등이 을사의병을 주도했다(1906).

29 다음 중 흥선대원군에 대한 설명으로 틀린 것은?

① 국가운영에 대한 법을 새로 규정하기 위해 〈속대전〉을 편찬했다.

② 왕실의 권위회복을 위해 임진왜란 때 불탔던 경복궁을 중건했다.

③ 군정의 문란을 해결하기 위해 호포제를 실시했다.

④ 서양과의 통상수교 반대의지를 알리기 위해 전국 각지에 척화비를 세웠다.

해설

흥선대원군은 국가의 재정을 확보하기 위해 양반에게도 군포를 부과하는 호포제를 시행했으며, 사창제를 시행하여 환곡의 폐단을 해결하고자 했다. 또한 임진왜란 때 불에 타서 방치된 경복궁을 중건했고, 비변사를 폐지한 후 의정부와 삼군부를 부활시켜 왕권을 강화했다. 대외적으로는 전국에 척화비를 세우고, 외세 열강과의 통상수교 거부정책을 확고히 했다. 〈속대전〉은 조선 영조 때 국가운영에 대한 법을 새로 규정하기 위해 〈경국대전〉을 바탕으로 새롭게 변화된 조항을 담아 편찬됐다.

30 다음 중 조선 말 흥선대원군의 정책 하에 발행한 화폐의 이름은?

① 상평통보   ② 당백전
③ 건원중보   ④ 유엽전

해설

조선 말엽 흥선대원군은 왕실의 위엄을 되살리기 위해 경복궁을 중건하였는데, 이 때의 막대한 공사비를 충당하기 위해 원납전이라는 성금을 걷고 당백전을 발행했다. 당백전은 당시 1전 동전의 가치를 100배로 부풀려 발행한 것으로, 이로 인해 극심한 인플레이션과 경제적 혼란이 유발되었다.

31 다음 중 일제가 대한제국의 외교권을 강탈한 불평등조약은?

① 을사조약

② 시모노세키조약

③ 강화도조약

④ 한일신협약

해설

을사조약은 1905년 일제가 대한제국의 외교권을 강탈하고 통감부 설치를 강행한 강압적인 불평등조약이다. 제1차 한일협약이라고도 하며, 일제는 대한제국을 보호국으로 명시했지만 사실상 식민지로 삼으려 했던 신호탄이라고 볼 수 있다. 이 조약에 찬성한 대한제국의 대신들을 을사오적이라고 한다. 을사조약 체결 후 이에 반발한 의병활동이 일어났으며, 고종황제는 조약의 부당함을 알리기 위해 헤이그 특사를 파견했다.

32 다음 중 을미개혁에 대한 내용으로 옳은 것은?

① 지석영이 소개한 종두법 실시를 위해 종두소를 설치하였다.

② 고종이 대한제국을 선포하며 시작되었다.

③ 청의 연호를 폐지하고 개국 연호를 사용했으며 또한 과거제를 폐지하였다.

④ 을미사변이 발생하기 전 일제에 의해 강제로 시행되었다.

해설

을미사변 이후 일제가 내세운 김홍집 내각에 의해 을미개혁(1895)이 추진되었다. 이 때 지석영이 소개한 천연두를 예방하는 종두법을 실시하기 위해 종두소를 설치하였고, 건양 연호와 태양력을 사용하게 되었으며 단발령이 시행되었다. 단발령은 을미사변으로 격해진 반일 감정의 기폭제가 되어 의병운동으로 이어지게 되었다. 고종이 대한제국을 선포한 것은 광무개혁(1899)이며 개국 연호를 사용하고 과거제를 폐지한 것은 갑오개혁(1894)이다.

33 다음 중 김구의 주도로 중국 상해에서 조직된 독립운동단체의 이름은?

① 한인애국단

② 의열단

③ 신간회

④ 신민회

해설

한인애국단은 1920년대 중반 이후 대한민국 임시정부의 활동침체를 극복하고, 1931년 만보산사건과 만주사변 등으로 인하여 침체된 항일독립운동의 활로를 모색하려는 목적에서 결성되었다. 김구의 주도로 중국 상해에 조직된 대한민국 임시정부의 특무활동기관이자 1930년대 중국 관내의 대표적인 의열투쟁단체였다.

34 의열단에 대한 설명으로 옳지 않은 것은?

① 1919년 11월 만주 지린성에서 조직되었다.
② 부산경찰서 폭파사건을 주도했다.
③ 대한민국 임시정부 산하의 의열투쟁단체였다.
④ 〈조선혁명선언〉을 활동 지침으로 삼았다.

해설

의열단은 1919년 11월 만주 지린성에서 조직된 항일 무력독립운동 단체이다. 신채호의 〈조선혁명선언〉을 활동지침으로 삼았으며, 부산경찰서 폭파사건, 조선총독부 폭탄투척 의거 등의 활동을 했다. 대한민국 임시정부 산하의 의열투쟁단체는 한인애국단이다.

35 독립협회에 대한 설명으로 틀린 것은?

① 갑신정변 이후 서재필 등이 창립했다.
② 만민공동회와 관민공동회를 개최했다.
③ 독립문을 건립했다.
④ 중추원 폐지를 통해 서구식 입헌군주제 실현을 목표로 했다.

해설

갑신정변 이후 미국에서 돌아온 서재필은 남궁억, 이상재, 윤치호 등과 함께 독립협회를 창립하고 만민공동회와 관민공동회를 개최하여 국권·민권신장운동을 전개했다. 또한 중추원 개편을 통한 의회설립과 서구식 입헌군주제 실현을 목표로 활동했다. 아울러 청의 사신을 맞던 영은문을 헐고 그 자리 부근에 독립문을 건립하기도 했다.

36 1898년 남궁억과 나수연이 국민계몽을 목적으로 발간한 신문의 명칭은?

① 독립신문   ② 매일신문
③ 한성순보   ④ 황성신문

해설

황성신문은 1898년 창간된 국한문 혼용 일간지다. 남궁억과 나수연이 이미 발간 중이었던 '대한황성신문'의 판권을 인수해 창간했다. 외세침입에 대해 국민을 계몽하고 일제를 비판하기 위한 목적으로 창간했는데, 당시 신문의 주필이었던 장지연의 사설 '시일야 방성대곡'이 실리기도 했다.

37 구한말 고종황제의 퇴위 반대운동을 벌인 민중계몽단체는?

① 근우회
② 보안회
③ 대한자강회
④ 신민회

해설

1906년 4월 설립된 대한자강회는 민중계몽단체로 국민 교육을 강화하고 그로 하여금 국력을 키워 독립의 기초를 닦기 위한 사명을 띠고 있었다. 윤효정, 장지연, 나수연 등이 설립했으며 교육기관을 세울 것을 주장하고 고종황제의 퇴위 반대운동을 펼치기도 했다.

38 다음 중 가장 나중에 일어난 항일독립운동은?

① 조천만세운동
② 6·10만세운동
③ 봉오동전투
④ 2·8독립선언

해설

1919년 2·8독립선언은 한국의 독립에 관심을 갖게 된 일본 도쿄의 유학생들이 발표한 독립선언으로 3·1운동에 직접적인 영향을 끼쳤다. 같은 해 일어난 조천만세운동은 4차에 걸쳐 진행되었으며 제주도에서 일어난 대표적 독립운동 중 하나다. 또 이듬해 6월에 시작된 봉오동전투는 홍범도 장군이 이끄는 한국독립군 부대가 중국 지린성의 봉오동에서 일본군을 크게 격파한 전투다. 6·10만세운동은 1926년 순종황제의 장례식 날 일어난 대규모 만세운동이다.

39 대한민국 임시정부가 주도한 일이 아닌 것은?

① 독립운동자금 모금
② 건국강령 발표
③ 한국광복군 창설
④ 물산장려운동 주도

해설

물산장려운동은 일제의 수탈정책에 맞선 운동으로서, 조선물산장려회에서 주도하였다.

40 일제강점기 당시 독립운동가로 1932년 일왕의 생일날 거사를 일으킨 인물은?

① 김원봉　　　　　　　　　　　　　② 이봉창
③ 윤봉길　　　　　　　　　　　　　④ 조소앙

해설
일제강점기 독립운동가인 윤봉길 의사는 임시정부의 김구가 창설한 한인애국단에 가입해, 1932년 중국 상하이 훙커우공원에서 열린 일왕의 생일기념식에 폭탄을 던져 의거했다. 일왕을 사살하지는 못했으나, 일본군 대장과 일본인 거류민단장이 그 자리에서 사망했다. 현장에서 체포된 윤봉길 의사는 사형선고를 받아 1932년 12월 19일 순국했다.

41 다음 시정 방침의 발표 계기로 옳은 것은?

> 정부는 관제를 개혁하여 총독 임용의 범위를 확장하고 경찰제도를 개정하며, 또는 일반 관리나 교원 등의 복제를 폐지함으로써 시대의 흐름에 순응한다.

① 청산리 대첩　　　　　　　　　　② 3·1운동
③ 안중근 의거　　　　　　　　　　④ 6·10만세운동

해설
일제는 1919년 3·1운동을 계기로 1910년대 무단통치정책을 1920년대는 문화통치정책으로 전환한다.

42 일제강점기에 식민사관을 바탕으로 우리나라 역사를 연구한 어용학술단체는?

① 경학사　　　　　　　　　　　　　② 진단학회
③ 청구학회　　　　　　　　　　　　④ 일진회

해설
청구학회는 경성제국대학과 조선총독부의 조선사편수회가 1930년 조직한 어용학술연구단체다. 식민사관을 바탕으로 우리나라와 만주 등의 역사·문화를 연구하였다. 이들이 연구한 식민주의 역사관은 일제의 침략행위를 정당화하는 데 일조했다.

43 다음 중 1970년대에 일어난 사건이 아닌 것은?

① 민청학련사건
② 5 · 16군사정변
③ YH무역사건
④ 인민혁명단 재건위 사건

해설

전국민주청년학생총연맹(민청학련)의 학생 180명이 내란 혐의를 받아 구속된 민청학련사건과 북한의 지령을 받아 국가변란을 획책했다는 혐의로 1964년 구속됐던 지하조직 인민혁명당이 이 민청학련의 배후라고 규정한 인민혁명단 재건위 사건(제2차 인혁당사건)은 모두 1974년에 일어났다. 또한 YH무역의 여성노동자 170여 명이 근로자의 생존권 보장을 요구하며 신민당사에서 농성을 벌인 YH무역사건은 1979년에 일어난 사건이다. 박정희의 군부세력이 정변을 일으켜 정권을 장악한 5 · 16군사정변은 1961년 일어났다.

44 다음 사건과 관련된 인물은?

> 1970년 11월 13일 서울 청계천 평화시장 재단사였던 그는 열악한 노동환경에 항거해 "근로기준법을 준수하라", "우리는 기계가 아니다"라고 외치며 분신했다.

① 전태일
② 이소선
③ 김진숙
④ 김주열

해설

전태일 열사는 한국의 노동운동을 상징하는 인물로 청계천 평화시장 재단사로 일하면서 열악한 노동조건의 개선을 위해 노력했다. 1970년 11월 노동자는 기계가 아니라고 외치며 분신하였다. 그의 죽음은 장기간 저임금노동에 시달렸던 당시의 노동환경을 고발하는 역할을 했으며, 한국 노동운동발전에 중요한 계기가 되었다.

45 전두환 정부 때 있었던 일에 해당하는 것은?

① 남북 이산가족 최초 상봉
② 남북기본합의서 채택
③ 남북정상회담 최초 개최
④ 민족 공동체 통일 방안 제안

해설

전두환 정부 때 남북 이산가족 상봉(1985)이 최초로 이루어졌다.
② 남북기본합의서 채택(1991) : 노태우 정부
③ 남북정상회담 최초 개최(2000) : 김대중 정부
④ 민족 공동체 통일 방안 제안(1994) : 김영삼 정부

46 다음 ㉠ ~ ㉐을 일어난 순서대로 옳게 나열한 것은?

> ㉠ 6월민주항쟁
> ㉒ 부마민주항쟁
> ㉡ 4·19혁명
> ㉐ 5·18민주화운동

① ㉠ - ㉡ - ㉒ - ㉐
② ㉠ - ㉒ - ㉐ - ㉡
③ ㉡ - ㉒ - ㉐ - ㉠
④ ㉡ - ㉒ - ㉠ - ㉐

해설

㉡ 4·19혁명 : 1960년 4월, 이승만 정권의 부정선거를 규탄하며 일어난 시민혁명이다.
㉒ 부마민주항쟁 : 1979년 10월 16일 ~ 20일, 박정희 유신체제에 대항하여 부산과 마산에서 일어난 항쟁이다.
㉐ 5·18민주화운동 : 1980년 5월 18일 ~ 27일, 당시 최규하 대통령 아래 전두환 군부세력 퇴진과 계엄령 철폐를 요구하며 광주시민을 중심으로 일어난 민주화운동이다.
㉠ 6월민주항쟁 : 1987년 6월, 전두환 군부독재에 맞서 일어난 민주화운동이다.

47 밑줄 친 '이 사건'에 대한 설명으로 옳지 않은 것은?

> <u>이 사건</u>은 1987년 6월에 전국에서 일어난 반독재 민주화 시위로 군사정권의 장기집권을 막기 위한 범국민적 민주화 운동이다.

① 제5공화국이 출범하며 촉발되었다.
② 이한열이 최루탄에 맞은 사건이 계기가 되었다.
③ 4·13호헌조치에 반대하였다.
④ 이 사건의 결과 대통령 직선제로 개헌되었다.

해설

제시된 사건은 6월민주항쟁이다. 1980년 5월 광주 민주화운동의 비극 이후 전두환이 같은 해 9월 제11대 대통령에 취임하면서 독재의 서막을 알렸고, 이듬해 1981년 3월 간접선거로 다시 제12대 대통령으로 취임하면서 제5공화국이 정식 출범하였다. 제5공화국은 1987년 6월항쟁 이후 대통령 직선제 개헌을 명시한 6·29선언이 발표되며 종지부를 찍었다.

48 다음 중 우리나라의 9차 헌법개정으로 이루어진 것은 무엇인가?

① 대통령 4년 중임 중심제

② 대통령 3선 연임 제한 철폐

③ 대통령 7년 단임 간선제

④ 대통령 5년 단임 직선제

해설

우리나라의 9차 헌법개정은 1987년에 이루어졌으며 10월 29일에 공포되었다. 이는 전두환정부의 호헌선언과 강압적인 독재정치, 서울대생 박종철군의 고문치사 사건 등으로 촉발한 6월항쟁의 결실이라 할 수 있다. 이 개헌으로 대통령의 임기와 선출은 5년 단임의 직선제로 시행하게 됐다.

49 다음 중 김영삼 정권 때 일어난 일은?

① 제4공화국   ② 베트남 파병

③ 4 · 13호헌조치   ④ 금융실명제

해설

1993년 8월, 김영삼 정권은 '금융실명거래 및 비밀 보장에 관한 긴급재정경제명령'을 발표하면서 금융실명제를 실시했다.

① · ②는 박정희 정권과 관련된 것이다.

③ 1987년 4월 13일, 전두환 정권은 '헌법 개정 논의를 금지한다'라는 특별담화를 발표했다.

50 다음 중 남북한 정상이 최초로 한 정상회담과 관련 있는 사건은?

① 판문점선언

② 6 · 15남북공동선언

③ 7 · 4남북공동성명

④ 10 · 4남북공동선언

해설

남북한의 정상이 최초로 만나 정상회담을 가진 것은 김대중정부 때다. 2000년 6월 15일 김대중 대통령이 평양을 방문해 북한의 김정일 국방위원장과 만나 첫 회담을 가졌다. 이 회담에서 남북한의 통일에 관한 각자의 견해를 공유하고 통일에 힘을 모으기로 하며 경제협력 등을 약속한 6 · 15남북공동선언을 발표했다.

PART2

일반사회

아이들이 답이 있는 질문을 하기 시작하면 그들이 성장하고 있음을 알 수 있다.

– 존 J. 플롬프 –

정치와 법

01 민주주의와 헌법

1. 정치와 법

(1) 정치의 정의와 기능

① 정치의 정의 : 공동체에서 일어나는 갈등을 해결하고, 구성원의 이해관계를 조정해 사회 질서를 확립하는 과정이라고 할 수 있다.

    ㉠ 넓은 의미의 정치 : 국가를 포함한 지역사회, 학교, 직장 등 모든 단위의 공동체 · 집단에서 의사 결정을 하고, 갈등을 조율하는 것이다.

    ㉡ 좁은 의미의 정치 : 국가기관이 주도해 공동체의 의사결정을 하고, 공동체 내의 각각의 입장을 조율해 갈등을 해결해 나가는 것이다.

② 정치의 기능

    ㉠ 질서유지 : 공동체에서 발생하는 갈등을 해결해 질서를 유지한다.

    ㉡ 공동체의 바람직한 상태 실현 : 공동체에 소속된 구성원들의 욕구를 분석하고 올바른 방향성을 제시해 합의를 도출한다. 아울러 구성원들이 가지는 권리를 올바르게 분배하고 행사하도록 한다.

(2) 법의 정의와 이념

① 법의 정의 : 사회구성원들의 행위를 규정하기 위한 행위규범을 말하며 강제성을 띤다. 법은 단계적 구성을 갖춰 상위법이 하위법에 효력을 미치고, 하위법은 상위법에 근거해 제정된다.

② 법의 이념 : 법이 추구하는 가치로, 일반적으로 정의를 바탕으로 설명된다.

    ㉠ 아리스토텔레스 : 정의를 일반적 정의와 특수한 정의로 구분했다.

       • 일반적 정의 : 공동체의 생활을 규정한 법을 준수해야 하는 것이다.

       • 특수한 정의 : 법의 구체적인 원리에 따라 구성원 개개인의 이해를 평등하게 다루는 것이다. 배분적 정의와 평균적 정의로 나뉜다.

          – 배분적 정의 : 금전 · 지위 등 구성원 개개인의 가치를 고려해 희소한 자원을 배분하는 것이다. 뛰어난 성과를 낸 사람에게 금전적 보상을 하는 것 등이 해당한다.

          – 평균적 정의 : 개개인의 가치가 각자 다르더라도 절대적 평등을 바탕으로 이해득실을 똑같이 조정하는 것이다. 누구에게나 범죄에 상응하는 형벌을 똑같이 부과하는 것 등이 해당한다.

    ㉡ 정의는 결국 '같은 것은 같게, 다른 것은 다르게' 다루는 것으로 규정된다.

(3) 민주주의와 법치주의

현대사회에서 민주주의와 법치주의는 대부분 국가의 국가질서를 세우는 두 가지 큰 기둥이다. 우리헌법도 민주주의와 법치주의를 기본원리로 삼고 있으며, 두 이념은 상호보완적으로 작동한다.

① **민주주의** : 국민의 뜻에 따라 국가의 의사를 결정해야 한다는 이념이다. 자유·평등을 바탕으로 인간의 존엄성 보장을 목적으로 한다. 민주주의에 따라 국가는 헌법을 바탕으로 세워지고, 국민은 투표권과 참정권 등 정치적 권리를 갖고 국가운영에 참여하며 영향력을 행사한다.

② **법치주의** : 법에 근거하여 국가와 하위기관을 구성하고 운영해야 한다는 이념이다. 국민의 자유와 권리를 뚜렷하게 보장하는 것이 목적이다. 권력분립을 기초로 헌법에 따라 법률을 제정하고 헌법과 법률에 근거해 행정 및 재판이 이루어져야 한다는 것이다.

　㉠ 형식적 법치주의 : 합법성과 법의 절차적인 측면에 주로 관심을 기울이는 것으로, 그 구성요소로는 명확성·법적안정성·소급효금지 원칙 등이 있다.

　㉡ 실질적 법치주의 : 법의 목적과 실체적인 내용 또한 중요하다는 것으로, 법은 인간의 존엄성과 인권을 보호해야 하고 인권을 침해해서는 안 된다.

③ 민주주의와 법치주의의 발전

　㉠ 근 대

　　• 근대 이전 : 고대 그리스의 도시국가 아테네에서는 '아고라'라고 하는 광장에서 모든 시민이 모여 중대사를 직접 결정하는 '직접민주주의'가 실시됐다. 그러나 이러한 정치적 권리는 성인 남성에게 국한됐고, 여성·외국인·노예는 제한됐다.

　　• 근대 시민혁명 : 중세봉건제와 절대왕정을 거쳐 사회계약설, 계몽사상의 영향으로 영국 명예혁명(1688~1689), 미국 독립혁명(1776), 프랑스혁명(1789) 등 시민혁명이 일어났다. 그 결과 권력이 시민에게서 나온다는 국민주권 기반의 민주주의와 이를 실행하기 위한 대의제가 발달했다. 아울러 국가가 특정한 계급·권력층이 아닌 법에 의해 운영돼야 한다는 법치주의가 정립되었다.

　　• 입헌주의 : 대의제와 법치주의를 보장하기 위해 헌법에 따라 국가와 국가기관이 구성되어야 한다는 입헌주의가 수립되었다.

　㉡ 현 대

　　• 근대 민주주의의 한계 : 많은 국가에서 민주정치가 시작되었으나, 공동체 중 다수인 노동자, 여성 등에게는 참정권에 제한이 있었다.

　　• 보통선거제 확립 : 이 같은 한계를 해결하고자 1830년대 영국의 노동자들은 참정권을 얻기 위한 '차티스트 운동'을 벌였고, 1900년대 초 미국에서는 여성들의 참정권운동인 '서프러제트 운동'이 일어나기도 했다. 이 밖에도 흑인참정권 운동 등 권리확대 시도가 다양하게 나타나면서 대부분의 국가들이 20세기 중반에는 보통선거제를 확립했다.

　　• 대의제의 한계 극복 : 대의제는 시민의 의사가 정치에 정확하게 반영되지 못하는 한계가 있었다. 이에 따라 현대 민주주의 국가에서는 국민투표, 국민발안, 국민소환 등 직접 민주주의 정치 요소를 도입하기 시작했다.

　　• 법치주의 의미의 확장 : 법률이 합법적으로 제정되었더라도 그것이 인간의 권리·존엄성·평등을 침해해서는 안 된다는 의식이 확립됐다.

④ 민주주의와 법치주의의 관계 : 민주주의와 법치주의는 상호보완적이며 국민의 권리와 존엄성을 효과적으로 보장해야 한다. 민주주의가 법치주의라는 도구로 지켜질 수 있도록 입헌주의를 채택한다.

2. 헌법의 의의와 기본원리

(1) 헌법의 의의와 기능

① 헌법의 정의 : 헌법은 국가의 기틀을 다지는 최고법으로 국민의 기본권을 규정한다. 또한 헌법을 바탕으로 국가기관이 구성되고 국민의 기본권을 지키기 위해 운영된다. 국가기관이 헌법을 준수하면서 운영되도록 하는 것을 입헌주의라고 한다.

② 위헌법률심판 : 국가기관 또는 하위법률이 헌법을 위반하였을 경우 위헌법률심판으로 그 효력을 정지시킬 수 있다.

③ 헌법의 기능

  ㉠ 국가의 창설 : 정부 등 국가기관의 구성·운영에 대해 국민이 합의한 내용을 담았다. 국가와 국가기관은 이러한 헌법의 규범을 근거로 세워진다.

  ㉡ 국민의 기본권 보장 : 헌법은 국민의 자유와 권리를 명시하고 보장하고 있다. 국가기관은 국민의 기본권을 보장하기 위해 운영된다.

  ㉢ 국가기관을 조직하는 규범 : 정부조직인 행정부, 입법부, 사법부는 헌법을 근거로 조직돼 운영된다.

  ㉣ 공동체의 유지·통합 : 국민이 추구하는 가치와 그 가치를 실현하기 위한 원리·제도 등을 규정하고 있다. 그럼으로써 공동체가 와해되지 않도록 유지하는 역할을 한다.

  ㉤ 정치적 평화 실현 : 헌법은 기본적으로 분쟁 등을 방지하는 정치적 평화를 유지하고 실현하도록 규정된다.

④ 우리헌법의 기본원리

  ㉠ 국민주권주의 : 국가의 의사를 최종적으로 결정할 수 있는 최고권력이 국민에게 있다는 것이다.

  ㉡ 자유민주주의 : 자유주의와 민주주의를 결합한 정치원리로 개인의 자유를 소중하게 여겨 국가의 간섭을 최소화하는 것이다.

  ㉢ 권력분립주의 : 국가권력이 입법·행정·사법 3권으로 분류되어 상호견제와 균형을 추구하는 것이다.

  ㉣ 복지국가주의 : 국민의 기본적 수요를 충족하며 문화적 생활을 국민의 권리로 인정하고, 이것을 국가가 보장한다는 것이다.

  ㉤ 문화국가주의 : 국가는 전통문화를 계승·발전시키기 위해 노력한다는 것이다.

  ㉥ 평화통일추구 : 무력이 아닌 평화적인 방법으로 조국통일을 이룩하겠다는 것이다.

  ㉦ 국제평화주의 : 국제사회에서 세계평화에 이바지한다는 것이다.

3. 기본권의 내용과 제한

(1) 기본권의 정의와 유형

① 기본권의 정의

ㄱ 인권 : 모든 인간은 그 존재만으로 존엄하며 존엄성을 유지하기 위해 생명·재산 등을 보장받아야 한다는 것이다.

ㄴ 천부인권사상 : 기본권의 본질은 천부인권사상이며, 미국의 버지니아주 권리장전은 천부인권으로서의 기본권에 대해 선언한 최초의 문서다. 인권이 하늘로부터 부여받은, 출생부터 누구도 빼앗을 수 없는 권리라는 것이다.

ㄷ 우리헌법의 기본권 보장 : 우리나라는 헌법 제10조에서부터 국민의 기본권을 보장하고 있다. 인간의 존엄과 가치, 행복추구권, 평등권, 자유권, 사회권, 청구권, 참정권이 있다.

ㄹ 기본권의 종류

- 자유권적 기본권 : 국가권력으로부터의 자유, 가장 핵심적 기본권이자 소극적·방어적 권리 (신체의 자유, 거주·이전의 자유, 직업선택의 자유)
- 참정권 : 국민이 정치에 참여할 수 있는 권리(공무원 선거권, 공무담임권, 국민투표권)
- 사회적 기본권 : 인간다운 생활을 위하여 국가에 대해 어떤 보호나 생활수단을 요구할 수 있는 권리, 국가에 의한 자유(교육의 권리, 근로의 권리, 근로자의 단결권, 단체행동권, 환경권)

② **국민의 의무** : 국민이 가진 기본권에 대비해 부여되는 기본의무를 말한다. 우리헌법은 납세·국방·교육·근로·재산권 행사·환경보전의 의무를 6가지 국민의 의무로 규정한다. 이 중 근로의 의무, 납세의 의무, 국방의 의무, 교육의 의무를 4대 의무라고 한다. 납세·국방의 의무는 근대부터 부과되기 시작한 의무다.

(2) 기본권의 제한과 한계

① **기본권의 제한** : 기본권을 함부로 제한할 수는 없으나, 사회에서 다른 구성원과 더불어 살기 위해서는 개인의 기본권이 제한될 때가 있다. 기본권의 행사가 다른 구성원에게 해를 끼치거나, 공동체의 이익을 침해할 경우 국가는 개인의 기본권을 제한할 수 있다. 기본권의 제한은 제한 그 자체에 목적이 있는 것이 아니라, 기본권을 더욱 철저히 보호하려는 목적이 있다.

② **기본권의 제한 요건**

ㄱ 목적요건 : 국가의 안전보장과 질서유지 등 공공복리를 위해야 한다.

ㄴ 형식요건 : 국회에서 제정한 법률에 위배되어서는 안 된다.

ㄷ 방법요건 : 필요한 경우에만 행해야 한다는 과잉금지의 원칙을 지켜야 한다.

- 과잉금지의 원칙 : 목적의 정당성, 수단의 적합성, 피해의 최소성, 법익의 균형성

③ **기본권 제한의 한계** : 기본권을 제한하는 경우에도 국민의 자유와 권리, 기본권의 본질적인 내용을 침해해서는 안 된다.

1. 정부의 형태

(1) 민주국가의 정부형태

① 정부형태의 구분 방법

- ⊙ 국가권력 : 입법권(법을 제정하는 권한), 행정권(법을 집행하는 권한), 사법권(법을 적용해 분쟁을 해결하는 권한)이 있다. 현대의 정부형태는 입법권과 행정권의 관계로써 정해진다.
- ⓛ 정부형태
  - 의원내각제 : 입법권과 행정권이 상호의존적인 정부형태로, 수상·총리가 이끄는 내각이 실질적인 국정운영을 맡는다. 영국에서 처음 시작되었으며 국왕과 의회가 갈등과 타협을 겪으면서 점진적으로 수립되었다.
  - 대통령제 : 입법부와 행정부가 엄격하게 분리된 정부형태로 미국에서 처음 시작되었다. 대통령이 의회로부터 분리되어 강력한 행정권을 갖고, 의회는 대통령을 견제할 수단을 얻는다.

② 의원내각제

- ⊙ 권력 융합주의를 지향하며, 의회의 신임(대체로 다수당)에 의해 내각이 구성된다.
- ⓛ 왕 또는 대통령은 정치적 실권이 없는 상징적 존재다.
- ⓒ 의회는 내각불신임 의결권을 가지고 있고, 내각은 의회해산권과 법률안 제안권을 갖고 있다.
- ⓔ 장점 : 정치적 책임에 민감하며 국민의 민주적 요청에 충실하다. 정국이 안정될 때 능률적 행정이 가능하다.
- ⓜ 단점 : 다수당의 횡포 가능성이 존재하고, 군소정당이 난립하면 정국이 불안해질 수 있다. 정책의 일관성과 지속성이 결여될 수 있다.

③ 대통령제

- ⊙ 견제와 균형이라는 권력분립을 지향한다.
- ⓛ 대통령은 국민에 대해 책임을 지는 국가원수이며, 행정부의 수반이다.
- ⓒ 대통령은 법률안 거부권을 가지며, 내각은 법률을 의결할 수 없고 심의할 수 있다.
- ⓔ 의회는 행정부를 불신임할 수 없고, 행정부도 의회를 해산할 수 없다.
- ⓜ 장점 : 대통령의 임기 동안 정국이 안정되고, 정책의 계속성이 보장된다. 국회 다수당의 횡포를 견제할 수 있다.
- ⓗ 단점 : 대통령의 강력한 권한으로 독재화의 가능성이 존재하고, 책임정치의 실현이 곤란하다. 행정부와 입법부가 반목을 일으킬 수 있다.

(2) 우리나라의 정부형태

① 우리나라 정부형태의 변화 : 우리나라의 정부형태는 헌법 개정으로 인해 변모해왔다.

- ⊙ 제헌헌법 : 의원내각제 성격을 띤 대통령제
- ⓛ 제3차 개정헌법 : 이승만 초대 대통령의 장기집권과 부정선거 시도에 반발해 시민들이 1960년 4·19혁명을 일으켰다. 이로써 이승만 대통령이 하야하고 의원내각제가 채택됐다.

  ⓒ 5·16군사정변 : 1961년 박정희군부가 군사정변을 일으켜 다시 대통령제로 헌법이 개정됐다.

  ⓔ 제7차 개정헌법 : 유신헌법이라고도 하며 대통령에게 과도한 권한이 부여됐다.

  ⓜ 제8차 개정헌법 : 1980년 전두환군부가 대통령을 7년 임기의 간접선거로 선출하도록 했다.

  ⓗ 제9차 개정헌법 : 1987년 6월 민주화를 요구하는 시민의 항쟁이 전국적으로 일어났다. 이로써
   군사정변으로 정권을 잡은 전두환정부의 독재정치가 막을 내리고, 대통령을 5년 임기의 단임제
   로 선출하도록 헌법이 개정됐다.

 ② 우리나라 정부형태의 특징

  ㉠ 의원내각제 요소를 가진 대통령제로 대통령은 국민의 투표로 직접 선출된다.

  ㉡ 국회는 대통령이 이끄는 행정부를 불신임할 수 없고, 대통령에게는 국회 해산권이 없다.

  ㉢ 대통령은 법률안 재의요구권, 국회는 탄핵소추권으로 서로를 견제한다.

  ㉣ 의원내각제 요소로 국회의 동의를 받아 임명하는 국무총리를 두고, 국무회의가 헌법기관으로서
   존재한다.

  ㉤ 행정부에 법률안 제출권이 있다.

2. 우리나라의 국가기관

(1) 국 회

국회는 대의제 하에서 국민을 대표하는 국회의원으로 구성된 기관으로 입법권을 수행한다. 국정을 통제
하는 기능도 갖고 있다.

 ① 국회의 형태와 운영

  ㉠ 국회의원 : 국회는 국민이 투표로 선출한 국회의원으로 구성되며, 헌법에서는 국회의원의 수를
   200명 이상으로 규정한다. 국회의원은 면책특권과 불체포특권을 가진다. 국회는 각각 2년 임기
   의 의장 1인과 부의장 2인의 지휘에 따라 운영되며, 국회의장은 입법부의 수반이다.

  ㉡ 안건심의기구 : 국회는 법률안을 효율적으로 심의하기 위해 각각 분야별로 전문성을 띤 상임위
   원회와 특별위원회를 둔다.

  ㉢ 교섭단체 : 국회의원 20인 이상은 교섭단체가 되어 국회에서 중요 의사를 협의·조율할 수 있다.

  ㉣ 국회의 회의 : 100일을 초과할 수 없는 정기회, 30일을 초과할 수 없는 임시회로 구분된다. 이
   기간 동안 국회는 법률안을 심사하고 통과시키게 된다.

 ② 국회의 권한

  ㉠ 입법권 : 국회에 부여된 가장 기본적인 권한이다.

   • 법률 제정 및 개정 : 10인 이상의 국회의원이나 행정부가 법안을 제출하면, 소관 상임위원회의
    심사를 거쳐 본회의에서 의결 후 대통령의 공포로 확정된다.

   • 헌법 개정 : 국회 재적의원 과반수 또는 대통령이 개정안을 발의하고, 국회에서 재적의원 3분
    의 2 이상의 찬성으로 의결한 후 국민투표로 확정한다.

ⓛ 국정통제권 : 국민을 대표하는 기관으로서 다른 기관을 견제하는 권한이다.

　　　　• 예산심의 및 결산심사권 : 행정부가 편성한 예산을 심의해 확정하며, 예산을 집행한 후에는 보고를 받고 승인하는 권한이다.

　　　　• 국정감사권 및 국정조사권 : 정기적으로 행정부와 국정전반을 감사하고, 특정한 사안을 조사할 수 있는 권한이다. 국회는 이 과정에서 서류나 증인출석을 요구해 질의할 수 있으며, 잘못된 국정운영을 바로잡도록 요구한다.

　　　　• 인사에 대한 권한 : 국회는 대통령이 국무총리, 대법원장, 대법관, 헌법재판소장 등을 지명하면 이에 대해 검증 후 임명을 동의할 수 있는 권한을 갖고 있다. 또한 국무총리나 장관 등 국무위원의 해임을 건의할 수 있고, 대통령 등의 법률로 정한 고위공무원이 헌법 · 법률에 위배된 행위를 했을 경우 탄핵을 소추할 수 있다.

　　　　• 기타 권한 : 헌법으로 정한 조약의 체결 · 비준 동의권, 대통령의 긴급권에 대한 통제권, 대통령의 일반사면에 대한 동의권, 국무총리와 국무위원에게 국회 출석과 답변을 요구할 수 있는 권한 등이 있다.

(2) 대통령과 행정부

① 대통령을 수반으로 하는 행정부 : 행정부는 입법기관인 국회에서 제정한 법을 집행하는 기관이다. 대통령은 행정부의 수반이며 헌법은 행정부에 행정권을 부여한다.

② 대통령의 선출과 권한

　　ⓐ 대통령의 선출 : 대통령은 국민의 보통 · 평등 · 비밀 · 직접선거로 선출된다. 현재 우리나라는 중임이 불가능한 5년 임기의 단임제로서 대통령을 선출하고 있다.

　　ⓑ 대통령의 헌법상 지위 : 대통령은 행정부의 수반이자 국가 원수다.

　　ⓒ 대통령의 권한

　　　　• 국가 원수로서의 권한 : 국가를 대표하는 권한(조약체결 · 비준권, 외교사절 신임 · 접수 · 파견권, 선전포고 · 강화권, 외국승인권), 국가와 헌법 수호권(긴급재정 · 경제처분 및 명령권, 긴급명령권, 계엄선포권), 국정조정권(헌법개정제안권, 국민투표부의권, 임시국회소집요구권, 사면 · 감형 · 복권명령권), 헌법기관구성권(대법원장 · 국무총리 · 감사원장 · 헌법재판소장 임명권, 대법권 임명권, 헌법재판소재판관 임명권, 중앙선거관리위원회위원 임명권)

　　　　• 행정부 수반으로서의 권한 : 행정부의 최고지휘 · 감독권, 법령집행권, 국군통수권, 공무원 임면권, 대통령 발포권, 법률안 거부권

③ 대통령을 제외한 행정부의 구성과 권한

　　ⓐ 국무총리 : 대통령을 보좌하며 대통령의 명령에 따라 행정 각부를 관할하는 행정부의 2인자다. 대통령이 지명하면 국회 동의를 받아 임명한다.

　　ⓑ 국무회의 : 행정부의 정책을 심의하는 기관이다. 대통령은 의장, 국무총리는 부의장을 맡고 15~30인의 국무위원으로 구성된다. 국무위원은 국무총리가 대통령의 재가를 받아 임명한다.

　　ⓒ 장관 : 행정사무를 관할하는 행정각부의 장이다. 국무총리의 제청으로 국무위원 가운데서 대통령이 임명한다.

ㄹ 감사원 : 헌법기관으로, 국가의 세입·세출을 결산하고 국가 및 법률이 정한 단체의 회계검사와 행정기관 및 공무원의 직무에 관한 감찰을 하는 기관이다.

(3) 법원과 헌법재판소

① **법원과 헌법재판소의 지위** : 사법권은 법을 적용해 분쟁을 해결하는 권한으로, 시민의 권리를 보호하고 법질서를 유지할 수 있다. 사법권은 법적분쟁이 발생했을 때 발동되므로 소극적·수동적 성격을 갖는다. 우리헌법은 사법권이 법원에 있다고 기본적으로 규정하고 있다.

② **사법권의 독립** : 시민의 권리를 보호하는 목적을 가진 사법권은 다른 국가기관·특정단체와는 독립되어 공정하게 행해져야 한다. 헌법은 이 같은 사법권의 독립을 보장하기 위해 법관의 신분을 다른 공무원에 비해 더욱 강하게 보호한다.

③ **법원의 역할과 구성** : 법원은 최고법원인 대법원과 고등법원, 지방법원 등 각급의 법원으로 구성된다.
  ㄱ 대법원장 : 국회의 동의를 얻어 대통령이 임명하고, 임기는 6년으로 중임할 수 없다.
  ㄴ 대법관 : 대법원장의 제청으로 국회 동의를 얻어 대통령이 임명한다. 임기는 6년으로 연임이 가능하다.
  ㄷ 법관 : 대법관의 동의를 얻어 대법원장이 임명한다. 임기는 10년으로 연임할 수 있다.
  ㄹ 심급제도 : 재판의 공정성과 정확성을 확보하여 국민의 기본권을 보장하기 위한 제도로 우리나라는 3심제를 원칙으로 한다.
   • 항소 : 1심 재판의 재판에 불복해 2심에 상소하는 것이다.
   • 상고 : 2심 재판의 항소 재판에 불복해 3심에 상소하는 것이다.
   • 항고 : 1심의 결정·명령에 불복해 2심에 재판을 청구하는 것이다.
   • 재항고 : 2심의 결정·명령에 불복해 3심에 재판을 청구하는 것이다.

④ **헌법재판소** : 헌법에 관한 분쟁이나 법률의 위헌여부, 탄핵, 정당의 해산 등을 사법적 절차에 따라 해결하는 특별재판소다.
  ㄱ 구성 : 헌법재판소장은 대통령이 국회의 동의를 얻어 임명하며, 재판관은 총 9명으로 대통령과 국회·대법원장이 각각 3명씩 선출하고 대통령이 임명한다. 헌법재판소 재판관의 임기는 6년이며 연임이 가능하고 정년은 만 70세이다. 헌법재판소 재판관은 정당에 가입하거나 정치에 관여할 수 없고, 탄핵 또는 금고 이상의 형의 선고에 의하지 아니하고는 해임되지 않는다.
  ㄴ 권한 : 탄핵심판권, 위헌법률심사권, 정당해산심판권, 기관쟁의심판권, 헌법소원심판권을 갖는다.

3. 지방자치

(1) 지방자치의 의의

① **지방자치의 정의와 기능**
  ㄱ 지방자치의 정의 : 일정지역에 사는 주민이 스스로 지방자치단체를 구성해 그 지역의 사무·행정을 자율적으로 처리하는 제도다.

ⓛ 지방자치의 기능
- 지방자치는 지방의 정책결정과 집행에 지역주민이 직접 참여하는 '풀뿌리 민주주의'를 실현할 수 있다.
- 지방의 현안은 중앙정부보다 지방자치단체가 더 신속하고 전문적으로 처리할 수 있어 근거리 행정이 가능하다.
- 지방이 중앙정부의 정책을 시범적으로 실시하고 그 효과여부를 측정할 수 있어, 국가정책을 효율적으로 운영할 수 있다.
- 중앙정부의 정책을 비판적으로 검토·수용하면서 개선하는 권력분립 효과가 있다.

② 중앙정부와 지방자치단체의 관계 : 지방자치단체는 중앙정부와 독립적으로 운영되는 존재인 동시에, 중앙정부의 하급 행정기관의 역할을 하기도 한다.

③ 지방자치단체의 권한
ⓖ 자치입법권 : 지방의회는 국가의 법률과 명령의 범위 내에서 '조례'를 제정하고, 지방자치단체장은 법령과 조례의 범위 내에서 '규칙'을 제정할 수 있다.
ⓛ 자치행정권 : 지방자치단체의 장은 중앙정부로부터 위임받은 자치사무와 위임사무를 집행한다.

(2) 우리 지방자치의 현실과 과제

① 우리 지방자치의 현실 : 지방에 살고 있는 주민은 다양한 방식으로 지방자치에 참여할 수 있다.
ⓖ 주민은 지방의회의원·지방자치단체장 선거의 투표권과 주민의 삶에 중대한 영향을 끼치는 주요 결정사항에 대한 투표권을 가진다.
ⓛ 주민은 지방자치단체의 정책결정과 집행에 영향력을 가진다.
ⓒ 주민은 지방의회나 지방자치단체장에게 조례와 규칙의 폐지를 청구할 수 있다.
ⓔ 주민은 지방자치단체의 예산편성과정에 참여할 수 있다.

② 우리 지방자치의 문제점 : 중앙정부가 지방자치단체에 권한을 위임하는 데 소극적인 태도를 보여 분쟁이 발생하기도 한다. 또한 지나친 지역이기주의 때문에 지역과 지역 간의 분쟁이 발생하는 경우도 있으며, 지방의회와 지방자치단체장이 갈등을 겪어 지방행정이 원활하게 집행되지 않는 때도 있다.

③ 지방자치 문제점의 해결방안 : 지방분권을 강화·보장하는 특별법 제정, 지방행정에 주민참여 다변화, 지방자치의 합리화 등이 있다.

03 　정치과정과 참여

1. 정치과정과 시민참여

(1) 정치과정의 이해

① 정치과정의 정의 : 사회에 내재된 다양한 문제와 요구사항이 입법부·사법부·행정부 등 정책결정
기구에 투입되어 정책으로 나타나는 모든 과정을 뜻한다. 정부는 국가 안의 다양한 주체의 요구와
목소리를 반영하여 정책을 낸다. 정부는 각 주체들의 입장과 이해관계를 상세히 살피고 정책을 수립
하는데, 정책 시행 후 이해관계에 따라 발생한 주체간의 갈등과 정책에 대한 평가를 수용하면서
이를 조정해나간다.

② 정치과정의 단계

　㉠ 투입 : 사회의 다양한 요구가 표출되는 단계

　㉡ 산출 : 정책결정기구가 정책을 수립하는 단계

　㉢ 환류 : 산출된 정책에 대한 사회의 평가가 재투입되는 단계

③ 정치과정에 영향을 끼치는 정치주체

　㉠ 정책결정기구 : 행정부, 사법부, 입법부 등 정책을 수립하는 데 직접적인 역할을 하는 국가기관
이다. 이 기관들은 정책을 결정·집행하면서 사회가 유지되도록 한다.

　㉡ 개인 : 시민으로서 국가에 정치·사회적 요구를 하면서 정치과정에 영향을 끼칠 수 있다.

　㉢ 집단 : 개인이 모인 정당, 언론, 이익집단, 시민단체 등으로 투입단계에서 자신들의 이해를 반영
하여 여론을 조성한다. 그럼으로써 정책결정기구가 이를 수용하도록 한다.

(2) 시민의 정치참여

① 정치참여 : 시민이 정치과정에 참여하는 것으로, 정책결정기구의 정책수립 과정에 영향을 끼치도록
하는 것이다.

② 정치참여의 의미

　㉠ 국민주권 실현 : 정책수립 과정에 시민 자신이 원하는 바를 투입함으로써 국민주권을 실현한다.

　㉡ 정치적 평등과 다수지배의 원리 실천 : 소수의 이익이 아닌 다수인 시민의 이익이 정책에 반영됨
으로써 민주주의의 원칙인 정치적 평등과 다수지배의 원리를 실천할 수 있다.

　㉢ 정책에 정당성 부여 : 다수 시민이 원하는 대로 정책이 수립되어, 시민이 자발적으로 이에 따르
게 한다.

　㉣ 정치적 효능감 획득 : 다수 시민이 정책수립에 참여함으로써, 스스로 정치에 참여하고 영향력을
끼칠 수 있다는 정치적 효능감을 획득하게 한다.

③ 시민의 정치참여 방법

　㉠ 개인적 정치참여

　　• 공무담임권 : 국민이 직접 공무원이 되어 공무를 할 수 있다.

　　• 선거참여 : 간접 민주주의인 대의제 하에서 국민은 스스로를 대표할 국회의원들을 선거로써
　　　선출할 수 있다.

- 청원 : 정부 등 국가기관에 스스로 의견을 표하고 원하는 바를 요구할 수 있는 청원권을 가진다.
- 서명운동 : 개인이 어떤 사안에 대한 서명운동에 참여해 의견을 개진할 수 있다.
- 집회 · 시위 : 개인이 여론에 영향을 끼칠 집회 · 시위에 참여해 의사를 표현할 수 있다.
ⓒ 집단적 정치참여 : 개인이 정당 · 이익단체 · 시민단체에 소속되어 정치적 활동에 적극적으로 참여할 수 있다.

2. 선거제도

(1) 선 거

① 민주주의에서의 선거의 의미 : 선거는 민주주의의 꽃으로서 정치과정의 핵심이다. 간접 민주주의인 대의제에서는 시민이 투표로 자신의 의견을 반영해 정책을 결정할 대표를 선출할 수 있다. 이를 위해 자유롭고 공정한 선거가 보장되어야 한다.

② 민주주의 선거의 원칙 : 보통선거, 평등선거, 직접선거, 비밀선거

③ 선거의 기능
ㄱ 투표를 통해 참정권이라는 국민주권을 실현한다.
ㄴ 정책수립에 영향력을 행사하고 스스로 선출한 대표를 평가하고 통제할 수 있다.
ㄷ 선출된 대표는 다수 시민의 선택을 받았으므로, 정치적 정당성과 권위를 부여받는다.
ㄹ 선거를 통해 정치인은 국민의 요구를 파악해 사회문제 해결을 위한 정책을 연구한다. 시민은 투표의 결과를 관찰하며 올바른 정치참여의 중요성을 배운다.

(2) 선거제도의 유형

① 선거구제의 종류 : 독립적으로 선거를 시행해 대표를 선출할 수 있는 단위구역이다
ㄱ 소선거구제 : 한 선거구에서 대표 1명을 선출하는 제도다. 후보수가 적어 공약을 비교적 정확하게 파악할 수 있고, 이전 공약의 성공여부가 어떻게 되는지도 비교적 알기가 쉽다. 그러나 후보수가 적어 선거가 과열될 우려가 있고, 당선자 선출에 기여하지 못하는 사표가 많이 발생한다. 군소정당은 당선되기 어려워 다양한 목소리가 정책결정에 반영되기 어렵다.
ㄴ 중 · 대선거구제 : 한 선거구에서 2명 이상의 대표를 선출하는 제도다. 선거가 과열될 가능성이 적고, 사표도 적게 발생한다. 소수집단을 대표하는 군소정당이 의회에 진출할 가능성도 높다. 그러나 선거구가 넓어 관리가 어렵고 비용도 많이 든다. 또한 다수 후보가 난입해 공약 파악이 비교적 힘들 수 있다. 당선자들이 얻은 투표가치의 차등 문제가 발생할 수도 있다.

② 대표선출의 방식
ㄱ 다수대표제 : 다수 득표자가 당선되는 방식이다.
- 단순다수제 : 한 후보가 다른 후보보다 한 표라도 더 많이 득표할 때 선출되는 방식이다. 선거관리가 쉽지만, 후보수가 많을 경우 적은 득표로도 당선돼 정치적 정당성이 떨어질 수 있다.
- 절대다수제 : 과반수 득표로 당선되는 방식이다. 결선투표제 절대다수제의 유형 중 하나로 1차 투표에서 과반 득표자가 없으면 1위와 2위 후보를 대상으로 재투표하는 방식이다. 정치적 정당성은 비교적 높으나 선거비용이 많이 든다.

     ⓛ 소수대표제 : 유권자가 선거구에 출마한 후보에게 투표한 후, 득표한 순으로 일정 인원을 당선자로 선출하는 방식이다.

     ⓒ 비례대표제 : 정당득표율에 비례해 의석을 배분하는 방식이다. 사표를 방지하고 소수표를 보호하는 동시에, 국민의 의사를 정확·공정하게 반영하는 것이 목적이다.

        • 장점 : 한 표의 가치를 평등하게 취급한다는 점에서 참다운 선거권의 평등을 보장하고, 정당정치 확립에 유리하며 소수의견을 존중해 다양한 여론을 반영할 수 있다.

        • 단점 : 군소정당이 난립하고, 정당간부의 횡포가 발생할 수 있다.

③ 우리 선거제도의 특징 : 대통령, 국회의원, 지방자치단체장, 지방의회의원, 교육감을 선거를 통해 선출한다.

     ㉠ 소선거구 단순다수제 : 대통령, 지역구 국회의원, 지방자치단체장, 광역의회 지역구의원, 교육감

     ⓛ 중·대선거구 단순다수제 : 기초의회 지역구의원

     ⓒ 지역구대표와 정당에 각각 1표를 행사하는 1인 2표 방식 : 국회의원, 비례대표의원, 지방의회의원

     ⓔ 선거공영제 : 선거과정을 독립된 헌법기관인 선거관리위원회가 관리하고, 선거비용의 일부를 원칙적으로 국가나 지방자치단체가 부담하는 선거공영제를 운영한다.

3. 정치참여의 방법과 한계

(1) 정당을 통한 정치참여

① 정당의 정의와 역할

     ㉠ 정당의 정의 : 유사한 신념 또는 이념을 가진 개인들이 이루는 집단이다. 공적이익을 추구하고, 선거에 참여해 공직을 획득하며, 정부 등 국가기관 내에 영향력을 행사한다.

     ⓛ 정당의 역할

        • 국민의 다양한 목소리를 듣고 종합해 정책결정 과정에 반영한다.

        • 입법부와 행정부에 정치 인력을 충원한다.

        • 유권자들이 정치적 쟁점에 대한 가치와 신념 등을 습득해 내면화하도록 하는 정치사회화 기능을 갖는다.

        • 시민을 동원해 투표에 참여하도록 독려함으로써 시민의 정치참여를 활성화한다.

        • 정부를 비판·견제하는 역할을 수행함으로써 정부에 책임을 묻고 국정운영이 올바르게 이뤄지도록 한다.

② 정당제도의 유형

     ㉠ 일당제 : 하나의 정당이 모든 권력과 정치적 권한을 독점하는 체제다. 대부분의 권위주의 국가에서 채택한다.

     ⓛ 복수정당제 : 대부분의 민주주의 국가에서 채택하는 체제로 두 개 이상의 정당이 경쟁하는 체제다.

        • 양당제 : 두 개의 거대양당이 경쟁하며 교대로 집권하는 체제다.

          – 의원내각제인 경우 : 과반수를 득표한 집권당이 행정부를 운영해 정국이 안정되나, 다수당의 횡포를 견제하기 어렵고 소수의견이 묵살될 가능성이 있다.

- 대통령제인 경우 : 여소야대·여대야소 상황이 나타날 수 있다. 여대야소에서는 과반석을 차지한 여당이 정부와 함께 강하게 국정을 추진하나 소수의 야당 의견은 무시될 수 있다. 여소야대에서는 의회와 정부의 갈등이 잦고 이를 해결할 가능성도 낮다.
- 다당제 : 3개 이상의 정당이 경쟁하는 체제다.
  - 의원내각제인 경우 : 과반수 정당이 탄생하기 어려우므로 보통은 정당들이 연립정부를 구성해 정국을 이끌어간다. 그러나 서로의 의견이 충돌해 정국이 불안해질 수 있고, 정책실패 시 책임소재를 가리기 어렵다.
  - 대통령제인 경우 : 여소야대 가능성이 커 정부가 의회와 마찰을 빚어 국정운영이 원활하지 못할 소지가 크다.
③ 정당을 통한 시민의 정치참여
  ㉠ 방 법
  - 정당 가입 : 시민은 정당에 가입해 당비나 정치후원금을 납부함으로써 정당정치에 참여할 수 있다. 또한 당원이 되어 정당의 정책결정이나 당 대표 등을 선출할 때 투표권을 갖고, 직접 공천 신청을 해 선거에 입후보할 수도 있다.
  - 투표 : 정당에 가입하지 않고도 선거에서 정당이나 정당 후보에 투표함으로써 개인의 의견을 표출할 수 있다.
  ㉡ 한계 : 정당의 권력이 한 쪽에 쏠리는 등 위계화되면 당원 개개인의 목소리가 반영되지 못할 수 있다.

(2) 이익집단, 시민단체, 언론을 통한 정치참여
① 이익집단과 시민단체의 정의와 역할
  ㉠ 이익집단 : 특정사람들이 '자신들의 공동이익(특수이익)'을 달성하고 정책에 영향을 끼치기 위해 조직한 집단이다. 노동단체, 사용자단체, 기업단체 등이 해당한다.
  ㉡ 시민단체 : 시민들이 정책에 영향을 끼치기 위해 조직한 집단이다. 자신들의 특수한 이익이 아닌 공공의 이익을 실현하기 위해 조직되며, 여론을 만들고 정책결정 과정에 압력을 행사한다. 인권단체, 환경단체, 소비자단체 등이 이에 해당한다.
  ㉢ 이익집단·시민단체의 역할
  - 자신들의 목적을 이루기 위해 시민을 설득하고 정당을 지원하는 등 정책결정 과정에 영향력을 행사한다.
  - 시위·집회 등의 방법으로 여론을 형성하고 호소하기도 한다.
  - 정책에 대한 시민의 관심도를 높여 정치참여를 활성화하고, 정치사회화 기능을 한다.
② 언론의 역할 : 언론은 정치적 쟁점이나 사건의 정보를 취재해 시민에게 제공한다. 또한 정쟁·사건에 대한 분석이나 논평을 내놓아 여론을 형성할 수도 있다. 언론은 사회 곳곳에 산재한 문제점들을 파악해 정치권에 전달하기도 하고 정치권은 이를 반영해 정책을 내놓기도 한다. 또한 언론은 취재행위로써 권력기관의 비리나 부정부패를 감시하는 역할을 하기도 한다.

③ 이익집단·시민단체·언론을 통한 정치참여 방법 : 시민은 자신의 상황과 신념에 맞는 이익집단과 시민단체에 회원으로 가입해 조직 내에서 의견을 제시하고 다양한 활동에 참여할 수 있다. 또한 회원이 아니더라도 공청회나 토론회에 참여할 수도 있다. 또한 시민은 언론에 제보를 하거나, 글을 기고하고, 특정사건에 대해 알고 있는 사실을 인터뷰하면서 의사표명을 할 수 있다.

04 개인생활과 법

1. 민법의 의의와 기본원리

(1) 민법의 의의와 기능

우리가 국가에서 살아가면서 맺는 관계 중에는 사회에 미치는 영향이 커서 법률로 규정해야 하는 것이 있는데 이를 법률관계라고 한다. 국가와 개인, 개인과 개인 간의 법률관계가 존재한다.

① 민법의 정의 : 민법이란 개인과 개인 간의 법률관계를 규율하는 법률이다. 민법은 이 중 재산관계와 가족관계를 규율한다.
　　㉠ 재산관계
　　㉡ 가족관계 : 친족관계와 상속관계로 구분
② 민법의 기능 : 민법은 행위규범으로서 사회의 구성원들이 해야 할 행위와 하지 말아야 할 행위를 규정하며, 이를 어겼을 경우 재판규범으로 재판한다. 민법은 개인의 평등과 자유를 보장하며, 개인 간에 법률관계를 자유롭게 맺을 수 있도록 지원한다. 근대적 의미의 민법전은 1789년 프랑스혁명 이후 나온 '나폴레옹법전'인데, 여기에도 개인의 평등과 자유를 보장하는 내용이 수록되어 있다.

(2) 민법의 기본원리

① 근대민법의 기본원리
　　㉠ 사유재산권 존중의 원칙 : 개인의 사유재산에 대한 소유권을 인정하고 다른 주체가 이를 침해할 수 없다는 원칙이다. '소유권 절대의 원칙'이라고도 한다.
　　㉡ 사적자치의 원칙 : 개인이 스스로의 의사에 따라 다른 주체와 자유롭게 법률관계를 맺을 수 있다는 원칙이다. '계약자유의 원칙'이라고도 한다.
　　㉢ 과실책임의 원칙 : 개인이 고의나 과실로 인해 다른 주체의 권리를 침해하고 피해를 입혔을 경우에만, 그 손해를 책임져야 한다는 원칙이다. 개인이 그 피해가 일어나지 않도록 충분히 주의를 했음에도 피해가 발생했다면 책임지지 않아도 된다는 의미다. '자기 책임의 원칙'이라고도 한다.
② 현대민법의 기본원리 : 현대민법은 근대민법의 한계점을 수정·보완하여 정립되었다.
　　㉠ 소유권 절대의 원칙 : 개인의 사유재산권을 무조건 인정하는 것이 아닌, 공공의 이익을 위해 필요한 경우 제한할 수 있다.
　　㉡ 계약자유의 원칙 : 개인의 법률계약이 공공의 이익을 침해하거나 사회질서 혼란을 야기하는 경우에는 법적효력이 발생하지 않는다는 계약공정의 원칙으로 수정되었다.

ⓒ 과실책임의 원칙 : 기존 과실책임의 원칙을 기본으로 하나, 직접적인 과실이나 고의가 없더라도 일정 요인을 갖추면 책임을 지도록 하는 무과실 책임을 인정하게 되었다.

2. 재산관계와 법

(1) 계약의 의미와 법적처리

① **계약의 정의** : 사람이 살아가면서 필요한 재화·서비스 등을 거래할 때 맺는 협의와 약속을 뜻한다. 개인은 거래 시 자신에게 가장 이득이 되는 방향으로 계약을 맺으려 한다.

② **계약의 성립** : 계약은 청약과 승인이 합치되어 이뤄진다.

ⓐ 청약 : 계약 당사자가 계약을 체결하고 싶다고 의사를 표현하는 것이다.

ⓑ 승낙 : 계약 상대방이 청약을 받아들인다는 의사표시다.

③ **계약의 효과** : 계약이 성립되면 양쪽의 계약 당사자에게는 법적의무가 주어진다. 가령 어떤 물품을 구매하기 위해 계약을 맺는 경우, 사는 쪽은 어느 시점까지 대금을 입금해야 하고, 파는 쪽은 입금 후 물품을 지급해야 한다.

ⓐ 의사능력과 행위능력 : 계약의 법적효력이 발생하기 위해서는 자신의 행동의 의미와 결과를 판단해 정상적인 의사결정을 할 수 있는 '의사능력', 단독으로 완전하게 법적행위를 할 수 있는 '행위능력'이 있어야 한다.

ⓑ 약관 : 계약 당자사가 동의해야 하는 계약의 내용과 조건을 말한다.

ⓒ 채무불이행 : 계약 당사자가 약관에 따른 책임·의무를 지키지 않는 것을 말한다.

④ **미성년자의 계약** : 미성년자는 계약 등 법률행위를 할 때 법정대리인의 동의를 얻어야 한다. 다만, 가게에서 물건을 구입하는 등 어떤 경우에는 법정대리인 동의 없이 계약을 체결할 수도 있다.

(2) 불법행위와 손해배상

① **불법행위의 정의** : 개인이 고의 또는 과실로 법을 위반하여 다른 주체에게 금전적·신체적·정신적 피해 등을 입히는 것이다.

② **불법행위의 요건**

ⓐ 가해자의 고의 또는 과실이 있어야 한다.

ⓑ 가해자의 가해행위가 위법해야 한다. 다만, 정당방위, 긴급피난 등 경우에 따라서는 위법성이 성립되지 않아 불법행위가 되지 않는 때도 있다.

ⓒ 가해행위로 명백한 손해가 발생해야 한다.

ⓓ 가해행위로 손해가 발생했다는 상당한 인과관계가 있어야 한다.

ⓔ 가해자가 자신의 행위가 타인의 권리를 침해한다고 충분히 판단할 수 있는 능력, 즉 책임능력이 있어야 한다.

③ **불법행위에 따른 피해구제** : 불법행위로 피해자가 발생했을 때 가해자는 직접 손해를 배상할 수 있다. 피해자는 자신의 피해를 가해자에게 보상받기 위해 손해배상을 청구하고 배상금을 합의한다.

3. 가족관계와 법

(1) 부부간의 법률관계

① **혼인의 정의** : 혼인은 결혼의 법률적 용어로 부부관계를 맺기로 법률상에서 합의하는 것이다. 당사자들의 혼인 의사가 분명해야 하며 법적으로 혼인할 수 있는 나이여야 한다. 18세 이상의 미성년자는 보호자의 동의가 있어야 혼인할 수 있다.

　⊙ 사실혼 : 혼인신고를 하지 않았지만, 사회통념상 혼인했다고 인정될만한 관계

　ⓒ 동거 : 혼인 의사가 없이 남녀가 함께 사는 것

② **혼인의 효력** : 배우자와 배우자의 가족과 새로운 친족관계가 형성된다. 부부는 법률적으로 서로 협력하고 부양할 의무를 지게 된다. 또한 민법에서는 부부가 각자의 재산을 소유·관리하는 것을 원칙으로 하는 부부별산제를 인정한다. 단, 부부가 협력해 취득한 재산은 명의가 누구의 것이더라도 공동의 소유로 본다.

③ **이혼의 정의** : 혼인관계를 끝내는 것으로 공동재산을 분할해야 하며, 이혼책임이 어느 한쪽에 있을 경우 정신적 피해를 보상하는 위자료를 청구할 수 있다.

　⊙ 협의이혼 : 부부가 상호합의하에 법정의 판사에게 이혼의사와 양육권 소유 등을 확인받아 이혼하는 것이다.

　ⓒ 재판상 이혼 : 이혼에 대한 부부의 상호합의가 없을 경우 소송을 통해 이혼이 정당한지 판결받는 것이다.

　ⓒ 이혼 시 자녀양육권 : 이혼하는 부부에게 미성년의 자녀가 있을 경우, 누가 양육권을 소유할지 합의해야 하며 합의가 이뤄지지 않을 경우 가정법원에서 경제능력, 이혼 귀책사유 등을 따져 양육권을 결정한다. 양육권을 갖게 된 쪽은 상대방에게 양육비를 청구할 수 있고, 상대방은 양육권을 침해하지 않는 선에서 면접교섭권이 인정된다.

(2) 부모-자녀간의 법률관계

① **친자관계** : 부모와 자녀 사이에는 기본적으로 친자관계라는 법률관계가 형성된다. 친자관계로서 사람은 출생 시점부터 인간으로서의 권리를 누릴 능력인 권리능력을 인정받는다. 친양자 제도로 입양된 자녀도 친자관계를 부여받아 동일한 권리를 누릴 수 있다.

② **자녀에 대한 부모의 권리와 의무** : 친권은 부모가 자녀에게 가진 권리·의무를 말한다. 친권으로 부모는 자녀의 보호자로서 법률행위를 대리하고, 자녀를 양육하는 등의 권리를 갖는다. 친권은 부모 양편에 공동으로 부여되는 것이 원칙이나, 어느 한 편이 친권을 행사할 여건이 되지 않는다면 한 쪽만 가질 수도 있다. 이혼 시에는 협의해 한 쪽에 이양하고, 협의가 안 될 때에는 법원의 판단을 구한다.

1. 형법의 이해

(1) 형법과 죄형법정주의

① 형법의 정의와 기능

ㄱ 범죄 : 타인 또는 공동체·국가의 법으로서 보호되는 이익을 침해하거나 그러한 우려가 있는 행위를 법률로 규정한 것이다.

ㄴ 형벌 : 범죄에 부과하는 제재

ㄷ 형법 : 어떤 행위가 범죄에 부합하는 지 규정한 법률

② 형법의 기능

ㄱ 형법에서 규정한 범죄를 저지르지 않으면 형벌을 받을 여지가 없으므로, 국민의 자유와 권리를 보장하는 역할을 한다.

ㄴ 공동체가 인정하는 사회·윤리적 가치가 있는 행위를 보호한다.

③ 죄형법정주의 : 범죄와 형벌에 대하여 미리 법률로 정해놓아야 한다는 기본원칙으로, 법적 안정성을 보호하고 형벌권의 자의적 행사로부터 개인의 권리를 보장하기 위한 목적이 있다.

④ 죄형법정주의의 원칙

ㄱ 관습형법 배제의 원칙 : 관습법은 형법의 근거가 될 수 없으며, 형법의 근거는 성문법에 한정된다는 것이다.

ㄴ 명확성의 원칙 : 어떤 행위가 형법에 의하여 금지되는 행위인지, 또한 행위의 효과로서 부과되는 형벌의 종류와 형기가 명확함으로써 누구나 알 수 있어야 한다.

ㄷ 유추해석금지의 원칙 : 형법은 문서에 좇아 엄격히 해석되어야 하며(문리해석), 법문의 의미를 넘는 유추해석은 허용되지 않는다는 것이다. 다만 피고인에게 유리한 유추해석은 예외적으로 허용된다.

ㄹ 소급효 금지의 원칙 : 형법은 실시 이후의 행위만 규율할 뿐, 그 이전의 행위에는 효력이 미치지 않는다는 것이다. 단, 인권침해의 염려가 없을 경우에는 예외로 인정된다.

ㅁ 적정성의 원칙 : 형법 자체가 불합리하거나 부정한 것을 배제하여 적정해야 하고, 범죄와 형벌 간에 적정한 균형이 이루어져야 한다는 것이다.

(2) 범죄와 형벌

① 범죄의 의미

ㄱ 실질적 의미 : 사회적 유해성이 있거나 반사회적인 행위를 말한다.

ㄴ 형식적 의미 : 형법에 규정된 행위로, 위반하면 형벌이 부과되는 행위를 말한다.

② 범죄의 성립요건 : 형법에 따른 범죄는 다음 세 가지 요건이 충족되어야 성립한다.

ㄱ 구성요건 해당성 : 어떠한 행위가 형법에서 범죄로 규정하고 있는 구성요건에 해당이 되어야 한다.

○ 위법성 : 전체 법질서로부터 부정적인 행위, 즉 위법성이 있다는 판단이 가능해야 한다. 그러나 경우에 따라 위법성이 인정되기 힘든 상황도 발생하는데 이를 '위법성 조각 사유'가 있다고 말한다.

- 위법성 조각사유 : 구성요건에 해당하는 어떠한 조건을 갖추면 꼭 처음부터 적법한 행위였던 것처럼 평가되는 것으로 정당방위, 정당행위, 긴급피난, 피해자의 승낙, 자구행위 등이 있다.
  - 정당행위 : 법령에 의한 행위 또는 업무로 인한 행위, 기타 사회 상규에 위배되지 않는 행위다.
  - 정당방위 : 자기 또는 타인의 법익에 대한 현재의 부당한 침해를 방위하기 위한 상당한 이유 있는 행위다. 방위행위가 상당성의 정도를 넘었을 때에는 과잉방위라 하여 위법성이 조각되지 않는다.
  - 긴급피난 : 자기 또는 타인의 법익에 대한 현재의 위난을 피하기 위한 행위로서 상당한 이유가 있는 행위다.
  - 자구행위 : 권리자가 위법하게 그 권리를 침해당했을 경우, 일정한 요건 하에서 자력에 의하여 그 권리를 구제·실현하는 행위다.
  - 피해자의 승낙 : 처분할 수 있는 자의 승낙에 의하여 그 법익을 훼손한 행위다. 단 법률에 특별한 규정이 있는 경우(살해, 임산부의 동의에 의한 낙태)는 벌한다.

○ 책임성 : 법이 요구하는 공동생활상의 규범에 합치할 수 있도록 의사결정을 할 수 있는 능력이다. 일정한 행위가 구성요건에 해당하고 위법성을 갖추었더라도 책임성이 결여되면 범죄로 성립되지 않는다. 다만, 14세 미만의 행위, 강요된 행위 등은 '책임 조각사유'라고 하여 책임성이 인정되지 않기도 한다.

③ 형 벌
○ 형벌의 정의 : 국가가 범죄행위를 한 사람에게 가하는 제재로 법원은 형벌을 정할 때 양형위원회가 정한 양형기준에 따라 정한다. 양형이란 법원이 형사재판에서 형벌의 종류와 형량을 결정하는 것을 뜻한다.
○ 형벌의 종류 : 생명형, 자유형, 재산형으로 나뉜다.
- 사형 : 수형자의 생명을 박탈하는 것을 내용으로 하는 생명형이며 가장 중한 형벌이다.
- 징역 : 수형자를 형무소 내에 구치하여 정역(강제노동)에 복무하게 하는 형벌이다.
- 금고 : 수형자를 형무소에 구치하고 자유를 박탈하는 점에서 징역과 같으나, 정역에 복무하지 않는 형벌이다.
- 구류 : 1일 이상 30일 미만의 기간 동안 수형자를 교도소에 구치하는 형벌이다.
- 벌금 : 일정액의 금전을 박탈하는 형벌이다.
- 과료 : 벌금과 같으나 그 금액이 2천원 이상 5만원 미만인 형벌이다.
- 몰수 : 원칙적으로 타형에 부가하여 과하는 형벌로서 범죄행위와 관계있는 일정한 물건을 박탈하여 국고에 귀속시키는 처분이다.
- 자격상실 : 수형자에게 일정한 형의 선고가 있으면 그 형의 효력으로 당연히 일정한 자격이 상실되는 형벌이다.
- 자격정지 : 수형자의 일정한 자격을 일정한 기간 정지시키는 경우다.

④ 보안처분

　　㉠ 보안처분의 정의 : 범죄자의 재사회화를 돕기 위한 대안적 제재수단이다.

　　㉡ 보안처분의 종류

　　　• 보호관찰 : 집행유예나 선고유예 판결을 받아 가석방된 범죄자를 보호관찰관이 지도·감독해 재범을 예방하는 조치다. 범죄성을 교정하며 사회에 원활하게 복귀하도록 돕는다.

　　　• 치료감호 : 심신장애나 마약중독을 겪는 경우 치료감호시설에서 치료와 재활을 하도록 하는 조치다. 치료감호 기간도 형벌 기간에 포함된다.

　　　• 사회봉사 명령 : 범죄자에게 일정기간 사회봉사를 명령하는 조치다.

　　　• 수강 명령 : 범죄자의 범죄성을 개선하고 재범을 방지하기 위해 일정기간 교육수강을 명령하는 조치다.

2. 형사절차와 인권보장

(1) 형사절차의 과정

형사절차란 범죄를 수사·심판하고 선고된 형벌을 집행하는 일련의 과정으로, 수사절차, 공판절차, 형집행절차로 구분된다.

① 수사절차

　　㉠ 수사 : 범죄행위를 발견하고 증거를 확보하는 활동이다. 고소와 고발, 신고, 자수 등을 통해 착수된다.

　　㉡ 기소 : 공소제기라고도 하며 인정된 범죄혐의에 대해 검사가 법원에 심판을 요구하는 것이다. 검사가 공소를 제기하지 않는 것은 불기소처분이라고 한다.

② 공판절차

　　㉠ 공판 : 검사의 공소 제기 후 형사재판에서 범죄 피의자의 유무죄를 판단하는 절차다.

　　㉡ 제1심 공판

　　　• 모두절차 : 공판의 첫 단계로 먼저 판사가 피고인이 이 사건의 피고가 확실함을 확인하는 인정신문을 한다. 피고인의 성명, 나이, 직업 등을 묻고 피고인에게 진술거부권이 있음을 고지한다. 검사는 피고인에 대한 공소사실을 읽고 피고인이 이를 인정하면 심리절차가 시작된다.

　　　• 심리절차 : 사건에 대한 증거조사, 피고와 증인에 대한 신문과 변론이 이어진다. 검사는 이 같은 과정에서 나온 사실을 종합해 판사에게 형을 구형하고 피고는 최후진술을 한다.

　　　• 판결선고 : 판사는 검사가 심리절차를 통해 주장한 증거가 명확한지 판단해 유죄 또는 무죄판결을 내린다. 판사는 증거가 입증되었을 때에만 유죄판결을 한다.

③ 형의 선고와 집행

　　㉠ 집행유예 : 형의 선고를 즉시 집행하지 않고 일정기간 유예하는 제도다. 범행정도가 가볍고 형의 현실적 집행이 필요 없다고 인정되는 경우에 집행을 유예한다. 유예기간이 무사히 경과되면 선고된 형의 실효를 인정하는 제도다.

ⓛ 선고유예 : 형의 선고를 미루었다가 2년이 경과하고 나면 형의 선고 자체가 없었던 것으로 간주하는 것이다.

ⓒ 가석방 : 수감된 수형자가 반성하고 있으며 성실히 수형생활을 하고 있음이 충분히 인정될 때에 형기만료 전에 수형자를 조건부로 석방하는 제도다.

ⓔ 보호처분 : 19세 미만의 소년범에게 부여되는 것으로 범행정도에 따라 보호관찰을 하거나 소년원에 송치하는 것이다.

ⓜ 국민참여재판 : 만 20세 이상의 국민 중 무작위로 선정된 배심원(예비배심원)이 참여하는 형사재판으로, 배심원으로 선정된 국민은 피고인의 유무죄에 관하여 평결을 내리고, 유죄 평결이 내려진 피고인에게 선고할 적정한 형벌을 토의하는 등 재판에 참여하는 기회를 갖게 된다. 단, 법적인 구속력은 없다.

(2) 인권보장을 위한 원칙과 제도

① 형사절차에서의 인권보장
- 적법절차의 원칙 : 범죄자를 처벌할 때에는 반드시 법률에 규정된 절차를 따라야 한다.
- 진술거부권 : 피의자는 자신에게 불리한 진술을 거부할 수 있다.
- 변호사를 선임할 수 있는 권리 : 피의자가 자신을 변호해줄 변호사의 조력을 받을 권리가 있다.
- 무죄추정의 원칙 : 혐의의 증거가 인정돼 유죄판결을 받을 때까지 무죄로 추정된다.

ⓐ 수사절차
- 구속 전 피의자 심문제도 : 수사절차에서는 불구속수사가 원칙이며, 검사가 피의자를 구속・체포하거나 증거를 수집하기 위해 주거지・직장 등을 수색할 때는 판사에게 영장을 발부받아야 한다. 이때 판사는 피의자를 불러들여 그의 입장을 듣고 구속・수색 등 검사의 수사행위가 필요한지 판단해 영장을 발부한다.
- 구속적부심 제도 : 체포・구속된 피의자가 체포・구속이 적법하고 적합한지 법원에 판단을 구하고 석방을 신청하는 제도다.

ⓑ 재판절차
- 보석제도 : 재판절차에서도 불구속이 원칙이며, 구속된 피의자는 법원에 보석금을 납부함으로써 석방될 수 있다.

② 피해자에 대한 인권보장
ⓐ 피해자 신변보호제도 : 범죄 피해자가 피의자에게 보복을 당하지 않도록 보호시설을 제공하거나 피의자의 위치를 알려주는 등 보호하는 조치다.

ⓑ 범죄 피해자 구조제도 : 피의자에게 신체적・정신적 피해를 입은 피해자와 그 가족에게 국가가 지급하는 구조금이다.

ⓒ 배상명령제도 : 피해자가 피해에 대한 보상을 신속히 받을 수 있도록, 국가가 피의자에게 배상금 지급을 명령하는 조치다.

ⓓ 형사보상제도 : 피의자가 구속・체포되었다가 무죄판결을 받아 석방됐을 때 국가를 상대로 손해배상을 청구할 수 있는 제도다.

ⓜ 명예회복제도 : 무죄판결을 받은 피의자가 자신의 무죄사실을 공표해 명예를 회복할 수 있도록
하는 제도다.

3. 근로자의 권리

(1) 노동법

① **노동법의 등장배경** : 근대사회에서는 개인의 경제적 자유를 최대한 보장하고 국가의 개입은 최소화
하면서, 소수의 자본가들이 계약자유의 원칙에 따라 다수의 노동자들에게 불리한 계약을 강요했다.
노동자들은 열악한 노동환경에서 장시간 노동에 시달렸고, 자본가와 노동자의 경제적 격차는 더욱
벌어졌다. 이로써 빈곤 등 여러 가지 사회문제도 불거지게 됐는데, 이러한 문제를 해결하고 노동자
들의 인간다운 삶을 보장하기 위해 노동법이 제정됐다.

② **노동법의 종류** : 노동법은 사용자가 노동자에게 불리한 노동계약을 강요하지 못하도록 계약자유의
원칙을 수정하거나 제한할 수 있다는 것을 근본 원리로 삼는다.

　㉠ 근로기준법 : 근로조건의 기준을 법으로 정해 근로자의 기본생활을 보장하는 법이다. 근로조건
의 기준을 정함으로써 근로자의 기본적 생활을 보장·향상시키고 균형 있는 국민경제의 발전을
위해 제정했다.

　㉡ 노동조합 및 노동관계 조정법 : 노동조합과 사용자의 노사관계를 규정하는 법으로 헌법상 노동
자가 기본적으로 누려야 할 3가지 권리인 노동3권을 구체적으로 보장한다.

(2) 근로자의 권리

① **근로기준법** : 임금, 노동시간, 유급휴가, 안전위생 및 재해보상, 최저임금제도 등 근로자가 누려야
할 최소한의 근로조건을 규정하고 있다.

② **노동조합 및 노동관계 조정법** : 근로자의 기본권리인 노동3권을 바탕으로 하며, 근로자는 근로조건
의 향상을 위해 자주적인 단결권, 단체교섭권, 단체행동권을 가진다.

　㉠ 단결권 : 근로자가 노동조합을 결성·운영하며 노동조합 활동을 할 수 있는 권리다.

　㉡ 단체교섭권 : 근로자가 근로조건을 유지하거나 개선하기 위해 단체로 모여 사용자와 교섭할 수
있는 권리다.

　㉢ 단체행동권 : 근로자가 단체로 집단적인 행동을 할 수 있는 권리다.

③ **연소근로자의 근로계약** : 연소근로자는 15세 이상 18세 미만의 근로자를 말하며, 근로계약은 법정대
리인의 동의를 받아 당사자가 직접 계약한다. 근로시간은 성인근로자보다 제한되나 휴일, 휴식시간,
최저임금 등 근로기준은 성인근로자와 똑같이 보장된다.

④ **근로자에 대한 권리침해**

　㉠ 부당행위 : 부당해고, 부당징계 등이 있다. 사용자가 근로자의 권리를 침해하는 행위다. 부당해
고를 당했을 때에는 해고된 후 3개월 이내에 지방노동위원회에 구제신청을 하거나, 법원에 소송
을 제기할 수 있다.

　㉡ 부당노동행위 : 사용자가 근로자나 노동조합의 정당한 노동3권 행사를 방해하는 행위다. 근로자
가 노동조합에 가입·조직·활동한 것을 이유로 불이익을 주는 행위, 노동조합의 불가입·탈퇴

를 고용조건으로 하는 행위, 정당한 이유 없이 단체협약이나 단체교섭을 거부하는 행위 등이 부당노동행위에 해당한다.

06 국제관계와 한반도

1. 국제관계와 국제법

(1) 국제관계의 변화

① **국제관계의 정의** : 국제사회에서 국가 간의 정치, 경제, 사회, 문화적 교류가 이뤄지면서 상호작용하는 것을 말한다.

② **국제관계의 특징**

ㄱ 주권국가가 기본적인 국제관계의 주체가 된다. 국제기구·단체 등이 주체가 되는 경우도 있다.

ㄴ 국제관계는 힘의 논리에 따라 움직이는 때가 있다. 국가 간 계약을 체결하거나 분쟁을 겪을 때 경제력과 군사력이 강한 강대국이 우위에 서는 경우가 많다.

ㄷ 국제관계에서는 한 국가의 정부처럼 주체 간의 갈등을 강제성을 갖고 해결할 정부가 존재하지 않는다. 이를 무정부성이라고 한다.

③ **국제관계의 주체**

ㄱ 주권국가

ㄴ 국제기구 : 국제사회에서 활동하는 조직으로 국제연합(UN)이나 유럽연합(EU) 같은 정부 간 국제기구(IGO)가 있고, '그린피스'나 '국경 없는 의사회'같은 국제 비정부기구(NGO)가 있다.

ㄷ 다국적기업 : 마이크로소프트, 나이키, 맥도날드처럼 세계 각지에 생산시설, 지사를 두고 활동하는 거대 기업이다.

ㄹ 세계적 시민단체, 국가원수나 국제기구 수장 등 국제적 영향력을 가진 개인 등

(2) 국제법의 의의와 한계

① **국제법의 정의** : 다수 국가들 사이에서 적용되는 법으로, 국가 상호 간의 관계 또는 국제기구, 다국적기업 등 국제조직 등에 대해 규율하는 법이다.

② **국제법의 효력** : 헌법에 의하여 체결·공포된 조약과 일반적으로 승인된 국제법규는 국내법과 같은 효력을 가진다. 우리헌법에서는 국제법에 대한 국회 동의를 요구하는 조약이 열거돼 있다.

③ **국제법의 종류** : 국가나 국제조직 상호간에 명시적으로 체결되는 '조약', 국제사회의 일반적 관행을 바탕으로 하는 '국제관습법', '법의 일반원칙' 등이 있다.

④ **국제법의 한계**

ㄱ 입법전담기관의 부재 : 국제법은 국가 간, 국가조직 간에 맺어지는 조약으로 체결 당사국들에게만 적용되어, 국제사회 전반에는 효력이 없다.

ⓛ 재판규범으로서의 한계 : 국제사법재판소 등 국제범죄나 국가 간의 분쟁을 국제법으로 해결할 국제기관이 존재하지만, 당사국들의 동의가 있어야 재판이 열린다. 또한 판결에 대한 구속력이 있지만 판결 내용을 이행하도록 강제할 방법은 없다.

　　ⓒ 세계화의 진전으로 국제법은 그 한계점이 있음에도 국제분쟁 등을 해결하는 수단으로서 그 중요성을 높이고 있다.

2. 국제문제와 국제기구

(1) 국제문제

　① 국제문제의 유형

　　㉠ 안보문제 : 인류사에서 오랫동안 이어져 온 전쟁, 분쟁, 테러 등 평화와 안보를 위협하는 국제문제다. 민족·인종·종교갈등이 빚는 국제분쟁과 민간인을 대상으로 하는 테러, 대량살상무기의 확산 등 국제안보를 위협하는 문제가 산재해 있다.

　　ⓛ 경제문제 : 기아와 질병 등 경제적 빈곤에 시달리는 국가와 국민이 여전히 존재한다. 또한 산업화 이후 선진국과 개발도상국의 지위가 벌어지며 갈등이 심화하고 있는데 이를 남북문제라 한다.

　　ⓒ 환경문제 : 산업화 이후 지구환경이 급속도로 악화되어 전 인류가 생존의 위협을 받게 되는 문제상황이다.

　　② 종교문제 : 국가와 지역·민족 간의 종교대립으로 갈등과 분쟁, 폭력이 발생하고 있다.

　　ⓜ 인권문제 : 국가와 사회에서 상대적으로 약자인 인종, 노인, 아동 등에 대한 인권침해 문제가 발생하고 있다.

　② 국제문제의 해결

　　㉠ 국제법 : 국제관계와 국제사회에서의 정의실현을 규정하는 국제법을 통해 국가 간 협의를 볼 수 있다.

　　ⓛ 국제기구 : 국제연합과 같은 국제기구에서 국가 간의 갈등을 조정하고 협의를 이끌어낼 수 있다.

　　ⓒ 외교활동 : 분쟁 당사국들이 직접 만나 협력하고 서로 이해를 구함으로써 문제를 해결할 수 있다.

(2) 국제기구의 국제적 역할

　① **국제기구의 탄생** : 인류 역사상 가장 큰 전쟁이었던 제2차 세계대전 이후로 국제 갈등을 국가들이 모여 해결하기 위한 국제기구가 탄생하기 시작했다.

　② **국제기구의 역할** : 국제기구는 세계평화를 위해 활동하며, 세계각지의 낙후된 인권을 보장하기 위해 노력한다. 또한 전 지구를 덮친 지구온난화 문제 등 환경문제를 해결하기 위해 협력한다.

　③ **국제연합(UN)** : 전쟁을 방지하고 평화를 유지하기 위해 설립된 국제기구다.

　　㉠ 설립일 : 1945년 10월 24일

　　ⓛ 설립목적 : 전쟁방지 및 평화유지, 정치·경제·사회·문화 등 모든 분야의 국제협력 증진

　　ⓒ 주요활동 : 평화유지 활동, 군비축소 활동, 국제협력 활동

ⓔ 총회 : 국제연합의 최고 의사결정기관으로 9월 셋째 주 화요일에 정기총회를 개최한다(특별한 안건이 있을 경우에는 특별총회 또는 긴급총회 소집). 한 국가마다 1표를 행사할 수 있다. 총회에 서는 국제연합의 운영 경비를 국가마다 할당한 비율에 따라 나눈다. 그러나 회원국들이 분담금 을 제대로 납부하지 않아 운영에 재정적 어려움을 겪는다.

ⓜ 안전보장이사회(안보리) : 국제연합 회원국의 평화와 안보를 담당한다. 5개의 상임이사국(미국 ・영국・프랑스・러시아・중국)과 10개의 비상임이사국으로 구성된다. 상임이사국 중 한 국가 라도 현안에 대한 의결에 반대를 표명하면 그 안건은 부결된다.

ⓗ 국제사법재판소 : 국가 간의 법률적 분쟁을 재판을 통해 해결하는 기구이며, 네덜란드 헤이그에 있다. 안보리가 선출하는 국적이 다른 15인의 재판관이 심판한다. 그러나 판결 내용을 집행하는 강제적 관할권이 없고, 당사국이 따르지 않는다 해도 이를 제재할 강력한 수단은 없다.

3. 우리나라 국제관계와 외교정책

(1) 우리나라의 국제관계

① 우리나라가 맺고 있는 국제관계

ⓐ 우리나라는 제2차 세계대전 종전 후 일제로부터 독립했지만, 자본주의의 미국과 사회주의의 소 련의 정치적 대립구도에 휘말려 6・25전쟁을 겪고 분단됐다.

ⓑ 공적개발원조(ODA) : 우리나라는 6・25전쟁 후 산업시설 기반이 거의 없는 빈곤한 상태였으나, 미국 등 많은 나라에서 공적개발원조를 받아 산업화와 급격한 경제성장을 이룰 수 있었다. 1996 년에는 경제협력개발기구(OECD)에 가입했고, 2010년에는 개발원조위원회(DAC)에 가입하면서 원조를 받던 나라에서 주는 나라로 성장했다.

ⓒ 국제개발협력 : 경제성장으로 국제무대에서 많은 나라와 정치・경제・사회・문화 등 다방면으 로 교류하고, 낙후된 개발도상국을 지원하는 국제개발협력에 뛰어들었다.

② 우리나라의 국제분쟁 : 국제분쟁이란 국가 간의 이해관계와 가치관이 충돌해 발생하는 문제를 말한다.

ⓐ 북한과의 국제분쟁 : 분단 이후 우리나라는 북한과 협력과 화해의 분위기를 연출하기도 했다. 그러나 북한은 비핵화 합의 후 이를 어기고 핵확산금지조약(NPT)을 탈퇴해 핵실험과 탄도미사 일 개발・발사 등 도발을 감행했다. 우리나라는 이를 규탄하면서 국제사회와 함께 평화적인 남 북문제 해결을 모색해왔다.

ⓑ 일본과의 국제분쟁 : 일본은 우리나라 영토인 독도를 자국의 영토로 끊임없이 주장하고 있다. 또한 일제강점기 당시 자행된 위안부 강제동원, 강제징용, 전쟁범죄에 대한 사과입장을 뒤집으 면서 한일관계에 악영향을 끼쳐왔다.

ⓒ 중국과의 국제분쟁 : 중국은 동북공정 등을 통해 고조선과 고구려・발해의 역사를 자국의 역사 라고 왜곡하고 있다. 아울러 한복, 김치 등 우리의 고유문화가 자국에서 발원한 것이라 주장하며 국제분쟁을 야기하고 있다.

(2) 바람직한 외교정책

① **외교의 정의** : 국가가 자국의 이익을 위해 국제사회에서 펼치는 교섭활동을 말한다. 과거에는 국가와 국가 간의 교류·대외활동만이 인정되었으나, 현대에는 기업과 민간의 국제교류활동을 포함한다.

② **외교에서의 협상** : 각국은 외교과정에서 협상을 벌이며 자국의 목표인 경제적·정치적 이득을 얻기 위해 상대국을 설득하거나 압력을 행사한다.

③ **외교의 중요성** : 외교정책을 잘못 펼치게 되면 국제사회에서 고립되거나 경제적·정치적 불이익을 얻을 수 있다. 또한 외교는 국익이 달린 것으로 자국의 정치·경제·사회·문화 등 다양한 방면에 큰 영향을 끼치게 된다.

④ **우리외교의 과제**

   ㉠ 한반도 평화 수호 : 우리 안보의 가장 큰 위협인 남북분단의 긴장감을 해소하기 위해 북한을 비롯한 국제사회와 긴밀히 협력하고 대화해야 한다.

   ㉡ 주변국과의 동맹관계 유지 : 미국, 중국, 일본, 러시아 등 우리나라를 둘러싼 강대국들과의 관계를 조율하고 우호를 증진해야 한다. 또한 주변국과의 동맹관계를 유지해 마찰을 빚어 국익에 손상이 가지 않도록 유의해야 한다.

   ㉢ 국제기구 활동 : 우리나라는 국제무대에서 국제기구 활동에 적극적으로 관여하면서, 세계 평화와 빈곤퇴치, 인권신장, 환경보호 등 국제문제 해결에 동참해야 한다.

   ㉣ 무역·기술교류 확대 : 세계경제에서 고립되지 않도록 다른 국가와 활발히 무역해야 하며, 기술교류를 확대해 국가경쟁력을 키워나가야 한다.

출제예상문제

01 밑줄 친 ㉠에 대한 설명으로 가장 적절한 것은?

> 법치주의는 국민의 자유와 권리를 보장하기 위해 입법부에서 제정한 법률에 따라 권력을 행사하는 것이다. 그런데 히틀러가 이끌던 독일 나치정권의 사례에서 볼 수 있듯이 ㉠ 법치주의가 통치자의 합법적 독재를 정당화하는 논리로 악용되기도 했다.

① 법적절차와 형식준수를 무시하는 것이다.
② 통치자보다 법이 우위에 있음을 보여주는 것이다.
③ 정치권력의 행사가 형식적 합법성을 갖추지 못한 것이다.
④ 법의 목적과 내용이 실질적인 정당성을 갖추지 못한 것이다.

해설
통치의 합법성만을 중시하는 형식적 법치주의에서는 인권을 침해하고 독재를 정당화하는 문제가 발생하기도 한다. 오늘날에는 형식적 합법성을 갖출 뿐만 아니라 법의 목적과 내용도 정의에 부합해야 한다는 실질적 법치주의가 강조된다.

02 다음 밑줄 친 ㉠, ㉡에 해당하는 옳은 사례만을 〈보기〉에서 있는 대로 고른 것은?

> 정의는 평균적 정의와 배분적 정의로 구분할 수 있다. ㉠ 평균적 정의는 차이를 고려하지 않고 누구에게나 똑같이 대우해 주는 형식적 평등을 통해 실현된다. 이와 달리 ㉡ 배분적 정의는 개인의 능력과 필요 등의 상황을 반영하여 '같은 것은 같게, 다른 것은 다르게' 대우하는 실질적 평등을 통해 실현된다.

보기
ㄱ. ㉠ 모든 선거권자는 선거에서 1인 1표를 행사할 수 있다.
ㄴ. ㉠ 국가는 소득 및 재산에 따라 세율을 차등 적용해 세금을 부과한다.
ㄷ. ㉡ 대학수학능력시험에서 시각장애 수험생에게는 점자 문제지가 제공된다.
ㄹ. ㉡ 최소한의 생계유지가 곤란한 사람에게는 국민기초생활 보장제도에 따라 필요한 급여가 지급된다.

① ㄱ, ㄴ
② ㄱ, ㄷ
③ ㄴ, ㄹ
④ ㄱ, ㄷ, ㄹ

해설
ㄴ. 국가가 소득 및 재산의 크기에 따라 세율을 차등 적용해 세금을 부과하는 것은 배분적 정의에 해당하는 사례이다.

03 정치를 바라보는 A, B의 관점에 대한 설명으로 옳은 것은?

> 교사 : 얼마 전 우리학교에서는 학생회, 학부모회, 교원 간의 의견을 조율해 체험활동 장소를 정했습니다. 이러한 사례도 정치라고 할 수 있을까요?
> A : 정치권력을 획득·유지·행사하는 국가고유의 활동이 아니므로 정치라고 할 수 없습니다.
> B : 다양한 집단 간 발생하는 이해관계를 조정하는 행위이므로 정치라고 할 수 있습니다.

① A의 관점은 B에 비해 정치의 의미를 넓게 정의한다.
② A의 관점은 B에 비해 공동문제를 해결하는 의사결정에 참여하는 주체가 다양하다고 본다.
③ B의 관점은 A에 비해 다원화된 현대사회의 정치현상을 설명하기 용이하다.
④ B의 관점은 A와 달리 의회의 입법활동을 정치로 본다.

해설
A의 관점은 좁은 의미로 정치를 바라보는 관점, B의 관점은 넓은 의미로 정치를 바라보는 관점에 해당한다.
① B의 관점은 A의 관점에 비해 정치의 의미를 넓게 정의한다.
④ A, B의 관점은 모두 의회의 입법활동을 정치로 본다.

04 다음 중 '이것'에 대한 설명으로 옳지 않은 것은?

> '이것'은 국민의 기본적 인권을 규정하고 이를 보장할 수 있도록 국가의 통치조직과 운영 원리를 정한 국가의 최고규범이다. 법률이나 명령, 규칙 등 다른 모든 법이나 정책은 '이것'이 정한 바에 따라 제정·시행된다.

① 기본권을 제한하여 통치권을 강화하는 것이 목적이다.
② 하위법령의 정당성을 평가하는 기준이 된다.
③ 입헌주의를 실현하기 위해서 반드시 필요하다.
④ 국민주권주의와 권력분립의 원리를 담고 있다.

해설
위 글의 '이것'은 헌법이다. 헌법은 기본권 제한이 아닌, 기본권을 보장하기 위한 국가의 최고규범이다.

05 다음은 근대시민혁명 과정에서 발표된 선언문의 일부다. 이에 대해 바르게 이해한 사람을 〈보기〉에서 고른 것은?

> 모든 사람은 평등하게 창조되었으며, 그들은 창조주로부터 양도할 수 없는 일정한 권리를 부여받았다. 여기에는 생명, 자유, 행복을 추구할 권리가 포함되어 있다. 그리고 이러한 권리를 확보하기 위하여 인류는 정부를 수립하였으며, 정부의 정당한 권력은 국민의 동의로부터 나온다. 만약 어떠한 형태의 정부라 하더라도 이러한 목적을 파괴한다면 그 정부를 개혁하거나 폐지하여 새로운 정부를 조직하는 것은 국민의 권리이다.

보기

A : 복지국가를 추구한다.
B : 국민의 저항권을 인정한다.
C : 사회계약론과 국민주권론을 반영한다.
D : 인권을 국가에 의해 부여되는 권리로 본다.

① A, B   ② A, C
③ B, C   ④ B, D

해설
위 글은 미국독립혁명에서 발표된 독립선언문의 일부다. 사회계약론과 국민주권론, 천부인권사상의 영향을 받았으며 국민의 저항권을 인정하였다.

06 밑줄 친 ⊙~©에 대한 설명으로 옳은 것은?

구 분	구 성
국 회	⊙ 국회의원으로 구성
정 부	ⓒ 대통령, 국무총리, 국무회의, 감사원 등으로 구성
법 원	© 대법원, 고등법원, 지방법원 등으로 구성

① ⊙은 재직 중 형사처벌을 받지 않는다.
② ⊙은 법을 해석하고 적용하는 역할을 수행한다.
③ ⓒ은 국가원수로서 외국에 대하여 국가를 대표한다.
④ ©은 국회에 법률안을 제출할 수 있다.

해설
우리나라 대통령은 행정부의 수반이자 국가원수다.
② 법적분쟁이 발생했을 때, 법을 해석하고 적용하여 분쟁을 해결하는 역할을 담당하는 헌법기관은 법원이다.

07 정치참여집단 A, B에 대한 설명으로 옳은 것은?(단, A와 B는 각각 시민단체, 이익집단 중 하나다.)

> • 일반시민들로 구성된 단체인 A는 공정선거를 위한 캠페인, 서명운동 등을 전개하고 있다.
> • 특정직업인으로 구성된 단체인 B는 자신들의 이익을 실현하기 위해 의회에 압력을 가하고 있다.

① A는 공직선거에 후보자를 공천한다.
② A는 공익과 공공선의 실현을 추구한다.
③ B는 자신들의 행위에 대한 정치적 책임을 진다.
④ B는 공공문제 해결을 목적으로 결성된 집단이다.

해설
A는 시민단체, B는 이익집단에 해당한다. 시민단체는 공공선과 공익실현을 목적으로 시민들이 자발적으로 참여해 구성한다.

08 (가)~(다)는 정치과정과 관련된 사례다. 이에 대한 옳은 설명을 〈보기〉에서 고른 것은?

> (가) 시민단체의 주도하에 많은 시민들이 성범죄에 대한 처벌강화 및 대책마련을 요구하는 집회와 시위를 개최했다.
> (나) 국회는 성범죄 관련 법률을 개정하기 위해 공청회를 실시해 전문가 및 시민들의 의견을 수렴했다.
> (다) 경찰 및 관련부처는 여론을 반영해 성범죄 단속을 강화하고, 성범죄를 예방하기 위한 홍보활동을 실시했다.

보기
ㄱ. (가)에서는 시민들이 특정집단만의 이익을 옹호한다.
ㄴ. (나)에서는 시민들의 다양한 이익이 집약된다.
ㄷ. (다)에서는 행정기관이 정책을 집행하고 있다.
ㄹ. (나)에는 (가)와 달리 이익표출이 나타나 있다.

① ㄱ, ㄴ   ② ㄱ, ㄷ
③ ㄴ, ㄷ   ④ ㄴ, ㄹ

해설
ㄴ. 여러 시민들의 의견을 수렴하는 것은 다양한 이익을 집약하는 것으로 볼 수 있다.
ㄷ. 경찰 및 관련부처의 조치는 행정기관의 정책집행으로 볼 수 있다.

09 A국과 B국의 정당제도에 대한 설명으로 옳은 것은?

> A국과 B국 모두 의원내각제를 채택하고 있다. A국은 네 개의 정당이 의회의석을 골고루 나누어 가지고 있으며, 의회 내 제1당의 의회의석 비율은 32%이다. 반면 B국은 전통적으로 정권교체가 가능한 두 개의 대표적인 정당이 정권을 획득하기 위해 경쟁하고 있다.

① A국은 B국에 비해 정치적 책임 소재가 분명하다.
② A국은 B국에 비해 정당 간 대립 시 중재가 용이하다.
③ B국은 A국에 비해 다수당의 횡포가 나타날 가능성이 낮다.
④ B국은 A국에 비해 국민의 다양한 의사를 반영하기 용이하다.

해설
A국의 정당제도는 다당제, B국의 정당제도는 양당제이다. 다당제는 양당제에 비해 정당 간 대립 시 중재가 용이하다.
① 양당제는 다당제에 비해 정치적 책임소재가 분명하다.
③ 다당제는 양당제에 비해 다수당의 횡포가 나타날 가능성이 낮다.
④ 다당제는 양당제에 비해 국민의 다양한 의사를 반영하기 용이하다.

10 대표결정방식 A~C의 일반적인 특징으로 옳은 것은?

> 대표결정방식은 크게 A, B, C로 나뉜다. A는 유권자가 자신이 속한 선거구에 출마한 후보들 중 지지하는 사람에게 투표하면, 그 중 최다득표자 한 명을 당선자로 결정하는 방식이고, 득표순으로 일정 인원을 당선자로 결정하는 방식은 B이다. 반면 C는 유권자가 자신이 지지하는 정당에 투표하면, 그 득표율에 따라 각 정당에 의석을 배분하는 방식이다.

① A는 한 선거구 내에서 표의 등가성 문제가 발생할 수 있다.
② B는 소선거구제에서 사용되는 방식이다.
③ 우리나라 비례대표의원 선거에서는 C를 시행하고 있다.
④ B는 A에 비해 선거비용이 적게 들고 선거관리가 쉽다.

해설
A는 다수대표제, B는 소수대표제, C는 비례대표제다. 우리나라 비례대표의원 선거에서는 비례대표제를 시행하고 있다.

11 다음 근대 사회계약론자의 주장에 대한 설명으로 옳은 것은?

> 자연상태에서 인간은 자유롭고 평등하지만 타인으로부터 권리를 침해받을 위험에 놓여 있다. 이러한 불안상태를 해소하고 자신들의 권리를 제도적으로 보장받기 위해 계약을 맺어 국가를 수립했다. 개인들은 국가가 자신들의 자유와 권리를 침해할 경우 부당한 권력에 대항할 수 있다.

① 군주의 통치권강화에 긍정적이다.
② 국가를 수단이 아닌 목적으로 간주한다.
③ 직접민주정치를 이상적인 정치형태로 본다.
④ 정당성을 상실한 국가권력에 대한 저항권을 인정한다.

해설

위 글은 근대 사회계약론자인 로크의 주장이다. 로크는 국가가 개인의 자유와 권리를 보장하기 위해 존재하며, 정당성을 상실한 국가권력에 대해 국민은 저항권을 행사할 수 있다고 보았다.

12 밑줄 친 기본권에 대한 설명으로 옳은 것은?

> 개인은 <u>자신의 자유로운 생활에 대하여 국가의 간섭이나 침해를 받지 않을 권리</u>를 가진다. 이와 관련하여 우리 헌법에서는 모든 국민이 법률에 의하지 아니하고는 체포 · 구속 · 압수 · 수색 또는 심문을 받지 아니한다고 규정하는 등 신체의 자유를 보장하고 있다.

① 소극적이고 방어적인 성격을 갖는다.
② 침해당한 기본권의 구제를 위한 수단적 권리다.
③ 최소한의 인간다운 생활을 보장하기 위한 권리다.
④ 복지국가의 이상을 실현하기 위해 등장한 권리다.

해설

밑줄 친 기본권은 자유권이다. 자유권은 개인이 국가권력의 간섭이나 침해를 받지 않도록 하는 소극적 · 방어적 권리다. ②는 청구권, ③과 ④는 사회권에 대한 설명이다.

13 다음은 우리 헌법의 기본원리 A, B를 정리한 것이다. 이에 대한 설명으로 옳지 않은 것은?(단, A와 B는 국민주권주의, 복지국가의 원리 중 하나다.)

헌법 원리	A	B
관련 헌법 조문	대한민국의 주권은 국민에게 있고, 모든 권력은 국민으로부터 나온다.	모든 국민은 인간다운 생활을 할 권리를 가진다.
실현 방안	(가)	(나)

① A는 국민의 자유로운 주권행사를 보장한다.

② B는 자본주의 발달과정에서 나타난 문제점을 해결하기 위해 등장했다.

③ A와 달리 B는 국가의 역할을 최소화함으로써 실현된다.

④ (나)에는 '사회보장제도의 시행'이 들어갈 수 있다.

해설

A는 국민주권주의, B는 복지국가의 원리이다. 복지국가의 원리를 실현하기 위해 국가는 사회보장제도 및 소득재분배 정책을 추진하는 등 적극적인 역할을 수행해야 한다.

14 다음 교사의 질문에 대한 대답으로 가장 적절한 것은?

> 교사 : 헌법에서 '자유민주주의 원리'를 실현하기 위한 내용을 말해볼까요?
> A : 복수정당제와 자유로운 정당활동을 보장해야 합니다.
> B : 대통령은 평화통일을 위해 노력해야 합니다.
> C : 국민의 평생교육진흥을 위해 노력해야 합니다.
> D : 국제법에 따라 외국인의 지위를 보장해야 합니다.

① A

② B

③ C

④ D

해설

자유 민주주의는 복수정당제와 자유로운 정당활동을 보장함으로써 실현될 수 있다.

② 평화통일 지향, ③ 문화국가의 원리, ④ 국제 평화주의와 관련 있다.

15 우리나라 헌법기관 A~C에 대한 설명으로 옳은 것은?

> 헌법이나 법률이 정한 공무원이 그 직무집행에 있어 헌법이나 법률을 위반한 때에 A는 탄핵소추를 의결할 수 있다. 탄핵소추의 의결을 받은 자는 B의 탄핵심판이 있을 때까지 그 권한이 정지되며 B에서 탄핵결정을 할 때에는 C가 임명한 B의 재판관 중 6인 이상의 찬성이 있어야 한다.

① A는 행정부 최고심의기관이다.
② B는 3심제의 최종심을 담당한다.
③ C의 임기는 5년이며 중임할 수 있다.
④ B의 재판관 중 3인은 A에서 선출한다.

해설

A는 국회, B는 헌법재판소, C는 대통령이다.
① 행정부의 최고심의기관은 국무회의다.
② 3심제의 최종심을 담당하는 기관은 대법원이다.
③ 대통령의 임기는 5년이며 중임할 수 없다.

16 다음 사례에 대한 법적판단으로 옳은 것은?

> '합의부'가 맡아야 할 형사사건을 '단독 판사'가 처리했다가 ⊙ 대법원에서 판결이 파기되었다. 갑은 배우자에 대한 상습 특수상해죄로 기소되었다. 이 사건의 경우 형법과 법원 조직법에 의하면 1심 관할법원은 ⓒ 지방법원 및 지원의 합의부이다. 그러나 1심을 ○○ 지방법원 △△ 지원 단독판사가 판결하였으므로 대법원은 갑의 재판에 대한 1심과 ○○ 지방법원 합의부의 원심판결을 파기했다.

① ⊙은 위헌정당에 대한 해산심판권을 가진다.
② ⓒ은 대통령선거의 효력에 대한 재판을 담당한다.
③ 대법원은 이 사건의 2심을 고등법원에서 담당해야 한다고 보았다.
④ 신속한 재판을 위해 심급제도를 두고 있다.

해설

대법원은 사건의 1심을 ○○ 지방법원 △△ 지원 단독판사가, 원심을 ○○ 지방법원 합의부가 한 것에 대하여 형법과 법원조직법에 근거하여 재판의 관할이 잘못되었다고 보아 판결을 파기했다. 대법원은 이 사건의 1심을 지방법원 및 지원 합의부, 2심을 고등법원에서 담당해야 한다고 보았다.
① 위헌정당해산 심판권은 헌법재판소의 권한이다.
② 대통령 선거의 효력에 대한 재판은 대법원이 담당한다.
④ 심급제도는 공정한 재판을 통해 국민의 기본권을 보장하기 위함이다.

17 A, B와 같은 정치참여집단의 일반적인 특징으로 가장 적절한 것은?

> • A와 정부는 당정협의회를 통해 경제정책방향에 대해 논의했다. A의 원내대표는 조세의 형평성 제고에 주력할 것을 정부에 주문했다.
> • B 소속조합원들은 근로조건에 대한 단체교섭이 결렬되자 감속운행, 정차시간 준수 등 합법적인 쟁의행위를 예고했다.

① A는 정부와 의회를 매개하는 역할을 한다.
② A는 B와 달리 대의정치의 한계를 보완한다.
③ B는 A와 달리 공익추구를 목적으로 한다.
④ A, B 모두 자신들의 활동에 대해 정치적 책임을 진다.

해설

A는 정당, B는 이익집단이다. 정당은 당정협의회를 통해 정부와 의회를 매개하는 역할을 한다.
② 이익집단은 대의제의 한계를 보완한다.
③ 이익집단은 특수이익인 사익을 추구한다.
④ 자신들의 활동에 대해 정치적 책임을 지는 것은 정당이다.

18 다음 일기에 대한 내용 중 옳은 설명을 〈보기〉에서 고른 것은?

> 20XX년 5월 ○○일
> 처음으로 공직선거에서 투표를 했다. (가) 행정부의 수반인 A를 내 손으로 직접 뽑아보니, 국가권력의 주인이 국민임을 실감할 수 있었다. 3년 뒤에는 법률을 제·개정하는 헌법기관의 구성원인 B를 뽑을 텐데, 그때에도 소중한 내 한 표를 잘 행사해야겠다.

보기

> ㄱ. (가)를 통해 선거가 국민의 주권의식을 높일 수 있음을 알 수 있다.
> ㄴ. A의 임기는 5년이다.
> ㄷ. B의 법정인원수는 선거구 수와 일치한다.
> ㄹ. A, B를 선출하는 것은 직접민주정치의 요소다.

① ㄱ, ㄴ   ② ㄱ, ㄷ
③ ㄴ, ㄷ   ④ ㄴ, ㄹ

해설

A는 대통령, B는 국회의원이다. 대통령의 임기는 5년, 국회의원의 임기는 4년이다. (가)에서는 국민의 주권의식을 높이는 선거의 기능이 나타나 있다.

19 밑줄 친 ㉠~㉣에 대한 설명으로 옳은 것은?

> • ㉠ ○○법률 일부개정안이 ㉡ 국회의결을 거쳐 공포됐다. 이 개정안은 범죄를 줄이기 위해 벌금액을 상향조정하는 내용을 담고 있다.
> • 대통령임기와 중임여부 등 다양한 사안에 대한 헌법개정이 논의되고 있다. 헌법개정을 위해서는 ㉢ 국회의결과 ㉣ 국민투표를 통해 확정하는 과정이 필요하다.

① 국회의원은 단독으로 ㉠을 제출할 수 있다.
② 소관 상임위원회의 심사를 거쳐야만 ㉡을 할 수 있다.
③ ㉢을 위해서는 국회재적 의원 과반수의 찬성이 필요하다.
④ ㉣을 위해서는 국회의원 선거권자 과반수의 투표와 투표자 과반수의 찬성이 필요하다.

해설
국민투표를 통한 헌법개정안 확정요건은 국회의원 선거권자 과반수의 투표와 투표자 과반수의 찬성이다.
① 10인 이상의 국회의원이나 정부가 법률안을 제출할 수 있다.
② 법률안의 본회의 상정은 국회의장의 직권으로도 가능하다.
③ 헌법개정을 위한 국회의결 정족수는 재적의원 3분의 2 이상의 찬성이다.

20 밑줄 친 재판의 종류로 옳은 것은?

> 갑은 을에게 폭언 및 폭행 등의 괴롭힘을 지속적으로 당해 왔다. 이에 갑은 을을 경찰에 고소하는 한편, 재판을 청구해 그동안의 치료비와 정신적피해에 대한 위자료를 받아내기로 마음먹었다.

① 선거재판
② 민사재판
③ 형사재판
④ 행정재판

해설
치료비 및 위자료 청구는 불법행위에 따른 손해배상을 받기 위한 것이다. 이는 민사재판을 통해 이뤄진다.

21 민법의 기본원리인 (가)에 대한 진술로 옳은 것은?

> 갑은 A회사가 제조·판매한 전기용품을 구입하여 용도에 맞게 사용하던 중, 전기용품의 결함으로 화재가 발생하여 신체 및 재산상 손해를 입었다. 이 경우 갑은 A회사를 상대로 손해배상을 청구할 때 A회사의 과실을 입증하지 않아도 된다. 이는 (가)에 따른 제조물 책임법이 적용되기 때문이다.

① 소유권의 행사는 공공복리에 적합해야 한다.
② 고의나 과실이 없어도 타인에게 피해를 준 경우 일정한 요건에 따라 책임을 져야 한다.
③ 법률관계의 형성은 개인의 자유로운 의사에 기초해야 한다.
④ 사회질서에 위반되거나 공정하지 못한 계약은 무효로 한다.

해설

(가)는 무과실 책임의 원칙이다. 무과실 책임의 원칙은 고의나 과실이 없어도 타인에게 피해를 준 경우 일정요건에 따라 책임을 져야 한다는 원칙이다.

22 다음 사례에 대한 법적 판단으로 옳은 것은?

> 중학교 1학년인 A는 영업사원 B로부터 잡지의 정기구독권을 현금으로 결제하면 할인해 준다는 제안을 받았다. A는 정기구독권이 거액임에도 부모의 동의 없이 계약을 체결했다. 다음 날 이를 알게 된 부모는 A에게 계약을 취소하라고 하였다.

① A는 계약을 취소할 수 있다.
② A와 B가 체결한 계약은 무효이다.
③ A의 부모와 B가 계약의 당사자이다.
④ B가 거부하면 A는 계약을 취소할 수 없다.

해설

미성년자가 법정대리인의 동의 없이 계약을 한 경우 미성년자 본인 또는 법정대리인이 계약을 취소할 수 있다.

23 다음 사례에 대한 옳은 법적 판단만을 〈보기〉에서 고른 것은?

> • A(18세)는 아르바이트를 마친 후 친구를 만나기 위해 급하게 오토바이를 타고 가던 중 행인을 치어 다치게 했다. 이로 인해 행인은 전치 3주의 부상을 입었다.
> • B(7세)는 법정대리인 C가 한 눈을 판 사이 불장난을 했다가 불이 커져 D의 주택으로 불이 옮겨 붙었다. 이로 인해 D의 주택에 화재가 발생해 D에게 재산상 손해가 발생했다.

보기

ㄱ. A의 법정대리인은 특수불법행위 책임을 진다.
ㄴ. C는 책임 무능력자의 감독자 책임을 진다.
ㄷ. B와 C는 모두 D에게 공동불법행위 책임을 진다.
ㄹ. A는 B와 달리 일반불법행위 책임을 진다.

① ㄱ, ㄴ   ② ㄱ, ㄷ
③ ㄴ, ㄷ   ④ ㄴ, ㄹ

해설
A는 일반불법행위 책임을 진다. B는 책임능력이 없으므로 B의 법정대리인인 C가 특수불법행위 책임을 진다. A는 일반불법행위 책임을 지므로 A의 법정대리인은 특수불법행위 책임을 지지 않는다.

24 다음 사례에 대한 법적판단으로 옳은 것은?

> 갑과 을은 협의이혼하였고 혼인 중에 출생한 자식 A(8세)는 을이 양육하기로 하였다. 이후 갑은 병과 결혼식을 치르고 살았지만 혼인신고는 하지 않았다.

① 갑은 A에 대한 면접교섭권을 가진다.
② 갑과 을은 법원판결에 의해 이혼했다.
③ 갑과 을은 이혼숙려기간을 거치지 않고 이혼했다.
④ 갑과 병은 법률혼 관계이다.

해설
협의이혼을 하려면 법원에서 이혼의사 확인절차를 거쳐야 한다. 이혼을 하면 부모 중 자녀를 양육하지 않는 사람은 자녀에 대한 면접교섭권을 가진다.

25 밑줄 친 ⊙~ⓒ에 대한 법적 판단으로 옳은 것은?

> A는 B의 지갑을 주웠다가 돌려주지 않았는데, 절도혐의로 경찰수사를 받게 되자 뒤늦게 B에게 돌려주었다. 하지만 경찰은 절도혐의로 A를 입건하였고, 구속된 후 ⊙ 기소된 A에게 ⓛ 1심법원은 절도죄가 성립하지 않는다고 보아 무죄를 선고했다. 검사는 1심법원 판결에 불복해 항소했고, ⓒ ○○지방법원은 A의 절도죄를 인정하여, A에게 징역 6월에 집행유예 1년을 선고했다.

① A는 ⊙ 이후 구속적부심사를 청구할 수 있다.
② ⓛ은 ○○지방법원 합의부다.
③ ⓒ은 1년의 유예기간이 지나면 면소된 것으로 간주되는 판결을 했다.
④ ⓒ의 판결이 확정되면, A는 형사 보상을 청구할 수 없다.

해설
① 구속된 피의자는 법원에 구속적부심사를 청구할 수 있다.
② 항소심을 지방법원에서 담당했으므로 1심은 지방법원 단독판사가 담당한다.
③ 지방법원은 1년의 유예기간이 지나면 형 선고의 효력을 잃게 하는 판결을 했다.

26 밑줄 친 부분에 해당하는 사례로 옳은 것은?

> 성인인 A는 ○○죄 혐의로 고소를 당해 수사기관의 수사를 받았다. 하지만 수사기관은 A의 행위가 구성요건에는 해당하지만 위법성이 조각되어 범죄가 성립하지 않는 경우라고 판단해 기소하지 않았다.

① 자녀의 수술비를 마련하기 위해 타인의 현금을 훔친 경우
② 자신에게 돌진하는 차량을 피하려고 가게 유리창을 파손한 경우
③ 친구의 허락을 받고 친구 아버지의 시계를 훔쳐 처분한 경우
④ 자신의 생명에 대한 심각한 위협을 받아 법정에서 거짓 증언한 경우

해설
자신에게 돌진하는 차량을 피하려고 가게 유리창을 파손한 경우는 긴급피난에 해당해 위법성이 조각된다.

27 (가)~(다)에 대한 옳은 설명을 〈보기〉에서 고른 것은?

노동3권	의 미
(가)	근로자가 자유로이 노동조합을 조직하거나 이에 가입할 수 있는 권리
(나)	근로자가 그들의 주장을 관철하기 위하여 일정한 절차를 거쳐 쟁의행위를 할 수 있는 권리
(다)	노동조합의 대표자가 그 노동조합 또는 조합원을 위하여 사용자나 사용자 단체와 교섭하고 단체협약을 체결할 수 있는 권리

> **보기**
>
> ㄱ. (가)를 행사했다는 이유로 사용자가 근로자를 해고하는 것은 위법이다.
> ㄴ. 파업은 (나)를 행사하는 수단 중 하나다.
> ㄷ. 임금은 (다)의 행사 시 교섭대상이 될 수 없다.
> ㄹ. (나)는 '단결권', (다)는 '단체 행동권'이다.

① ㄱ, ㄴ   ② ㄱ, ㄷ

③ ㄴ, ㄷ   ④ ㄴ, ㄹ

> **해설**
>
> (가)는 단결권, (나)는 단체행동권, (다)는 단체교섭권이다. 노동3권은 헌법에 의해 보장되는 노동자의 권리로서, 이를 행사했다는 이유로 노동자를 해고하거나 불이익을 주는 것은 위법이다.

28 밑줄 친 ㉠~㉣에 대한 설명으로 옳은 것은?

> 플라스틱 쓰레기로 인한 바다오염 문제를 해결하기 위해 국제사회가 함께 노력하고 있다. 그린피스와 같은 ㉠ 국제환경단체들이 적극적으로 앞장서고 있으며, 국제여론에 부응하여 ㉡ 일부 선진국들은 자국의 법적규제를 통해 플라스틱의 생산·소비를 억제하고 있다. 또한 ㉢ 개인들도 일회용 플라스틱 사용을 자발적으로 줄이고 있다. 아울러 ㉣ 국제연합(UN)이 문제해결을 위해 국제적 협력을 더 적극적으로 이끌어 내야 한다는 목소리가 커지고 있다.

① ㉠은 각국 정부의 기금출연을 통해 설립된다.
② ㉡은 국제법에 의해 강제된 것이다.
③ ㉣은 ㉠과 달리 정부 간 국제기구이다.
④ ㉣의 형식상 최고의결기구는 안전보장이사회다.

> **해설**
>
> 국제환경단체는 시민들의 자발적 참여를 통해 조직 및 운영되는 비정부기구이고, 국제연합은 각국 국가를 회원으로 하는 정부 간 국제기구이다.

29 다음에서 국제사회를 바라보는 A, B의 관점에 대한 설명으로 옳은 것은?

> 사회자 : 기후협약에 대해 각국이 어떻게 대응할 것으로 보십니까?
> A : 국제사회는 상호신뢰와 합의에 따라 공동이익을 추구합니다. 따라서 각국은 기후협약 이행에 동참할 것입니다.
> B : 국제사회는 힘의 논리가 지배합니다. 따라서 일부 강대국이 거부하면 기후협약의 이행을 강제하기 어렵습니다.

① A의 관점은 국가 간 힘의 균형을 중시한다.
② B의 관점은 국제법과 국제기구의 역할을 중시한다.
③ A의 관점은 국가가 이성적 · 도덕적 행위를 한다고 본다.
④ B의 관점은 개별국가가 자국이익보다 국제사회 전체의 이익을 우선시한다고 본다.

해설

A는 자유주의적 관점, B는 현실주의적 관점을 가지고 있다. 자유주의적 관점에서는 국가가 이성적 · 도덕적 행위를 한다고 보고 국제법과 국제기구의 역할을 강조한다. 현실주의적 관점에서는 국가가 자국이익만을 추구하는 이기적인 존재라고 보고 힘의 논리를 중심으로 국제관계를 파악한다.

30 밑줄 친 ㉠~㉣에 대한 설명으로 옳지 않은 것은?

> ㉠ 국제사법재판소
> • 역할 : 국가 간 법적분쟁을 국제법에 따라 해결한다.
> • 특징 : 국가만이 ㉡ 사건 당사자가 될 수 있다.
>
> ㉢ 안전보장이사회
> • 역할 : 국제평화와 안전유지를 위해 의사결정을 한다.
> • 특징 : ㉣ 상임이사국이 거부권을 행사할 수 있다.

① ㉠은 국제연합의 사법기관이다.
② ㉠은 ㉡이 판결에 불복하면 직접 제재할 수 있다.
③ ㉢은 5개 상임이사국과 10개 비상임이사국으로 구성된다.
④ 실질적 의결에서 ㉣ 중 한 국가라도 반대표를 행사하면 안건이 부결된다.

해설

국제사법재판소의 판결에 대해 당사국들이 불복하면 국제사법재판소가 취할 수 있는 직접적인 제재수단은 없다.

31 다음 헌법재판 유형 A, B에 관한 설명으로 옳은 것은?

> A : 피청구인 ○○당을 해산한다. 피청구인 소속 국회의원 갑, 을은 의원직을 상실한다.
> B : 형법 제72조 제1항 중 '무기징역' 부분에 대한 위헌법률심판제청을 각하한다.

① A는 탄핵심판, B는 위헌심사형 헌법소원심판에 해당한다.
② A는 정부에 의해 제소된 정당의 해산여부를 결정하는 심판이다.
③ B는 공권력에 의해 기본권을 침해당한 국민이 청구할 수 있다.
④ B와 달리 A는 국가기관 상호 간의 권한에 대한 다툼을 심판한다.

해설
① A는 정당해산심판, B는 위헌법률심판이다.
③ 공권력에 의해 기본권을 침해당한 국민이 청구할 수 있는 심판은 헌법소원심판이다.
④ 권한쟁의심판은 국가기관 상호 간의 권한에 대한 다툼을 해결한다.

32 정치를 바라보는 A와 B의 관점에 대한 설명으로 옳은 것은?

> A : 정치의 주체는 국가이며, 정치는 국가의 고유활동이다. 국가는 물리적 강제력을 독점적으로 행사해 사회적 갈등을 해결하고 질서를 유지한다.
> B : 국가도 여러 사회집단 중 하나일 뿐이다. 정치란 국가를 포함한 사회집단이나 사회적 관계에서 나타나는 이해관계의 갈등을 해결하는 모든 활동을 의미한다.

① A의 관점은 국가가 형성되기 이전의 정치현상을 설명하기에 적합하다.
② A의 관점은 학급투표를 통해 체험활동 장소를 결정하는 것을 정치라고 본다.
③ B의 관점은 다원화된 현대사회의 정치현상을 설명하기에 적합하지 않다.
④ A와 B의 관점은 모두 정부가 정책을 수립하는 활동을 정치라고 본다.

해설
A는 정치를 좁은 의미로 바라보고, B는 넓은 의미로 정치를 바라본다.
① B의 관점은 국가가 형성되기 이전의 정치현상을 설명하기에 적합하다.
② B의 관점은 학급투표를 통해 체험활동 장소를 결정하는 것을 정치라고 본다.
③ B의 관점은 다원화된 현대사회의 정치현상을 설명하기 적합하다.

33 다음 사례에 대한 법적 판단으로 옳은 것은?

> 12세인 A와 14세 B는 장난삼아 아파트 옥상에 올라가 벽돌을 떨어뜨렸다. 이로 인해 차량이 벽돌에 맞아 재산상 손해가 발생하였다. 현장에서 이를 목격한 경찰관 C가 A와 B를 체포했고, 수사과정에서 A는 B가 시키는 대로 했을 뿐이라고 진술했다.

① A, B는 모두 형사 미성년자이므로 책임이 조각된다.
② C가 A, B를 체포한 행위는 긴급피난으로 위법성이 조각된다.
③ A, B는 모두 가정법원 소년부에 송치될 수 있다.
④ A는 B와 달리 수사과정에서 변호인의 조력을 받을 권리를 가진다.

해설
① B와 달리 A는 형사 미성년자이다.
② C가 A, B을 체포한 행위는 정당행위로 위법성이 조각된다.
④ A와 B는 모두 수사과정에서 변호인의 조력을 받을 권리를 가진다.

34 기본권의 유형 A, B에 대한 설명으로 옳은 것은?

> 현대에 새롭게 등장한 권리는 종합적인 성격을 갖고 있어서 하나의 기본권 유형으로 규정하기에 어렵다. 가령 휴식권의 경우 자유권과 사회권 중 어떤 기본권으로 분류할 것인가에 대해 견해가 갈린다. 휴식권을 '과로의 강요로부터의 자유'라는 의미로 본다면 ⎡ A ⎤으로 분류할 수 있지만, '과로로 인한 건강의 훼손상황에서 국가의 배려를 요구할 수 있는 권리'로 본다면 ⎡ B ⎤으로 분류할 수도 있기 때문이다.

① A는 가장 최근에 등장한 현대적 권리다.
② A는 헌법에 명시된 내용만 보장되는 권리다.
③ B는 국가의 존재를 전제로 인정되는 적극적 권리다.
④ B는 다른 기본권을 보장하기 위한 수단적 권리다.

해설
A는 자유권, B는 사회권이다.
① 사회권은 현대적 권리다.
② 자유권은 헌법에 명시되어 있지 않더라도 보장될 수 있는 권리다.
④ 다른 기본권을 보장하기 위한 수단적 성격의 권리는 청구권이다.

02 경 제

01 경제생활과 경제문제

1. 경제생활과 합리적 선택

(1) 경제생활의 정의

① 경제생활과 경제활동

ㄱ) 경제생활 : 대중교통을 이용하고 식당에서 식사를 하며, 가게에서 물건을 사는 등 모든 인간의 삶은 경제생활의 연속이다. 경제생활은 우리의 삶의 다양한 영역에 밀접하게 연관되며, 경제활동을 통해 물질적·정신적 욕구를 충족한다. 경제생활의 대상에는 '재화'와 '서비스'가 있다.

- 재화 : 인간의 필요와 욕구를 해결해주는 구체적인 형태가 있는 것(예 옷, 음식, 집 등)
- 서비스 : 더 나은 생활을 위해 필요한 무형의 인간의 행위(예 의료, 교육, 운전)

ㄴ) 경제활동 : 경제활동은 재화와 서비스를 생산·소비·분배하는 세 가지 활동으로 구분한다.

- 생산 : 자원을 가공해 생활에 필요한 재화나 서비스를 새롭게 만들어 내거나, 그 가치를 증대시키는 행위를 말한다. 재화를 만들고 운반·보관하는 일, 교육을 하거나 치료를 받는 등의 가치를 증가시키는 행위도 여기에 해당한다.
- 분배 : 생산활동에 참여하여 노동이나 자본, 토지 등 생산요소를 제공하고 그에 대한 대가를 받는 행위를 말한다. 노동을 제공한 사람이 임금을 받고, 자금을 빌려준 사람이 이자를 받는 것 등이 분배에 해당한다.
- 소비 : 분배 받은 소득으로 필요한 재화나 서비스를 구입하는 것을 말한다. 가게에서 물건을 사고, 병원에서 진료를 받고, 휴대전화로 통화를 하는 것 등이 모두 소비에 해당한다. 소비가 있어야 생산도 이뤄진다.

② 경제활동의 주체와 객체

ㄱ) 경제주체 : 경제활동에 참여하는 개인 또는 집단을 말한다.

- 가계 : 주로 재화와 서비스를 소비하고, 기업 등에 노동과 자본 등 생산요소를 제공한다.
- 기업 : 주로 재화와 서비스를 생산하고, 노동과 자본 등의 생산요소를 가계로부터 구매한다.
- 정부 : 가계와 기업이 낸 세금으로 교육, 교통, 의료, 행정 등 공적 서비스와 사회간접자본을 제공한다. 또한 가계와 기업이 제공하는 생산요소를 구매하고 생산물을 소비하기도 하는 생산과 소비의 주체다.
- 외국 : 세계화로 인해 국제교류가 활발해지면서 외국 정부·기업 등이 경제주체로서 역할을 키우고 있다.

ㄴ) 경제객체 : 경제활동의 대상이 되는 다양한 재화와 서비스가 경제객체가 된다.

(2) 희소성과 경제문제

① **희소성의 정의** : 희소성은 인간의 욕구는 무한하지만 이를 충족시킬 자원의 양은 한정된 상태를 말한다. 희소성은 욕구의 크기와 자원의 유형에 따라 상대적이다. 자원을 원하는 욕구는 큰 데 반해 자원의 양이 적다면 희소성은 높아지고, 욕구가 작은 데도 자원의 양이 많다면 희소성은 낮다. 희소성은 장소와 시대, 상황에 따라서도 달라질 수 있다.

② **희소성에 따른 경제문제** : 자원의 희소성은 경제활동에 있어 선택의 문제를 만들어낸다. 욕구를 충족하기 위한 시간·비용 등의 자원은 한정되어 있으므로, 어떤 욕구를 우선 충족할 것인지 합리적으로 선택해야 한다. 우리사회가 재화와 서비스를 생산·분배·소비하는 과정에서도 끊임없이 선택의 문제에 부딪힌다. 이 같은 선택의 문제를 '경제문제'라고 하며 다음 세 가지의 기본적인 경제문제와 마주치게 된다.

  ㉠ 무엇을 얼마나 생산할 것인가 : 한정된 자원으로는 모든 욕구를 충족시킬 수 없으므로, 어떤 재화나 서비스를 우선 생산할 것인지 결정해야 한다. 또한 한 가지의 재화·서비스를 생산하면 다른 재화·서비스 생산에 사용할 자원이 그만큼 줄어들게 되므로, 얼마나 생산할 것인가에 대해서도 고민해야 한다.

  ㉡ 어떻게 생산할 것인가 : 재화·서비스를 수단, 공정단계 등 어떠한 방식으로 생산해야 효율적일지 결정해야 한다.

  ㉢ 누구를 위하여 생산할 것인가 : 생산한 재화·서비스의 가치를 누가 얼마만큼 차지할 것인가 결정해야 한다. 즉 재화·서비스를 누구에게 어떻게 분배할 것인가에 대한 문제다. 기업이 재화·서비스 생산을 통해 얻은 소득을 노동자에게 어떻게 배분하는 것이 합리적인가를 고민해야 한다.

(3) 합리적 선택의 정의

① **선택의 편익과 비용**

  ㉠ 편익 : 우리가 어떤 선택을 함으로써 얻는 이득을 말한다. 가령 상인이 물건을 만들어 팔아 얻는 금전적 이득과 소비자가 물건을 구입하며 느끼는 정신적 이득이 모두 편익에 해당한다. 편익이 가장 큰 것을 선택하는 것이 가장 합리적이다.

  ㉡ 기회비용 : 어떤 선택을 함으로써 지불한 명시적 비용과 그 선택을 함으로써 포기한 암묵적 비용 중 가장 큰 것을 합친 것이다. 우리는 어떤 선택을 할 때 항상 기회비용을 염두에 두어야 한다.
    • 명시적 비용 : 상품을 구입하며 지불한 화폐처럼 어떤 선택을 하면서 직접적으로 들어간 비용을 말한다.
    • 암묵적 비용 : 어떤 선택을 함으로써 포기한 다른 대안의 가치를 말한다.

  ㉢ 매몰비용 : 어떤 선택을 할 때 이미 투입되어 다시 회수할 수 없는 비용이다. 합리적 선택을 하기 위해서는 이미 지나간 매몰비용을 고려해서는 안 된다.

② **합리적 선택의 과정** : 여러 선택지의 편익과 이에 드는 비용을 분석해 가장 적은 비용으로 가장 큰 편익을 얻는 것이 합리적 선택이다. 합리적 선택은 다음과 같은 단계를 거친다.

  ㉠ 문제인식 : 선택을 하기 전, 어떤 선택을 할 것이고 그 선택이 나에게 어떤 이득이 되는지 따져본다.

ⓒ 평가기준설정 : 합리적 선택에 대한 구체적인 평가기준을 설정하는 단계로, 각 선택지(대안)의 합리성을 어떤 방식으로 평가할 지 생각해본다.

ⓔ 정보수집과 대안탐색 : 대안을 탐색해보고 각각의 대안에 대해 구체적인 정보를 찾아본다.

ⓡ 대안평가 : 탐색한 대안을 설정한 평가기준을 토대로 편익과 비용을 평가한다.

ⓜ 최종선택과 실행 : 가장 합리적인 대안을 선택하고 실행한다.

③ **경제적 유인** : 선택의 방향을 바꾸게 하는 편익이나 비용의 변화요소를 말한다. 크게 긍정적 유인과 부정적 유인이 있는데, 이 같은 유인은 경제주체가 편익과 비용을 고려해 합리적인 선택을 할 수 있도록 한다. 특히 정부는 유인을 적절히 활용하여 국가의 경제정책을 수립하고 국가경제를 바람직한 방향으로 이끌고자 한다.

ⓖ 긍정적 유인 : 선택에 따르는 비용을 줄이거나 편익을 크게 하여 행위를 이끌어내는 유인이다. 상금이나 상여금, 세금 감면 같은 보상이 해당한다.

ⓛ 부정적 유인 : 선택에 따르는 비용을 늘리고 편익은 작게 하여 행위를 억제하는 것이다. 벌금 부과나 세금 인상 등이 이에 해당한다.

2. 경제문제의 해결방식

(1) 경제문제의 다양한 해결방식

① **경제체제에 따른 경제문제의 해결** : 희소성으로 인해 발생하는 경제문제는 사회 안의 다양한 경제주체들 사이에 갈등을 빚어낸다. 이러한 갈등을 해결하지 못하면 사회발전에도 악영향을 미칠 수 있다. 사회는 경제문제와 갈등을 해결하기 위해 '경제체제'라는 제도를 구축한다. 희소한 자원을 각각 경제주체들에게 어떻게 배분할 것인지 결정하는 방식이다. 경제체제는 경제문제를 해결하는 방식에 따라 '전통경제체제', '계획경제체제', '시장경제체제', '혼합경제체제'로 구분한다.

② **전통경제체제** : 무엇을 얼마나 생산할 것인지, 어떻게 생산할 것인지, 누구를 위하여 생산할 것인지 등의 경제문제를 오랜 전통과 관습에 따라 해결하는 체제다. 체제의 구성원들은 전통에 따른 해결방법을 잘 따르며 의문을 품지 않는다. 그러나 각자의 선택의 자유가 제한돼 자유로운 욕구충족이 어렵고, 합리적인 사회발전에 대한 논의도 이뤄지기 힘들다.

③ **계획경제체제** : 정부가 무엇을 얼마나 생산할 것인지, 어떻게 생산할 것인지, 누구를 위하여 생산할 것인지 주도적으로 계획을 수립하고 국민에게 명령해 경제문제를 해결하는 체제다. 명령경제체제라고도 한다. 이 체제에서도 개인의 선택권은 제한되며, 국가 또한 국민 개개인의 욕구 충족을 모두 계획에 반영하기 어렵다. 또한 대부분의 생산수단이 국유화되어, 개인이 생산수단을 가지고 자유롭고 창의적인 경제생활을 영위하기 어렵다.

④ **시장경제체제** : 가계와 기업이 각자의 이익을 추구하는 시장을 통해 경제문제가 자율적으로 해결되는 체제다. 가계와 기업은 선택권과 생산수단을 소유하며, 창의적이고 자유로운 경제활동을 통해 이익을 얻고 분배한다. 정부의 시장 개입은 최소화되고, 개인이 서로 자유롭게 경쟁하면서 사회 전체의 생산성도 높아진다. 그러나 한편으론 개인의 자유가 서로 충돌해 갈등을 일으킬 수 있고, 또한 개인의 자유가 공공의 이익을 침해하는 일이 발생할 수 있다. 빈부격차가 심해지기도 한다.

⑤ 혼합경제체제 : 현재 대부분의 국가는 각 국가의 상황에 맞게 혼합경제체제를 운영한다. 보통 계획 경제체제와 시장경제체제의 특성이 함께 나타난다.

(2) 시장경제의 작동원리

① 시장경제의 기본원리
　㉠ 가격 : 시장에서 결정되는 가격은 각 경제주체가 어떤 방식으로 경제활동을 운영할 것인지 결정하는 지표가 된다. 어떤 상품의 가격이 결정되면 소비자는 편익과 비용을 분석해 구입여부를 고민하고, 기업은 생산여부를 결정한다. 가격에 따라 생산·소비활동을 자발적으로 조정하는 것이다. 아울러 가격은 자원을 효율적으로 배분하는 역할을 한다. 이를 종합해보면 시장경제는 '보이지 않는 손'이라는 가격의 기능에 따라 자발적으로 흘러가게 된다.
　㉡ 개인의 이익 추구 : 시장경제에서는 개인이 이기심을 갖고 이익을 극대화하며 더 풍요로운 경제 생활을 추구할 것이라 전제한다. 이렇듯 시장경제에서는 개인이 자신의 이익을 최우선으로 추구할 때 자원이 효율적으로 분배된다.
　㉢ 자유로운 경쟁 : 시장경제에는 개인 간의 자유로운 경쟁을 통한 이익 추구가 실현된다. 욕구 충족을 위한 자원이 한정되어 있으므로 개인은 경쟁을 통해 더 많은 자원을 가지려 한다. 소비자는 더 합리적인 가격으로 상품을 구매하려 하고, 기업은 소비자를 끌어들이기 위해 합리적인 비용으로 상품을 생산하려 한다.

② 시장경제를 보장하는 제도
　㉠ 사유재산권 : 개인이나 기업이 재산을 소유하고 자유롭게 재산을 사용하거나 처분할 수 있는 사유재산권이 보장된다. 이는 체제 구성원이 각자 소유한 재산을 늘리기 위해 노력하게 하고, 또한 시장경제체계를 발전시키게 한다.
　㉡ 경제활동의 자유 : 가계는 재화·서비스를 자유롭게 구입하고, 기업이나 국가에 자유롭게 노동력·자금을 공급할 수 있다. 기업은 생산과 분배를 자유롭게 조정하며 이윤을 추구한다. 계약자유의 원칙, 직업선택의 자유 등 자유로운 경제활동을 보장하는 권리가 수반된다.
　㉢ 공정한 경쟁 : 시장경제의 질서는 공정하고 자유로운 경쟁이 이루어질 수 있어야 유지된다. 공정경쟁은 자원이 올바르게 배분되게 하고, 시장도 효율적으로 돌아가게 한다. 우리나라는 공정거래위원회를 설립해 시장에서 공정한 경쟁이 잘 이뤄지고 있는지 감시하도록 한다.

3. 경제주체의 역할

(1) 가계의 경제적 역할

가계는 구성원이 소득을 공유하면서 경제생활을 하는 경제단위로서 소비활동을 주로 담당한다. 가계는 한 가정이 될 수도, 한 개인이 될 수도 있다.

① 재화·서비스 소비 : 가계는 재화와 서비스를 소비하면서 욕구를 충족한다. 한정된 소득으로 최대의 만족을 얻기 위해 합리적으로 소비해야 한다. 가계의 소득이 감소해 소비를 줄이게 되면 기업 또한 생산을 줄이고, 생산이 위축되어 기업의 이윤이 줄면 고용을 덜 하게 되므로 가계의 소득은 더욱 감소할 수 있다. 반면 가계의 소득이 늘어 소비를 늘리면 사회 전체의 경제도 활력을 띠게 된다.

② **생산요소 공급** : 가계는 기업에 노동, 자금 등의 생산요소를 공급한다. 가계는 그 대가로 임금이나 자금에 대한 이자를 받고 이를 소득으로 삼는다. 가계는 소득으로 기업의 재화·서비스를 소비한다. 가계는 상품의 수요자와 생산요소의 공급자로서의 역할을 동시에 한다.

③ **노동자로서의 권리** : 가계는 기업에게 생산요소인 노동을 공급하고 대가로 소득을 얻는데 이러한 경제생활을 영위하는 사람들을 노동자라 한다. 시장경제에서 노동자는 기업에 비해 상대적으로 불리한 위치에 있기 때문에, 국가는 노동자의 권리를 법적으로 보호하고 노동시장이 안정적으로 유지될 수 있도록 제도적 장치를 마련한다.

(2) 기업의 경제적 역할

기업은 생산을 주로 담당하며 대기업부터 중소기업, 소상공인까지 다양한 규모와 유형이 존재한다.

① **재화·서비스 생산** : 기업의 주요한 역할은 재화·서비스를 생산해 시장에 공급하는 것이다. 기업은 소비자의 니즈를 파악하여 생산할 재화와 서비스를 선택·개발한다. 또한 최소의 비용으로 질 좋은 상품을 생산하여 이윤을 추구하고 소비자에게 만족감을 전달한다.

② **생산요소의 수요** : 기업은 주로 가계로부터 노동, 자본, 토지 등 생산요소를 공급받아 재화·서비스를 생산한다. 기업의 생산이 확대되면 가계로부터 받는 생산요소도 늘어나게 된다. 특히 노동의 대가인 임금은 가계의 주 수입원이므로, 기업의 생산증대가 가계의 소득증대를 일으키고, 고용을 활성화해 국민 전체의 경제생활 수준을 높일 수 있다. 아울러 기업은 가계에 비해 이득의 많은 부분을 국가에 세금으로 납부하는데, 국가는 세입을 바탕으로 예산을 책정해 여러 정책을 시행한다.

③ **이윤추구와 사회적 책임** : 기업의 최대목표는 이윤추구이나 그에 따른 사회적 책임도 갖는다. 기업이 이윤추구에만 무분별하게 매달린다면 상품생산 과정에서 생산비용을 줄이기 위해 노동자·소비자의 권익을 침해할 수도 있다. 또한 환경오염과 자원 황폐화를 유발할 가능성도 있다. 따라서 기업은 이윤을 추구하는 가운데서도, 사회에 긍정적인 영향을 미칠 수 있도록 사회적 책임을 지는 자세를 가져야 한다.

④ **기업가 정신** : 창의력을 발휘해 도전정신과 경영혁신을 바탕으로 시장의 불확실성을 극복해 기업을 성장시키는 정신을 갖춰야 한다.

(3) 정부의 경제적 역할

정부는 재정활동을 통해 시장의 질서를 유지하며, 재화·서비스를 생산하고 소비한다.

① **정부 재정활동** : 정부는 나라의 수입과 지출 등 살림을 운용하기 위해 재정활동을 펼친다. 정부의 수입은 주로 가계·기업이 내는 세금, 지출은 거둔 세금으로 나라 안 필요한 곳곳에서 사용하는 세출로 구성된다. 매년 정부는 재정활동계획인 예산을 짠다. 한 해 동안 세입이 얼마나 될지 따져보고, 교육·국방·행정·복지 등 분야별로 집행할 세출을 계산한다. 예산은 정부 재정활동의 바탕이 된다. 정부는 예산안을 짤 때 세입이 적재적소에 효율적으로 쓰이도록 해야 하며, 예산안을 세우는 과정이 투명하게 공개되어야 한다.

② 재정활동의 경제적 역할

  ㉠ 시장기능 보완 : 정부는 국방, 치안 등 공공서비스나 공항, 항만, 고속국도 같은 사회간접자본처럼 시장에서 직접 생산되지 않거나 공급이 적은 재화·서비스를 생산해 국민에게 공급한다. 공공서비스나 사회간접자본은 수익성이 떨어지고 막대한 초기자본이 필요하기 때문에, 시장의 민간자본이 직접 생산·공급하기 어렵다. 또한 정부는 재화·서비스마다 세율을 조정해 자원이 올바르게 배분되도록 유도하기도 한다.

  ㉡ 소득의 재분배 : 시장경제에서는 가계·기업의 자유로운 경제활동이 보장되고, 소득도 자율적으로 배분되므로 소득·빈부격차가 일어나기 쉽다. 소득격차는 사회를 계층화하고 이에 따른 갈등을 야기할 수 있어, 정부는 경제성장을 건전하게 이끌기 위해 소득을 재분배하는 역할을 한다. 고소득 계층에게 더 많은 세금을 부과하고, 저소득 계층에게는 생활안정·교육·의료 등 높은 수준의 복지를 제공한다.

  ㉢ 경제의 안정화 : 정부는 재정정책을 통해 과열된 경기를 식히고, 침체된 경기를 활성화시킨다. 경기가 과열돼 물가가 치솟을 때는 조세수입을 늘리고, 경기가 침체돼 고용이 발생하지 않으면 조세수입을 줄여 시장에 투자 등 자본이 유입되도록 한다.

---

02   시장과 경제활동

1. 시장의 수요·공급

(1) 시장의 정의

① 시장의 정의와 기능

  ㉠ 시장의 일상적 의미 : 재래시장, 백화점 등 다양한 상품을 사고파는 물리적 공간

  ㉡ 시장의 경제학적 의미 : 상품에 관한 정보가 판매자와 구매자 사이에서 교환되고 협상이 이뤄지는 공간

  ㉢ 시장의 역할 : 시장은 재화·서비스의 거래가 이뤄지는 곳으로, 시장이 존재하기 때문에 판매자와 구매자는 편리하게 접촉할 수 있다. 시장은 이렇듯 거래가 이뤄지는 과정에서 드는 시간과 비용을 줄여준다. 또한 모든 경제주체가 모든 재화·서비스를 생산할 수 없으므로, 각각의 경제주체가 분업해 생산 가능한 재화·서비스를 교환하는 특화가 일어나게 한다.

② 시장의 종류

  ㉠ 생산물시장 : 재화·서비스가 직접 거래되는 시장이다. 식품, 생활용품, 전자기기, 자동차 같은 재화부터 진료, 교육, 보험, 금융 등의 서비스까지 모두 거래된다.

  ㉡ 생산요소시장 : 노동시장, 자본시장, 토지시장으로 나뉜다. 노동시장은 생산을 위한 노동력, 자본시장은 생산을 위한 설비와 시설, 토지시장은 생산할 공간 등 부동산시장과 자원채취를 위한 시장을 포함한다.

(2) 시장의 수요

수요란 일정기간 어떤 재화·서비스(상품)를 구매하려는 욕구를 말한다.

① 수요와 수요법칙

　ⓐ 수요자 : 상품을 구매하고자 하는 사람

　ⓑ 수요량 : 시장에서 결정된 상품의 가격 하에서 상품을 구매하려는 수량

　ⓒ 수요법칙 : 상품의 가격이 오르면 수요량은 줄고, 가격이 내리면 수요량이 늘어나는 경향이
　　있다.

　ⓓ 수요곡선 : 수요법칙을 그래프로 나타낸 것으로 우하향하는 형태

② 수요량·수요의 변동

　ⓐ 수요량의 변동 : 수요법칙대로 상품가격이 변하면 수요량도 변한다. 수요량 변동은 일정가격대
　　의 수요량이 변하는 것이므로, 수요곡선 위에 점의 이동으로 표현할 수 있다.

　ⓑ 수요의 변동 : 상품가격은 변동이 없어도 소득이 줄면 수요량도 줄어든다. 이처럼 상품가격 외에
　　다른 요소가 변해도 수요량이 변할 수 있다. 수요변동은 전체가격대의 수요량이 변하는 것이므
　　로 수요곡선 자체의 이동으로 표현할 수 있다. 수요가 증가하면 오른쪽으로 이동하고, 수요가
　　감소하면 왼쪽으로 이동한다.

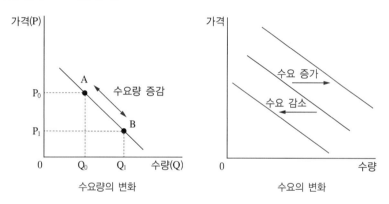

수요량의 변화　　　　　　　수요의 변화

③ 주요 수요 결정요인

　ⓐ 소득 : 일반적으로 소득이 늘면 수요가 늘어나고, 소득이 줄면 수요도 줄어든다. 대개의 상품이
　　이러한데 이런 경향을 보이는 상품을 '정상재'라고 한다. 반면 소득이 늘어도 수요가 감소하는
　　상품은 '열등재'라 한다.

　ⓑ 소비자의 기호 : 사회경향이나 유행에 따라 사람들의 관심과 기호가 늘어나면서 특정상품의 수
　　요가 늘거나 줄기도 한다.

　ⓒ 대체재의 가격 : 서로가 서로를 대체하는 상품의 가격에 따라서도 수요가 변한다. 콜라와 사이다
　　는 대체재의 관계에 있는데 콜라의 가격이 오르면 사이다의 수요가 늘어난다.

　ⓓ 수요자의 수 : 고령 수요자가 많은 고령사회에서는 실버관련 상품 수요가 늘게 된다. 이처럼
　　특정 수요자의 수에 따라서도 수요도 달라진다.

　ⓔ 미래예측 : 향후 어떤 상품 혹은 산업이 각광받을 것이고 가격이 오를 것이라 예측되면 이와
　　관련된 상품의 수요가 늘어난다.

(3) 시장의 공급

공급이란 일정기간 어떤 재화·서비스(상품)를 판매하려는 욕구를 말한다.

① 공급과 공급법칙

ㄱ 공급자 : 상품을 판매하고자 하는 사람

ㄴ 공급량 : 시장에서 결정된 상품의 가격 하에서 상품을 판매하려는 수량

ㄷ 공급법칙 : 상품의 가격이 오르면 공급량은 늘고, 가격이 내리면 공급량이 줄어드는 경향이 있다.

ㄹ 공급곡선 : 공급법칙을 그래프로 나타낸 것으로 우상향하는 형태

② 공급량·공급의 변동

ㄱ 공급량의 변동 : 수요량의 변동과 마찬가지로 상품의 가격이 오르면 판매자가 수익을 얻기 위해 더 많은 상품을 공급할 것이고, 반대로 상품가격이 떨어지면 공급량도 줄어들 것이다. 공급량 변동은 일정가격대의 공급량이 변하는 것이므로, 수요곡선 위에 점의 이동으로 표현할 수 있다.

ㄴ 공급의 변동 : 상품가격은 변동이 없어도 생산비용이 늘면 공급량도 줄어든다. 이처럼 상품가격 외에 다른 요소가 변해도 공급량이 변할 수 있다. 공급변동은 전체가격대의 공급량이 변하는 것이므로 공급곡선 자체의 이동으로 표현한다. 공급이 증가하면 오른쪽으로 이동하고, 공급이 감소하면 왼쪽으로 이동한다.

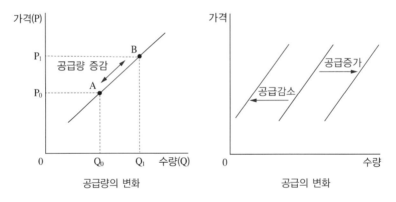

공급량의 변화

공급의 변화

③ 주요 공급 결정요인

ㄱ 생산요소 가격 : 재료값, 인건비 등 상품을 생산하며 드는 비용이 증가하면 공급량도 줄어들게 된다. 반대로 생산요소 가격이 하락하면 공급량도 늘어난다.

ㄴ 생산기술 발전 : 생산기술이 발달하면서 더 적은 비용으로 더 많은 상품을 생산할 수 있다면 공급량이 늘어난다. 또는 기술발달로 생산능력을 저하시키는 요소를 제거하게 되면 공급량이 늘어난다.

ㄷ 공급자의 수 : 시장의 변화, 기술발전, 사회경향 등 다양한 요인으로 공급자가 줄어들게 되면, 공급량도 줄어든다.

ㄹ 미래예측 : 향후 어떤 상품 혹은 산업이 각광받을 것이고 가격이 오를 것이라 예측되면 이와 관련된 상품의 공급도 늘어난다.

2. 시장균형과 자원배분

(1) 시장가격의 결정

① 시장균형의 결정

   ⊙ 시장균형 : 시장에서 수요량과 공급량이 같아져 가격·거래량이 일정하게 유지되는 상태를 말한다. 수요곡선과 공급곡선이 만나는 지점에서 형성되며 이 지점에 해당하는 가격을 균형가격, 거래량을 균형거래량이라고 한다.

   ⓒ 초과공급 : 상품가격이 균형가격보다 높아 공급량이 수요량을 초과하는 상태다. 공급자가 경쟁적으로 가격을 낮춰 상품을 판매하려 하고, 수요량이 점차 늘면 시장균형에 도달한다.

   ⓒ 초과수요 : 상품가격이 균형가격보다 낮아 수요량이 공급량을 초과하는 상태다. 수요자는 비용을 더 들여서라도 상품을 구매하고자 하면서 가격이 상승하고, 이에 따라 공급자는 공급량을 늘린다. 이 과정에서 공급이 늘고 수요가 줄면 시장균형점(E)에 도달한다.

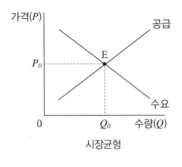 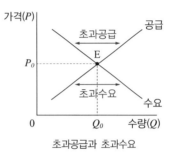

시장균형   초과공급과 초과수요

② 시장가격의 변동

   ⊙ 수요변동 : 소득, 기호, 대체제의 가격 등 다양한 수요변동 요인으로 인해 시장가격이 변동된다.

     • 소비자의 소득이 증가해 상품의 수요가 늘면 기존 균형가격을 넘어서는 초과수요가 발생한다. 더 높은 값을 지불해서라도 상품을 구매하려는 소비자가 많아지면서 균형가격은 이에 알맞게 높아지고 균형거래량도 늘어난다.

     • 소비자의 소득이 감소해 상품의 수요가 줄면 기존 균형가격 미만으로 떨어지는 초과공급이 발생한다. 더 가격을 내려서라도 상품을 판매하려는 공급자가 많아지면서 균형가격은 이에 알맞게 낮아지고 균형거래량도 줄어든다.

   ⓒ 공급변동 : 생산비용의 상승, 생산기술의 발전 등 다양한 공급변동 요인으로 인해 시장가격이 변동된다.

     • 생산기술의 발전으로 상품공급량이 늘면 기존 균형가격을 넘어서는 초과공급이 발생한다. 가격을 인하해서라도 상품을 판매하려는 공급자가 늘어나면서, 균형가격은 이에 알맞게 낮아지고, 균형거래량은 늘어난다.

     • 인건비 상승으로 상품공급량이 줄면 기존 균형가격을 하회하는 초과수요가 발생한다. 더 높은 값을 지불해서라도 상품을 구매하려는 소비자가 많아지면서 균형가격은 이에 알맞게 높아지고, 균형거래량은 줄어든다.

③ 수요·공급변동 : 수요와 공급이 동시에 변하는 경우에도 시장가격이 변동될 수 있다.

　　㉠ 수요·공급이 동시에 증가 : 균형거래량은 증가하나, 수요와 공급의 증가폭에 따라 균형가격이 달라진다.

　　㉡ 수요·공급이 동시에 감소 : 균형거래량이 감소하나 수요와 공급의 감소폭에 따라 균형가격이 달라진다.

(2) 수요·공급의 가격탄력성

① 수요의 가격탄력성 : 가격변화에 대한 수요량의 민감도를 말한다. 수요 가격탄력성이 1보다 크면 탄력적이라고 하는데, 가격의 변화가 클수록 수요량의 변화도 크다는 것을 의미한다. 반대로 1보다 작으면 비탄력적, 1이면 단위탄력적이라고 한다.

② 수요 가격탄력성 결정 요인

　　㉠ 대체재 존재 여부 : 대체재가 많을수록 수요 가격탄력성이 크다. 콜라·사이다 등 대체재가 많은 탄산음료의 경우 어느 한 품목의 가격이 상승하면 수요도 크게 줄어든다. 대체재가 적을 경우, 가격이 올라도 이를 대신한 상품을 찾기 어렵기 때문에 수요가 크게 줄지 않는다.

　　㉡ 상품의 성격 : 우리가 항상 쓰는 생활필수품은 가격이 올라도 수요가 크게 줄지 않지만, 명품가방 같은 사치품은 가격이 크게 오르면 수요의 감소폭도 크다.

　　㉢ 소비예산 비중 : 소비자가 일정한 소비예산 중 차지하는 비중이 큰 상품의 경우 가격이 오르면 수요도 그만큼 줄어든다.

③ 공급의 가격탄력성 : 가격변화에 대한 공급량의 민감도. 1보다 크면 탄력적이라고 하는데, 가격변화가 클수록 공급량 변화도 크다는 것이다. 1보다 작으면 비탄력적, 1이면 단위탄력적이라고 한다.

④ 공급 가격탄력성 결정 요인

　　㉠ 공급계획 기간 : 공급기간이 장기일수록 가격탄력성이 커진다.

　　㉡ 상품의 성격 : 상품마다 생산에 걸리는 비용과 시간, 외부환경으로부터 받는 영향이 다르기 때문에, 그 성격에 따라 가격탄력성이 달라진다.

　　㉢ 생산설비와 생산요소 : 생산설비를 발전·확장하기 좋고, 생산요소를 더 저렴한 것으로 바꾸기 쉬운 상품일수록 가격탄력성이 크다.

(3) 노동시장과 금융시장의 수요·공급

① 노동시장 : 노동의 공급·수요에 따라 노동의 대가, 즉 임금이 정해지는 시장이다.

　　㉠ 기업은 임금이 오르면 고용을 줄이고, 임금이 내리면 고용을 늘린다.

　　㉡ 가계는 임금이 오르면 노동량을 늘리고, 임금이 내리면 노동량을 내린다.

② 금융시장 : 이자율에 따라 자금을 빌리는 수요자와 자금을 빌려주는 공급자가 만나는 시장이다.

　　㉠ 이자율이 상승하면 자금 수요량은 줄어들고, 이자율이 하락하면 자금 수요량은 늘어난다.

　　㉡ 이자율이 상승하면 이자소득을 노리는 자금 공급량이 늘어나고, 이자율이 하락하면 자금의 공급량이 줄어든다.

(4) 시장균형과 자원의 효율적 배분

① 소비자 잉여 : 소비자가 어떤 상품을 구입하기 위해 지불할 의사가 있는 최대 금액(수요가격)에서 실제 지불한 금액(시장가격)을 차감한 것을 의미한다. 시장가격이 하락할수록 소비자 잉여는 증가한다.

② 생산자 잉여 : 생산자가 어떤 상품을 판매할 때 실제로 소비자로부터 수취한 금액에서 생산자가 최소로 받고자하는 금액을 차감한 것을 의미한다. 시장가격이 상승할수록 생산자 잉여는 증가한다.

③ 사회적 잉여 : 소비자 잉여와 생산자 잉여를 합하여 구한다. 일반적으로 완전경쟁시장인 상태에서 수요와 공급이 만나는 점에서 균형을 이룬다면 사회적 잉여는 극대가 된다. 사회적 잉여가 극대화될 때 자원배분이 효율적으로 이뤄졌다고 본다.

3. 시장의 실패와 정부의 역할

(1) 시장의 실패

① 시장실패 : 시장에서는 수요·공급의 원리에 따라 가격이 정해지고 자원분배도 이뤄진다. 그러나 시장에서는 자원이 효율적으로 분배되지 못하기도 하는데 이를 시장실패라고 한다.

② 시장실패의 원인

    ㉠ 불완전한 경쟁 : 시장경제체제에서는 독점과 과점 등 불완전한 경쟁이 일어나기도 한다.

        • 독점시장 : 상품을 공급하는 기업이 하나뿐인 시장이다. 독점기업은 공급량을 줄이고 가격을 올려 이윤을 극대화한다. 때문에 어떤 소비자들은 해당상품을 충분히 소비할 수 없는 경우가 발생한다.

        • 과점시장 : 상품을 공급하는 기업이 소수인 시장이다. 소수의 기업이 시장을 지배하고 담합해 시장을 왜곡하는 경우가 발생한다.

    ㉡ 외부효과 : 어떤 경제주체의 경제활동이 의도치 않게 다른 경제주체에게 이익이나 피해를 주면서도, 시장을 통해 그에 대한 보상이 이뤄지지 않는 현상이다.

        • 긍정적 외부효과 : 한 경제주체의 경제활동이 다른 주체에게 이익을 주면서도 보상을 받지 못하는 현상이다. 양봉업자가 키운 벌이 이웃인 과수원 주인이 열매를 수확하도록 도움을 주지만, 양봉업자는 과수원 주인에게 아무런 보상을 받지 않는다.

        • 부정적 외부효과 : 한 경제주체의 경제활동이 다른 주체에게 이익을 주면서도 보상을 하지 않는 현상이다. 공장매연으로 인한 대기오염으로 시민이 피해를 입지만, 공장주인은 시민에게 아무런 보상을 하지 않는다.

    ㉢ 공공재 : 어떤 재화·서비스가 공공재의 특성을 갖는다면, 공공재가 가진 비배제성과 비경합성 때문에 무임승차의 문제를 야기할 수 있다. 대가를 지불하지 않아도 누구나 이용할 수 있기 때문에 분배의 불균형을 일으킨다.

    ㉣ 정보의 비대칭성 : 경제주체들 사이에 갖고 있는 정보의 양이 달라 발생하는 문제다. 가령 어떤 상품이 거래될 때, 구매자는 상품의 장점이 무엇이고 어떤 하자가 있는지 정확히 알 수 없기 때문에 경우에 따라서는 손해를 보게 될 수 있다.

(2) 시장실패에 대처하는 정부의 역할

① **시장경쟁 촉진** : 정부는 시장에서 자유로운 동시에 공정한 경쟁이 일어나도록 정책을 수립해 실시한다.

② **외부효과 개선** : 주로 부정적 외부효과를 개선하기 위해 제도적 장치를 사용한다. 매연을 일으키는 공장의 경우, 의무적으로 정화시설을 설치하도록 하고 매연의 배출량을 법률로 규정한다. 또한 탄소 배출을 저감한 기업에게는 세제혜택을 지급하는 등의 유도책을 쓰기도 한다.

③ **공공재 생산** : 공공재를 민간에서 생산·공급하게 되면 효율적 배분이 어려우므로, 정부는 국방·치안·수도·전기 등 다양한 공공재를 직접 생산하여 안정적으로 공급한다.

④ **정보의 비대칭성 해소** : 구매자가 상품에 대한 정보를 제대로 파악할 수 있도록 표시제 등 판매자를 규제하는 정책을 수립한다. 아울러 국민에게 유용한 경제정보를 알려주거나, 거래 시 피해를 입었을 때 구제하는 등의 정책을 실시한다.

(3) 정부의 시장개입 실패

정부의 시장개입이 시장실패를 해결하지 못하거나, 외려 시장의 효율성을 저하시키는 경우도 있다. 이는 정부 또한 시장의 모든 정보를 알고 있는 것은 아니며, 정부가 미래를 정확히 예단하여 정책을 수립하지 못하기 때문이다. 국가 내의 수많은 경제주체들의 정치적 이해관계에 휘말려 제대로 된 정책을 세우지 못하는 경우도 있다. 정부는 이러한 실패를 방지하기 위해 국책연구기관을 설립하고 경제정책을 연구하며, 시장에 왜곡과 비효율을 발생하지 않도록 시장에 지나치게 개입하지 않도록 한다.

03   국가와 경제활동

1. 경제성장과 한국경제

(1) 한국경제의 변천

① **1960년대** : 1954년 광복 이후 6·25전쟁을 겪으며 생산기반·설비가 거의 무너졌고, 대다수의 국민이 빈곤에 허덕이며 외국의 원조에 기댔다. 1960년대부터 경제개발계획이 실시되면서 빠른 경제성장세를 보였다. 값싸고 풍부한 노동력을 바탕으로 경공업을 집중적으로 육성했고, 수출 주도의 성장우선정책을 추진했다.

② **1970년대** : 경공업에서 중화학공업으로 경제발전의 축을 옮겼다. 철강, 석유화학, 기계 등의 중화학 중심의 공업단지를 세웠다. 두 차례의 석유파동으로 타격을 입기도 했으나, 성장위주의 경제정책을 추진하며 빈곤인구가 감소했다. 그러나 중화학공업과 대기업 위주로 성장이 치중되어 농업과 중소기업은 저성장하는 등 경제적 불균형 문제가 나타나기도 했다.

③ **1980년대** : 초기에는 과학기술발전을 중심으로 많은 기업들이 연구개발을 통해 기술경쟁력을 강화했다. 중반부터는 기술집약적산업을 바탕으로 '저달러, 저유가, 저금리'의 '삼저호황'을 맞아 고도성장의 시기가 찾아왔다.

④ 1990년대 : 정보통신과 반도체 등 첨단산업이 경제성장의 중심이 되었다. 그러나 90년대 후반에 외환위기가 닥치면서 구조조정과 경기침체 등으로 수많은 기업이 도산하고 국민이 고통을 겪었다. 경제성장률은 크게 하락했고 실업률은 상승하였다.

⑤ 2000년대 : 초기에 수출호조를 맞아 경기가 회복되었고, 국민의 단결된 노력으로 빠르게 외환위기를 극복했다. 2008년 세계적인 미국 발 금융위기로 경기침체를 겪게 되었으나, 세계 경제 흐름에 대응해 나가면서 위기에서 벗어날 수 있었다.

(2) 한국경제의 성과와 지속성장

① 성과 : 우리나라는 이른바 '한강의 기적'으로 전 세계에 유례없는 급격한 고도성장을 이뤘다. 1953년 약 13억달러에 불과했던 국내총생산이 현재는 1,000배 이상 증가했고, 2016년에는 전 세계 국내총생산 11위에 올랐다.

② 지속성장을 위한 노력 : 현재는 고도성장에 따른 낮은 경제성장세를 보이고 있고, 급격한 성장으로 지역·산업·계층 간의 격차와 갈등이 심화되었다. 전 세계에서 가장 낮은 출산율과 빠른 고령화로 생산성 저하와 향후에는 경제 역성장까지 우려되는 상황이다. 고도성장의 부작용과 저출산·고령화 위기에 대처하기 위해, 공정한 시장질서를 확립하고 사회안전망을 강화하는 등 많은 노력을 기울여야 한다.

(3) 국민경제의 파악

① 국민경제의 순환

　㉠ 국민경제 : 가계·기업·정부 등 각 경제주체가 한 나라를 단위로 하는 경제활동을 의미한다. 가계·기업·정부는 한 나라 안에서 생산과 소비, 분배활동을 하며 경제적인 영향을 주고받는다.

　㉡ 국민경제의 순환 : 가계·기업·정부는 각각 생산, 분배, 소비활동을 지속적으로 주고받으면서 되풀이하게 되는데 이를 국민경제의 순환이라고 한다. 국민경제는 순환하면서 성장한다.

② 국내총생산(GDP) : 국민경제의 규모를 파악할 수 있는 대표적인 경제지표로, 한 나라의 국경 안에서 일정기간 새롭게 생산된 최종재화와 서비스의 가치를 시장가격으로 계산하여 합한 것이다.

　㉠ 국내총생산의 의미

　　• 한 나라의 국경 안에서 생산된 것만 포함한다.

　　• 일정기간 새롭게 생산된 것만 포함한다.

　　• 시장에서 거래되는 생산물의 가치만 포함한다.

　　• 최종재화와 서비스의 가치만을 포함하고, 생산과정에 투입된 중간생산물의 가치는 제외한다.

　㉡ 국내총생산의 한계

　　• 가사노동 등과 같이 대가가 없어 시장에서 거래되지 않는 재화·서비스의 가치는 포함되지 않는다.

　　• 국민의 실질적인 삶의 질 수준을 정확히 알기 어렵다.

　　• 생산결과가 어떻게 분배되었는지, 빈부격차 정도는 얼마나 되는지 정확히 파악하기 어렵다.

(4) 경제성장의 의미

① 경제성장의 측정 : 경제성장이란 경제규모가 늘어나 한 나라의 실제 생산능력이 확대되는 것이다. 경제가 성장한다는 것은 국내총생산이 증가한다는 것인데, 경제성장률은 국내총생산에서 물가변동 분을 뺀 '실질 국내총생산'으로 측정한다.

② 경제성장의 요인

    ㉠ 노동, 자본, 토지 등 생산요소가 잘 갖추어져야 한다. 경제성장을 이루기 위해서는 생산요소를 질적·양적으로 확대하며 효율적으로 활용해야 한다.

    ㉡ 생산기술을 발전시켜 생산성을 향상시켜야 한다.

    ㉢ 가계·기업·정부가 각자의 자리에서 건전하고 합리적인 경제활동을 영위해야 한다.

2. 실업과 인플레이션

(1) 실 업

① 실업의 정의와 영향

    ㉠ 실업의 정의 : 일할 능력과 의사가 있음에도 일을 하지 못하는 상태를 말한다.

    ㉡ 경제활동인구 : 우리 통계청은 매월 15세 이상의 인구인 노동가능인구를 조사한다. 노동가능인 구는 경제활동인구와 비경제활동인구로 나뉜다. 경제활동인구는 일할 능력과 의사가 있는 인구 이며 취업자와 실업자로 구분된다. 비경제활동인구는 주부, 학생 등 일할 능력과 의사가 없는 인구다.

    ㉢ 고용지표

- 경제활동참가율 : 15세 이상 인구에서 경제활동인구가 차지하는 비율
- 실업률 : 경제활동인구에서 실업자가 차지하는 비율
- 고용률 : 15세 이상 인구에서 취업자가 차지하는 비율

    ㉣ 실업의 영향

- 개인적 측면 : 개인의 생계유지와 자아실현을 위한 생산활동을 하지 못하게 됨으로써, 가계경 제가 침체되며 개인은 자아존중감을 잃고 사회적 단절을 겪을 수 있다.
- 사회적 측면 : 인적자원이 낭비되며 국민경제의 생산력이 떨어져 경제성장 자체가 둔화될 수 있다.

② 원인에 따른 실업의 유형

    ㉠ 경기적 실업 : 일할 의사가 있지만 일자리를 얻지 못해 일어나는 비자발적 실업의 한 형태다.

    ㉡ 구조적 실업 : 자본주의 경제구조의 변화에서 오는 실업의 형태로 산업부문간 노동수급의 불균 형으로 말미암아 발생하는 실업이다.

    ㉢ 계절적 실업 : 어떠한 산업의 생산이 계절적으로 변동했기 때문에 일어나는 단기적인 실업이다.

    ㉣ 마찰적 실업 : 산업 간 또는 지역 간의 노동력 이동과정에서 일시적 수급불균형으로 인해 생기는 실업이다. 대규모 사업체가 부도났을 경우, 이 회사의 근로자들이 새로운 일자리를 찾을 때까지 생기는 한시적 실업이 대표적인 예다.

③ 실업의 대책

    ㉠ 경기적 실업의 대책 : 정부가 재정지출을 늘려 소비·투자를 촉진해 경기를 활성화하고, 양질의 일자리를 많이 만들어야 한다.

    ㉡ 구조적 실업의 대책 : 실업자가 발전하는 산업기술에 걸맞은 역량을 기를 수 있도록 직업교육을 활성화하고, 실업자가 적합한 일자리를 찾을 수 있도록 지원해야 한다.

    ㉢ 계절적 실업의 대책 : 계절과 시기별로 부족한 일자리를 충당할 수 있도록 대책을 마련해야 한다. 농한기에는 농촌지역에 농공단지를 조성해 경제활동을 할 수 있도록 하고, 계절을 많이 타는 산업·직종의 노동자에게는 지원금 등 생활할 길을 마련해주어야 한다.

    ㉣ 마찰적 실업의 대책 : 실직기간이 길어지지 않게 빠르게 일자리를 탐색할 수 있도록 관련정보나 취업 관련 서비스를 제공해야 한다.

(2) 인플레이션

① 물가와 물가지수

    ㉠ 물가 : 여러 상품의 개별적인 가격을 종합해 평균을 낸 것을 말한다.

    ㉡ 물가지수 : 변동하는 물가의 움직임을 한눈에 알 수 있도록 작성한 것이다. 물가지수는 국민경제의 상황이 어떠한지 판단하는 도구다.

        • 소비자물가지수 : 소비자들이 구매하는 재화·서비스의 가격변동을 조사함으로써 가계의 평균적인 생계비나 화폐의 구매력 변동을 측정하여 구한다.

        • 생산자물가지수 : 국내의 생산자가 국내시장에 공급하는 재화·서비스의 종합적인 가격수준을 측정하는 물가지수다. 경기동향을 판단하는 지표이기도 하다.

        • GDP디플레이터 : 명목GDP를 실질GDP로 나눈 값에 100을 곱해 계산한다. 재화·서비스의 국내 거래가격뿐 아니라 수출입가격의 변동까지도 포함하는 가장 포괄적인 물가지수다.

② 인플레이션의 정의와 영향

    ㉠ 인플레이션 : 물가가 지속적으로 상승하는 현상으로 인플레이션이 계속되면 화폐의 구매력은 감소하게 된다.

    ㉡ 인플레이션의 영향

        • 화폐가치가 하락하면서 실질소득이 줄어 가계의 저축이 감소한다.

        • 부동산 등 실물자산을 소유한 사람은 유리해진다.

        • 실질이자율이 낮아지면서 자금을 빌린 채무자는 유리해지고 빌려준 채권자는 손해를 본다.

        • 환율변동이 없는 상태에서 인플레이션이 발생하면, 우리나라의 수출상품의 가격이 높아져 수출자체가 감소할 수 있다. 반면 수입상품의 가격은 낮아져 수입이 늘어난다.

③ 인플레이션의 원인

    ㉠ 수요견인 인플레이션 : 국민경제 전체의 수요가 증가하면서 발생하는 인플레이션이다. 보통 국민경제가 활발할 때 일어난다.

        • 가계소비·기업투자·정부세출이 늘어나면 국민경제 전체 수요가 증가하고 공급을 넘어서게 되면 물가가 상승한다.

        • 국내 유통되는 통화량이 늘어나면 국민경제 수요가 늘어나고 물가가 상승한다.

ⓛ 비용인상 인플레이션 : 국민경제 전체의 공급이 감소하면서 발생하는 인플레이션이다. 인건비, 원자재 등 생산요소의 비용이 늘어나면 국민경제 전체의 공급이 감소하고 물가가 상승한다. 물가상승과 경기침체가 함께 일어나는 '스태그플레이션'으로 이어지기도 한다.

④ 인플레이션의 대책

ⓐ 수요견인 인플레이션의 대책 : 가계는 건전하고 합리적인 계획적 소비를 하고, 기업은 무분별한 투자와 개발을 자제해야 한다. 정부는 과열된 경기를 식히기 위해 금리를 인상하고 통화를 거둬들인다.

ⓛ 비용인상 인플레이션의 대책 : 경기가 침체된 경우가 많으므로 장기적인 관점에서 국민경제 전체의 공급을 늘릴 방안을 생각해야 한다. 기업은 경영혁신으로 생산능력을 고효율화하도록 노력해야 한다.

3. 경기변동과 경제안정화

(1) 경기변동의 양상

① 총수요와 총공급

ⓐ 총수요 : 한 나라 안에서 일정기간 모든 경제주체들이 구매하고자 하는 재화·서비스의 시장가치를 모두 합한 것이다.

- 총수요 = 소비지출 + 투자지출 + 정부지출 + 순수출
- 총수요곡선 : 가계, 기업, 정부, 국외 부문의 국내 총생산물에 대한 수요량과 물가수준 간의 관계를 나타낸 것으로 일반적으로 우하향곡선이다. 총수요가 증가하면 곡선은 오른쪽으로, 감소하면 왼쪽으로 이동한다.

ⓛ 총공급 : 한 나라 안에서 일정기간 생산자들이 판매하고자 하는 재화·서비스의 시장가치를 모두 합한 것이다.

- 총공급곡선 : 국내 총생산물의 공급량과 물가수준 간의 관계를 나타낸 것으로 일반적으로 우상향곡선이다. 총공급이 증가하면 곡선은 오른쪽으로, 감소하면 왼쪽으로 이동한다.

② **총수요와 총공급의 균형** : 국민경제의 균형

ⓐ 균형물가 : 총수요와 총공급이 만나는 지점(총수요곡선과 총공급곡선이 만나는 지점)의 물가수준

ⓛ 균형국민소득 : 총수요와 총공급이 만나는 지점의 국내 총생산량

ⓒ 국민경제 균형상태

- 총수요 증가 : 총수요곡선 오른쪽 이동, 물가상승, 국내총생산 증가
- 총수요 감소 : 총수요곡선 왼쪽 이동, 물가하락, 국내총생산 감소
- 총공급 증가 : 총공급곡선 오른쪽 이동, 물가하락, 국내총생산 증가
- 총공급 하락 : 총공급곡선 왼쪽 이동, 물가상승, 국내총생산 감소

③ **경기변동** : 총수요·총공급이 변동하면, 경기도 일정주기를 따라서 확장국면·수축국면으로 변동한다.

- ⑤ 확장기 : 경제활동이 가장 활발한 시기다. 투자·생산·소비가 활발해지다가 과열되는 양상을 띠며 물가가 급격히 상승한다.
- ⑥ 후퇴기 : 경기가 과열되어 생산한 상품의 재고가 쌓이게 되고 생산과 소비가 점차 줄어든다. 생산이 줄어듦에 따라 고용률은 낮아지고 실업률은 높아진다. 물가상승도 둔화된다.
- ⑥ 수축기 : 재고가 큰 폭으로 늘고 투자·생산·소비가 크게 위축된다. 이에 따라 고용시장은 얼어붙고 가계소득도 하락하면서 경기 전체가 침체된다.
- ② 회복기 : 쌓였던 재고가 줄면서 점차 투자·생산이 회복세를 띠기 시작한다. 가계소비가 늘어나고 물가가 다시 상승한다.

(2) 경제안정화 정책

지나친 경기불황과 호황은 국민에게 경제적 어려움을 줄 수 있으며, 국민경제의 안정적인 성장에도 방해가 된다. 때문에 정부와 중앙은행은 물가와 고용안정을 위해 경제안정화 정책을 편다.

① **재정정책** : 정부는 경기과열·불황 시에 총수요에 영향을 줘 물가를 안정화한다.
- ⑤ 흑자재정정책 : 경기과열 시 정부는 정부지출을 줄이고 세율을 높여 조세를 늘린다. 그럼으로써 투자·소비를 진정시키고 총수요를 낮춰 물가안정을 꾀한다. 순지출을 줄이는 등 재정을 긴축한다는 의미에서 긴축재정정책이라고도 한다.
- ⑥ 적자재정정책 : 경기불황 시 정부는 세율을 낮춰 침체된 투자·생산을 진작하고 가계소비를 늘려 총수요를 올리려 한다. 그럼으로써 경기를 회복세로 바꾸고 확대시킨다. 정부의 세출이 늘면서 재정이 확대된다는 의미로 확대재정정책이라고도 한다.

② **통화정책** : 국가 중앙은행이 국내 통화량·이자율을 조정해 경기를 안정화하는 정책이다. 경기과열 시 이자율을 높이고 통화량을 줄여 총수요를 낮추는 긴축통화정책, 경기침체 시 이자율을 낮추고 통화량을 늘려 총수요를 높이는 확대통화정책이 있다.
- ⑤ 공개시장운영 : 중앙은행은 시장에서 국채·공채를 거래해 통화량과 이자율을 조정한다. 국·공채를 사면 통화량이 증가하고 이자율이 낮아지며, 국·공채를 팔면 통화량이 낮아지고 이자율이 높아진다.
- ⑥ 여·수신제도 : 중앙은행은 여·수신 제도를 이용해 시중은행에 자금을 대출하거나 예금을 받는다. 이로써 시중의 통화량과 이자율을 조정하고 가계대출을 조절한다.
- ⑥ 지급준비율 조정 : 지급준비율은 시중은행이 예금자의 인출요구에 대응하기 위해 중앙은행에 일정금액을 예치해야 하는 비율이다. 중앙은행이 지급준비율을 높이면 시중 통화량이 감소하고, 이자율이 높아진다. 반면 지급준비율을 낮추면 시중 통화량이 높아지고 이자율은 낮아진다.

1. 무역원리와 무역정책

(1) 무 역

① **무역의 필요성** : 무역을 통해 자국에서 생산되지 않는 원자재·상품·서비스를 거래할 수 있다. 정보통신과 교통수단 등 과학기술의 발달로 국가 간의 무역은 더욱 활발해졌고, 거래 가능한 상품도 확대되었다.

② **무역의 발생** : 무역은 기본적으로 자국에서 가장 좋은 품질로 생산할 수 있는 재화·서비스를 판매하고, 자국에서는 생산할 수 없는 재화·서비스를 구입하는 데서 발생한다. 이러한 국가 간의 특화·분업화로 서로 소비할 수 있는 재화·서비스가 늘어나게 된다.

  ⊙ **절대우위** : 교역상대국보다 낮은 비용으로 재화·서비스를 생산할 수 있는 능력을 말한다. 절대우위론은 각국이 절대적으로 생산비용이 낮은 생산에 특화하여 그 일부를 교환함으로써 서로 이익을 얻을 수 있다는 이론이다.

  ⊙ **비교우위** : 교역상대국보다 낮은 기회비용으로 재화·서비스를 생산할 수 있는 능력을 말한다. 비교우위론은 한 나라가 두 상품생산 모두에 절대우위를 가지는 경우에도 양국이 각각 상대적으로 생산비용이 낮은 상품생산에 특화하여 무역을 한다면, 양국 모두 이익을 얻을 수 있다는 이론이다. 절대우위와 달리 비교우위는 한 나라가 모두 가질 수 없다. 비교우위는 한 나라가 가진 생산요소의 양과 질에 따라 달라질 수 있다.

(2) 무역정책의 경제적 효과

무역정책이란 한 나라가 다른 나라와 교역함에 있어서 어떤 태도를 취할 것인지 규정하는 것이다. 무역정책은 기본적으로 자국의 이익을 추구하는 방향으로 정해진다.

① **자유무역정책**

  ⊙ **효과** : 자유롭게 외국의 상품을 접할 수 있게 되면서 소비자들은 다양한 상품을 소비할 수 있다. 또한 외국상품과 경쟁하기 위해서 기업은 생산기술력을 높이는 등 생산성을 향상시킨다. 아울러 무역시장이 확대돼 더 많은 외국과 교역하므로 규모의 경제가 실현된다.

  ⊙ **한계** : 외국에 비해 경쟁력이 떨어지는 개인·기업·산업·국가는 도태되거나 불이익을 받을 수 있다. 또한 특정상품·산업에 대한 경쟁력이 떨어질 경우 국내시장의 해외 의존도가 심화될 수 있다.

② **보호무역정책**

  ⊙ **효과** : 국가가 무역에 개입하게 됨으로써 외국에 비해 경쟁력이 부족한 유치산업을 보호할 수 있다. 또한 국내산업을 보호하고 생산력을 유지함으로써 자국민의 실업을 방지한다. 아울러 국방·농업 등 국가안전을 보장하는 산업에 대한 대외의존도를 낮출 수 있다.

  ⊙ **한계** : 우리가 보호무역을 펼치게 되면 상대국도 자국을 보호하는 무역정책을 펼칠 수 있다. 이러한 과정에서 국가 간 무역마찰을 유발할 소지가 있다.

③ 세계경제에 따른 무역정책의 변화 : 교통과 통신기술의 발달로 현재 세계는 하나의 거대시장으로 변화했다. 1995년에는 세계무역기구(WTO)가 출범했고, 국가 간 상품의 자유로운 교역을 위해 자유무역협정(FTA)을 체결하는 등 각국은 시장을 자유롭게 개방해 무역에 적극적으로 참여하고 있다. 또한 국가 간 상호의존도에 따른 지역주의도 강화되고 있다. 유럽연합(EU), 아시아·태평양경제협력체(APEC) 등 지리상 인접하거나 상호의존도가 강한 국가들이 모여 교류를 확대하는 시도가 이어지고 있다.

2. 환 율

(1) 외환시장과 환율

① 외환과 외환시장
 ㉠ 외환 : 외화는 외국화폐만을 뜻하고, 외환은 외국화폐를 포함한 외국의 수표·어음·예금 등 가치를 가진 모든 것을 뜻한다.
 ㉡ 외환시장 : 국가 간 서로 다른 가치를 가진 외환을 교환하여 거래할 수 있는 시장이다.

② 환율 : 서로 가치가 다른 국가별 외화를 교환할 수 있는 일정 비율을 뜻한다. 가령 1달러를 사기 위해 1,000원이 필요하다면, 원화와 달러의 환율을 '1,000원/달러'로 표시한다.
 ㉠ 환율상승(평가절하) : 1,000원/달러가 '1,200원/달러'가 된다면 환율이 상승한 것이고 원화의 가치가 하락한 것이다.
 ㉡ 환율하락(평가절상) : 1,000원/달러가 '800원/달러'가 된다면 환율이 하락한 것이고 원화의 가치가 상승한 것이다.

③ 환율제도 : 환율을 결정하는 방식으로 고정환율제도와 변동환율제도가 있다. 현재 우리나라를 비롯한 많은 나라들은 변동환율제도를 채용하고 있고 경우에 따라 정부가 개입하기도 한다.
 ㉠ 고정환율제도 : 환율이 정부나 중앙은행의 정책의지에 따라 결정되는 것이다. 환율을 안정적으로 유지할 수 있고, 환율변동으로 초래되는 위험을 방지할 수 있다. 그러나 국내에 유입된 외화의 양에 따라 나타나는 문제에 대응하기 쉽지 않다.
 ㉡ 변동환율제도 : 환율이 변화하는 경제수준에 따라 자유롭게 변동되는 것이다. 국내 외화의 양에 따라 나타나는 문제에 자동적으로 대응한다. 그러나 외화를 이용한 투기성 자금이 유입되면서 환율변동이 심해질 수 있고 이에 따라 국민경제도 악영향을 받을 수 있다.

(2) 환율의 결정과 변동

① 외화의 수요·공급
 ㉠ 외화수요 : 외국에서 상품을 수입하거나 해외여행, 해외유학, 외채 상환 등 외화가 유출될 때 발생한다. 외화수요량은 환율의 영향을 받는다. 환율이 오르면 원화로 구입할 수 있는 외화의 양이 감소하므로 외화수요량도 감소한다. 반대로 환율이 내리면 외화수요량이 늘어난다.
 ㉡ 외화공급 : 외국으로 상품을 수출하거나 외국인의 국내관광, 해외취업자의 국내송금 등 외화가 유입될 때 발생한다. 환율이 오르면 외화로 구입할 수 있는 자국통화가 늘어나 외화의 공급량이 증가한다. 반대로 환율이 내리면 외화공급량이 줄어든다.

② 환율의 결정과 변동 : 환율은 외환시장에서 환율의 수요·공급에 의해 결정된다. 외화의 공급곡선과 수요곡선이 만나는 지점에서 균형환율·균형거래량이 결정된다.

　　　㉠ 환율상승
　　　　　• 환율이 균형환율보다 낮을 때 : 수입·해외여행·해외투자의 증가 등으로 외화의 초과수요가 발생해, 외화수요자들이 경쟁하면서 외화공급자들이 더 높은 가격에 외화를 팔 수 있어 환율이 상승한다. 이때 외화의 수요곡선은 오른쪽으로 이동하고, 환율은 상승한다.

　　　㉡ 환율하락
　　　　　• 환율이 균형환율보다 높을 때 : 수출·해외자본투자 유입·외국인의 국내여행의 증가 등으로 외화의 초과공급이 발생해, 외화공급자들이 경쟁하면서 외화수요자들이 더 낮은 가격에 외화를 살 수 있어 환율이 하락한다. 이때 외화의 공급곡선은 오른쪽으로 이동하고, 환율은 하락한다.

③ 환율변동의 영향

　　　㉠ 환율상승
　　　　　• 수출품의 가격경쟁력이 늘어나 수출이 증가한다.
　　　　　• 국내기업의 생산증가가 고용증가로도 이어져 국민경제에 긍정적 영향을 끼친다.
　　　　　• 원자재 가격 상승으로 생산비와 국내물가가 상승하고, 외채부담이 늘어난다.

　　　㉡ 환율하락
　　　　　• 원자재 가격 하락으로 생산비와 국내물가가 하락하고, 외채부담이 줄어든다.
　　　　　• 수출품의 가격경쟁력이 하락해 수출이 감소한다.
　　　　　• 국내기업의 생산이 감소해 고용이 침체될 수 있어 국민경제에 부정적 영향을 끼친다.

3. 국제수지

(1) 외국과의 거래지표

① 국제수지의 의미

　　　㉠ 국제수지 : 일정한 기간 중에 발생한 자기나라 거주자와 외국 거주자 사이에 발생한 상품·서비스, 자본 등의 모든 경제적 거래에 따른 수입과 지급의 차이를 말한다. 우리나라의 경우 중앙은행인 한국은행이 국제수지를 정리해 발표한다.

　　　㉡ 국제수지표 : 국제수지의 내용을 기록한 것이다.
　　　　　• 국제수지 흑자 : 외국으로 나간 외화보다 국내에 유입된 외화가 많은 상태
　　　　　• 국제수지 적자 : 국내에 유입된 외화보다 외국으로 나간 외화가 많은 상태

② 국제수지의 구성

　　　㉠ 경상수지 : 상품·서비스의 거래를 통해 주고받은 외화의 차액을 나타낸 것
　　　　　• 상품수지 : 수출액과 수입액의 차액
　　　　　• 서비스수지 : 외국과의 서비스 거래로 수취한 돈과 지급한 돈의 차액
　　　　　• 본원소득수지 : 급료 및 임금수지(단기간)와 투자소득수지로 구성
　　　　　• 이전소득수지 : 대가 없이 주고받은 거래의 수지 차

ⓒ 자본·금융계정 : 외화의 유·출입 차이를 나타내며, 크게 자본계정(자본수지)과 금융계정으로 구분한다. 자본계정에는 자본소유권의 이전이나 상표 등의 처분 등을 기록하며, 금융계정에는 직접투자, 증권투자, 준비자산 증감 등을 기록한다.

ⓒ 오차 및 누락

(2) 국제수지의 변화와 경제에 대한 영향

① 국제수지의 변화 : 벌어들인 외화가 지급한 외화보다 많으면 경상수지 흑자, 벌어들인 외화가 지급한 외화보다 적으면 경상수지 적자, 둘의 양이 같으면 경상수지의 균형이라고 한다.

② 국제수지 변화와 경제의 영향

ⓒ 경상수지 흑자 : 생산·고용·국민소득의 증가, 국가 대외신용도 상승, 국내통화량이 증가해 국내물가 상승, 무역 마찰 유발

ⓒ 경상수지 적자 : 생산·고용·국민소득의 감소, 국가 대외신용도 하락, 국내통화량이 감소해 국내물가 안정

ⓒ 경상수지 균형 : 가장 바람직한 방향

05 경제생활과 금융

1. 금융과 금융생활

(1) 금융의 정의

① 금융의 의미 : 금융이란 가계, 기업, 정부 등 경제주체들이 자금을 빌리고 빌려주는 것을 의미한다. 여윳돈이 있는 자금공급자가 여윳돈이 필요한 자금수요자에게 자금을 융통하는 것이다.

ⓒ 금융의 중요성 : 경제주체들은 금융을 통해 가계의 내집마련, 기업의 사업자금 충당, 정부의 재정확대 등 일시적인 자금부족을 해결한다.

ⓒ 금융제도의 마련 : 대부분 국가에서는 금융거래를 원활하게 하기 위해 금융시장, 금융기관 등의 금융제도를 마련하여, 각 거래규칙에 알맞은 거래가 이뤄지도록 한다.

② 금융시장·금융기관

ⓒ 금융시장 : 일정한 질서 속에서 자금이 필요한 사람과 공급하는 사람을 만나게 하는 곳이다. 금융시장에는 다양한 금융상품을 취급하는 금융기관이 존재한다.

ⓒ 금융기관 : 자금수요자와 공급자의 거래를 중개하는 기관이다. 거래에 필요한 비용을 낮춰 금융거래의 효율성을 높인다. 또한 자금수요자의 신용도를 평가해 공급자가 믿고 자금을 융통할 수 있도록 돕기도 한다.

(2) 올바른 금융생활

① 수입 : 일정기간 동안 벌어들인 소득과 외부에서 빌린 부채를 합한 것이다.

　㉠ 소득

　　• 경상소득 : 정기적으로 일정하게 발생하는 소득으로 근로소득, 사업소득, 재산소득, 이전소득이 해당한다.

　　　－ 근로소득 : 사업체에 소속되어 노동력을 제공하고 얻는 대가를 말한다.

　　　－ 사업소득 : 사업체를 운영하면서 고용주가 벌어들인 소득을 말한다.

　　　－ 재산소득 : 자본·부동산 등 재산을 이용해 번 소득으로 적금 이자, 부동산 임대료, 주식 배당금 등이 해당한다.

　　　－ 이전소득 : 무상으로 얻는 소득으로 정부의 생활지원금, 연금, 구호금 등이 해당한다.

　　• 비경상소득 : 비정기적·일시적으로 발생하는 소득으로 복권당첨금, 경조금 등이 해당한다.

② 지출 : 가계가 수입을 바탕으로 소비·저축·세금납부 등을 한 금액이다.

　㉠ 소비지출 : 생계에 필요한 재화·서비스를 구입하기 위한 지출이다. 식료품비, 주거비, 피복비, 의료비, 교육비 등이 해당한다.

　㉡ 비소비지출 : 소비지출을 제외한 지출을 의미한다.

　㉢ 처분가능소득 : 소득에서 비소비지출을 제외한 것으로 가계는 처분가능소득 내에서 소비를 할 것인지, 저축 등 향후를 대비할 것인지 저울질한다.

③ 저축 : 소득에서 지출을 뺀 것이다. 미래의 생활을 위해 소득에서 지출하지 않고 다양한 형태의 자산으로 보유하고 있는 것을 뜻한다. 현재의 소비는 현재의 저축과 미래의 소비에 영향을 준다. 투자는 저축의 한 형태로, 미래의 가치증식을 목적으로 금융자산·실물자산으로 저축을 전환하는 것이다.

④ 신용 : 채무부담능력을 뜻하는 것으로, 미래의 정해진 시점에 대가를 지급하고 상품을 이용하거나 자금을 빌릴 수 있는 능력을 말한다. 신용거래는 현금 및 재화·서비스 등을 거래할 때 정해진 기일에 돈을 지급하기로 약속하고 이뤄지는 거래를 말한다.

2. 자산·부채관리와 금융상품

(1) 자산·부채의 관리

① 자산과 부채의 정의

　㉠ 자산 : 개인·단체가 보유한 경제적가치가 있는 유·무형의 물품이나 권리다.

　　• 금융자산 : 현금, 예금, 보험, 주식, 채권 등 금융기관을 통해 거래되는 자산이다.

　　• 실물자산 : 부동산, 지하자원, 자동차 등 실물형태로 존재하는 자산이다.

　㉡ 부채 : 과거 행했던 거래로 현재 갚아야 할 금전적·비금전적 책무를 말한다.

　　• 단기부채 : 1년 이내에 갚아야 하는 부채(신용카드 대금, 휴대전화 요금)

　　• 장기부채 : 1년 이상 이상의 기간 안에 갚아야 하는 부채(주택담보대출)

② **자산관리** : 자산을 언제 어떠한 방식으로 처분하고 사들이고 유지할지 합리적인 방법으로 선택하는 과정이다.

③ **부채・신용관리** : 낮은 이자로 적시에 자금을 융통하기 위해서는 좋은 신용도를 유지해야 한다. 이를 신용관리라고 한다. 또한 소득을 고려하지 않고 돈을 빌리거나 약속한 시점에 갚지 못하면 신용등급이 하락하는 등 경제활동에 제약을 받을 수 있다.

(2) 자산관리의 원칙

① **안전성** : 자산을 금융상품에 투자할 때 자산가치가 하락하지 않고 안전하게 보호될 수 있는 정도다.

② **수익성** : 자산을 금융상품에 투자할 때 벌어들일 수 있는 수익의 기대 정도를 의미한다.

③ **유동성** : 보유한 자산을 쉽게 현금으로 바꿀 수 있는 정도로 '환금성'이라고도 한다.

④ **분산투자** : 안전성, 수익성, 유동성을 고루 갖춘 투자가 쉽지 않기 때문에, 저마다의 장점을 갖춘 여러 가지 금융상품에 분산해 투자하는 것이 안정적이다. 분산투자는 자산관리의 기간・목적 등에 따라 금융자산 목록인 포트폴리오를 구성해 실행한다.

(3) 금융상품의 종류

① **예금** : 은행 등 금융기관에 자산을 맡기고 원금과 이자를 받는 금융상품이다.
  ㉠ 요구불예금 : 입금과 출금이 자유로운 금융상품으로 금리가 낮다. 필요한 자금을 그때그때 맡기고 찾을 수 있다.
  ㉡ 저축성예금 : 자금을 일정기간 동안 맡겨놓고 정해진 만가일에 원금과 이자를 받는 금융상품으로 금리가 비교적 높다. 목돈을 불리기 위한 예금이다.

② **주식** : 기업이 경영자금을 융통하기 위해 투자자들을 모집해 자금을 얻고 증서를 발행하는 것이다. 투자자는 기업의 지분을 소유하며, 일정기간마다 회사의 수익을 나눠 받는 배당을 받는다. 투자자는 보유한 주식을 팔아 수익을 낼 수 있다. 위험성이 비교적 큰 금융상품이다.

③ **채권** : 정부나 공공기관, 지자체, 기업이 미래에 이자를 정기적으로 지급할 것을 약속하고, 투자자를 모아 자금을 빌린 후 발행하는 증서다. 정부기관・기업 등에서 발행하기 때문에 안전성이 비교적 높다.

④ **펀드** : 주식과 같은 직접투자가 아닌 다수의 투자자들이 모은 자금을 전문적인 자금운용기관이 대신 맡아 운용하는 것이다. 자금운용기관은 모인 자금을 주식, 채권, 부동산 등에 투자해 수익을 내고 다시 분배한다. 이 과정에서 자금운용기관은 투자자에게 수수료를 받는다.

⑤ **보험** : 질병・사고 등 향후 위험에 대비하기 위해 보험회사에 보험료를 납부해 기금을 조성한 후, 사고가 발생하면 보험금을 지급받는 금융상품이다. 국민건강보험 등 공적보험과 민간보험사가 운용하는 민영보험이 있다.

⑥ **연금** : 노후에 안정적인 생활을 하기 위해 경제활동기간에 벌어들인 소득을 일정비율 적립해 일정연령 이상이 되었을 때 지급받는 금융상품이다. 공적연금・퇴직연금・개인연금 등이 있다.

3. 금융생활의 목표와 재무설계

(1) 생애주기에 따른 재무설계

① **생애주기** : 시간의 흐름에 따른 삶의 양상이 어떻게 변화하는지 단계별로 나타낸 것이다. 개인의 소비생활은 평생 이뤄지나, 각각의 생애주기 단계에 따라 다르게 나타나기 때문에 이에 알맞게 경제 생활·소비계획을 해야 한다.

② **생애주기와 재무목표** : 생애주기 단계마다 목돈이 필요하거나 지출이 늘어나는 때가 있다. 이러한 생애주기를 파악해 주기별로 어느 정도의 자금이 필요한지 재무목표를 설정해야 한다. 현재 시점뿐 아니라 장기와 단기로 구체적인 재무목표를 설정한다.

(2) 재무설계의 방법

① **재무설계** : 생애주기를 바탕으로 설정한 재무목표에 맞춰 소비·지출을 계획하는 것이다.

② 재무설계의 과정

　　㉠ 1단계 : 구체적인 재무목표 설정

　　㉡ 2단계 : 자신의 재무상태를 분석하고 자산을 파악

　　㉢ 3단계 : 자금을 언제 어떻게 마련할지 재무행동계획을 수립

　　㉣ 4단계 : 재무행동계획을 실행

　　㉤ 5단계 : 결과 검토 및 평가

01 A~C의 경제활동에 대한 설명으로 옳은 것은?

> • A는 주식을 보유한 대가로 배당금을 받았다.
> • B는 식재료를 사서 음식을 만들어 팔았다.
> • C는 인터넷 강의를 수강하기 위해 태블릿 PC를 구입했다.

① A는 생산물을 구입했다.
② B는 재화의 가치를 증대시키는 활동을 했다.
③ C는 생산요소 구입을 위해 비용을 지불했다.
④ A와 C는 생산에 참여한 대가를 받는 경제활동을 했다.

해설

A는 분배활동, B는 생산활동, C는 소비활동을 하고 있다. 식재료를 사서 음식을 만들어 판매한 B의 행위는 가치를 증대시키는 생산활동이다.
① A는 자본을 제공한 대가로 소득을 얻었다.
③ B는 생산요소 구입을 위해 비용을 지불했다.
④ 생산에 참여한 대가 받는 경제활동은 분배활동으로 A에만 해당된다.

02 다음은 경제활동유형에 따른 사례를 나타낸 것이다. 이에 대한 옳은 설명을 〈보기〉에서 고른 것은?(단, A~C는 각각 분배, 생산, 소비 중 하나다.)

경제활동유형	사 례
A	직장인이 직장에서 월급을 받았다.
B	학생이 서점에서 책을 구입했다.
C	(가)

보기

> ㄱ. A는 재화의 가치를 증대시키는 활동이다.
> ㄴ. B는 만족감을 얻기 위한 활동이다.
> ㄷ. 서비스는 C의 대상이 되지 않는다.
> ㄹ. (가)에는 '요리사가 판매할 음식을 만들었다.'가 들어갈 수 있다.

① ㄱ, ㄴ
② ㄱ, ㄷ
③ ㄴ, ㄷ
④ ㄴ, ㄹ

A는 분배, B는 소비, C는 생산이다. 소비는 재화나 서비스를 구매·사용하여 만족감을 얻는 활동이다. 재화와 마찬가지로 서비스도 생산의 대상이다.

03 (가), (나)에 해당하는 재화에 대한 설명으로 옳은 것은?

> (가) 인간의 욕구보다 많이 존재하여 대가의 지불 없이 소비할 수 있는 재화
> (나) 인간의 욕구보다 적게 존재하여 대가를 지불해야만 소비할 수 있는 재화

① (가)는 희소성을 가지고 있다.
② (가)는 교환가치는 있으나 사용가치는 없다.
③ (나)는 시장에서 거래되지 않는다.
④ (가)는 시대에 따라 (나)로 변화하기도 한다.

(가)는 무상재, (나)는 경제재이다.
①·② 무상재는 희소성이 없는 재화로 교환가치가 없다.
③ 경제재는 시장에서 거래되며, 선택에 따른 기회비용이 발생한다.

04 (가)~(라)에 들어갈 수 있는 옳은 내용을 〈보기〉에서 고른 것은?

경제체제	시장경제체제	혼합경제체제	계획경제체제
공통점과 차이점	생산수단 소유 가능		(가)
	(나)	(다)	
	(라)		

> **보기**
> ㄱ. (가) 가격기구를 통한 경제문제해결
> ㄴ. (나) 전통·관습에 의한 자원배분
> ㄷ. (다) 정부의 시장개입
> ㄹ. (라) 희소성으로 인한 경제문제발생

① ㄱ, ㄴ   ② ㄱ, ㄷ
③ ㄴ, ㄷ   ④ ㄷ, ㄹ

ㄷ. 혼합경제체제는 시장경제를 바탕에 두고 때때로 정부개입을 통해 시장의 한계를 보완한다. 또는 계획경제체제를 기반으로 시장경제체제의 장점을 도입하기도 한다.
ㄹ. 모든 사회는 희소성 때문에 경제문제에 직면한다.

05 밑줄 친 ㉠~㉢에 대한 설명으로 옳은 것은?(단, 제시된 내용 외에는 고려하지 않는다.)

> A는 식당에서 시간당 1만원을 받는 아르바이트를 하고 있다. 며칠 뒤에 A가 가고 싶은 축구경기가 열리는데 입장권 가격은 ㉠ 5만원이고, 축구경기에 가게 되면 아르바이트를 4시간 동안 하지 못하게 된다. 갑은 ㉡ 아르바이트를 하는 것과 ㉢ 축구경기를 보는 것 중 무엇을 선택할지 고민하고 있다.

① ㉡의 편익은 5만원이다.
② ㉢의 매몰비용은 4만원이다.
③ ㉠은 ㉢의 명시적 비용이다.
④ ㉢과 달리 ㉡은 기회비용이 발생한다.

해설
축구경기 관람이 합리적 선택이 되기 위해서는 관람의 편익뿐만 아니라 입장권의 가격(명시적 비용)과 아르바이트에서 얻을 수 있는 이익(암묵적 비용)을 모두 고려해야 한다.

06 다음 자료에 대한 분석으로 옳은 것은?

> 다음 그림은 X재의 수요와 공급을 나타낸다. 정부가 생산자에게 X재 1개당 30원의 세금을 부과하자 시장균형점이 E에서 E′로 이동하였다.

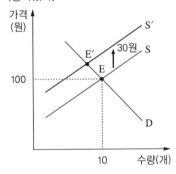

① 세금부과 전 소비자의 총 지출액은 1,000원이다.
② 세금부과 전 생산자잉여는 판매수입보다 크다.
③ 세금부과 후 X재 가격은 130원이다.
④ 세금부과 후 X재의 거래량은 증가했다.

해설
① 세금을 부과하기 전 소비자의 총 지출액은 10개×100원=1,000원이다.
② 세금부과 전 생산자잉여는 판매수입보다 적다.
③ 세금부과 후 시장가격은 100원보다 높고 130원보다는 낮게 형성된다.
④ 세금부과 전보다 가격이 상승해 거래량은 감소했다.

07 다음 자료를 통해 가장 올바르게 추론한 내용은?

> 최근 A기업의 사장이 거액의 상속세를 성실히 납부했다는 사실이 알려지면서 A기업에 대한 사람들의 관심이 높아지고 있다. 또한 A기업은 직원에 대한 복지증대, 지역봉사활동 등을 꾸준히 실시해 왔다. 이로 인해 착한 기업의 이미지가 조명됐고, A기업 제품의 판매가 늘어나 이윤이 증가했다.

① 기업의 사회 환원을 법적으로 규정해야 한다.
② 기업이 법적인 책임만 다하면 매출이 증가한다.
③ 기업이 사회적 책임을 다하는 모습은 이윤 증대에 도움이 된다.
④ 기업은 기술 혁신을 통해 이윤 극대화를 추구해야 한다.

해설
A사는 사회적 책임을 다하는 모습을 보임으로써 착한 기업의 이미지가 부각되어 이윤이 증가하였다.

08 다음 토론에 대한 옳은 설명을 〈보기〉에서 고른 것은?

> 사회자 : 최근 심각해지는 제조업의 부진을 해결할 방안은 무엇인가요?
> A : 제조업은 우리나라 산업의 근간입니다. 정부가 기업을 적극 지원해 제조업을 활성화시켜야 합니다.
> B : 정부의 지원은 기업이 스스로 회복할 수 있는 기회를 빼앗을 수 있습니다. 지원보다는 시장의 원리가 저절로 작동하도록 하는 것이 바람직합니다.

보기
ㄱ. A는 정부의 적극적인 역할을 강조한다.
ㄴ. B는 '보이지 않는 손'의 기능을 중요시한다.
ㄷ. B는 정부실패보다 시장실패를 더 문제시한다.
ㄹ. B와 달리 A는 민간의 자유로운 의사결정을 중요시한다.

① ㄱ, ㄴ
② ㄱ, ㄷ
③ ㄴ, ㄷ
④ ㄴ, ㄹ

해설
A는 정부가 시장에 적극적으로 개입할 필요가 있다고 보는 반면, B는 정부가 시장의 원리를 존중해야 한다고 본다.

09 다음 내용에 부합하는 진술로 가장 적절한 것은?

> 시장실패를 보완하기 위해 정부가 시장에 개입하는 것이 항상 최상의 결과를 가져오지는 않는다.
> 정부는 시장에 개입해 민간의 경제주체들을 감독·규제하는데, 외려 이들이 이익집단으로 뭉쳐 정
> 부를 설득하고 자기들에게 유리한 정책을 이끌어내기도 한다. 또한 정부에 소속된 관료의 전문성
> 부족으로 규제의 목적을 달성하지 못하거나 이익집단의 의도대로 규제정책이 왜곡될 수 있다.

① 정부규제는 자유로운 시장경쟁을 촉진한다.
② 정부규제는 공공이익을 위해서 반드시 필요하다.
③ 정부규제는 시장실패를 개선하는 유일한 수단이다.
④ 정부의 시장개입은 시장의 비효율적 자원배분을 충분히 해결하지 못한다.

해설

정부의 실패란 시장실패를 보완하고 시장에서 자원배분을 최적화하기 위해 정부가 시장에 개입하지만, 외려 다양한 원인
으로 인해 자원의 비효율적 배분을 초래하는 현상이다.

10 다음 직원A~C의 주장에 해당하는 경제의 기본문제를 바르게 연결한 것은?

> 사장 : 우리 회사가 성장하기 위한 가장 시급한 과제는 무엇인가요?
> 직원A : 경유차를 생산할 것인지, 전기차를 생산할 것인지를 결정해야 합니다.
> 직원B : 작년에 발생한 이윤을 연구개발에 투자할지, 직원들에게 성과급으로 지급할지 결정해야
> 합니다.
> 직원C : 시장수요에 대응하기 위해 직원을 더 채용할지, 설비를 확장할지 결정해야 합니다.

	무엇을 얼마나 생산할 것인가	어떻게 생산할 것인가	누구를 위하여 생산할 것인가
①	A	B	C
②	B	C	A
③	C	A	B
④	A	C	B

해설

A가 주장하는 경제의 기본문제는 생산물의 종류에 관한 것이다. B는 분배에 관한 문제, C의 주장은 생산방법에 관한
문제다.

11 밑줄 친 ㉠, ㉡에 대한 설명으로 옳은 것은?

> • ㉠ <u>길거리 흡연</u>은 주변시민에게 피해를 주지만, 피해를 입는 시민에게 흡연자가 보상을 하지는 않는다.
> • ㉡ <u>예방접종</u>을 하게 되면 본인뿐 아니라 타인이 질병에 걸릴 확률도 줄어든다. 그렇지만 타인들이 예방접종을 한 사람에게 대가를 지불하지는 않는다.

① ㉠은 정부지원을 통해 늘려야 할 경제활동이다.
② ㉡은 사회적으로 적정한 수준보다 많이 나타난다.
③ ㉠, ㉡은 모두 시장실패의 사례가 될 수 있다.
④ ㉡과 달리 ㉠은 외부경제의 사례가 될 수 있다.

해설

㉠은 부정적 외부효과(외부불경제), ㉡은 긍정적 외부효과(외부경제)를 유발하는 사례로 볼 수 있다. 이는 모두 시장실패에 해당한다.

12 다음은 X, Y, Z재의 관계를 나타낸 것이다. 'X재의 원자재 가격상승'이 각 재화 시장에 미칠 영향에 대해 올바르게 추론한 것은?(단, 모든 재화는 수요 · 공급의 법칙을 따른다.)

> X재와 Y재는 용도가 비슷해 서로 대체해 소비할 수 있는 관계이고, X재와 Z재는 함께 사용함으로써 만족감이 더욱 커지는 관계이다. Y재와 Z재는 별다른 관계가 없다.

① X재의 수요량은 증가할 것이다.
② Y재의 수요는 증가할 것이다.
③ Y재의 균형 거래량은 감소할 것이다.
④ Z재의 수요는 증가할 것이다.

해설

X재-Y재는 대체재, X재-Z재는 보완재 관계이다. X재의 원자재 가격이 상승하면 X재 가격도 상승하고 X재 수요량이 감소하는데, 이로 인해 Y재 수요는 증가하고 Z재 수요는 감소한다.

13 다음 대화에 대한 옳은 설명을 〈보기〉에서 고른 것은?

> A : 불황 때문에 회사가 문을 닫아서 일자리를 잃었어. 그래서 새 직장을 구하고 있는 중이야.
> B : 나는 적성에 더 맞는 일자리를 찾기 위해 다니던 회사를 그만두고 다른 회사를 알아보고 있어.

보기

> ㄱ. A와 같은 유형의 실업은 계절적 요인에 의해 일시적으로 발생한다.
> ㄴ. A와 같은 유형의 실업에 대한 대책으로는 정부의 경기부양정책이 있다.
> ㄷ. B와 같은 유형의 실업은 산업구조의 변화로 인해 발생한다.
> ㄹ. B와 달리 A와 같은 유형의 실업은 비자발적으로 발생한다.

① ㄱ, ㄴ
② ㄱ, ㄷ
③ ㄴ, ㄷ
④ ㄴ, ㄹ

해설

A의 경우에 해당하는 실업은 경기침체로 인해 발생하고, B와 같은 유형의 실업은 더 좋은 일자리를 얻기 위해 직장을 이동하는 과정에서 일시적으로 발생한다.

14 A국가에서 조세정책 변화로 나타날 영향에 대한 추론으로 가장 적절한 것은?

> A국가는 작년까지 개인소득을 세 구간으로 나누어 각각 10%, 30%, 40%의 누진세율을 적용했으나, 올해에는 소득구간은 유지하고 구간별로 각각 10%, 20%, 30%의 누진세율을 적용했다. 또한 비례세 제도를 적용하는 부가가치세의 세율을 10%에서 20%로 올렸다.

① 정부의 조세수입이 증가할 것이다.
② 조세의 소득재분배 효과가 약화될 것이다.
③ 조세부담의 역진성이 약화될 것이다.
④ 고소득층의 조세저항이 커질 것이다.

해설

작년에 비해 누진세의 최고세율이 낮아졌고, 비례세 제도가 적용되는 부가가치세의 세율이 높아졌다. 따라서 조세의 소득재분배 효과가 약화될 것이라고 볼 수 있다.

15 (가), (나)에 대한 옳은 설명을 〈보기〉에서 고른 것은?

> (가) 밤마다 악기연주를 하는 A씨로 인해 아래층에 사는 B씨가 층간소음 피해를 입고 있다.
> (나) A시가 B강의 범람예방을 위해 제방을 쌓고 산책길을 조성하자, 유동인구가 많아져 인근상가의 수익이 증가했다.

> **보기**
> ㄱ. (가)는 부정적 외부효과의 사례다.
> ㄴ. (가)에 나타난 외부효과는 A씨에게 보조금을 지급해 개선할 수 있다.
> ㄷ. (나)는 사회적 최적거래량이 시장거래량보다 큰 사례다.
> ㄹ. (가)는 시장실패, (나)는 정부실패의 사례다.

① ㄱ, ㄴ   ② ㄱ, ㄷ
③ ㄴ, ㄷ   ④ ㄴ, ㄹ

해설
(가)와 (나) 모두 자원이 비효율적으로 배분된 사례로 시장실패에 해당한다. ㄷ. 긍정적 외부 효과가 나타나면 시장거래량이 사회적 최적거래량보다 작다.

16 (가), (나)의 사례에 대한 설명으로 옳은 것은?

> (가) A국에서는 휘발유를 공급하는 소수기업들이 담합을 통해 가격을 올리자 소비자들이 휘발유를 필요한 만큼 사용하지 못하고 있다.
> (나) B국에서는 제품생산 과정에서 환경오염 물질이 과다하게 배출되고 있지만, 어떤 생산기업도 환경정화비용을 부담하지 않고 있다.

① (가)에서는 공공재의 공급부족이 나타난다.
② (나)는 생산과정에서 나타나는 부정적인 외부효과를 보여 준다.
③ (나)에서는 제품의 시장거래량이 사회적으로 적정한 수량보다 적다.
④ (가)와 달리 (나)에서는 자원이 시장에서 효율적으로 배분된다.

해설
(가)는 과점시장에서 기업 간의 담합이 이루어진 상황을 보여주고, (나)는 생산과정에서 부정적 외부효과가 발생한 상황을 보여 준다.

17 다음 자료에 대한 옳은 분석을 〈보기〉에서 고른 것은?

A기업은 X재, Y재만을 생산하고 있다. 다음은 A기업이 1년 동안 생산하고자 하는 X, Y재의 생산계획안이다. 단, X, Y재의 가격은 각각 10만원, 한 개당 생산비는 각각 5만원이고 생산된 재화는 모두 판매된다.

생산계획안	X재	Y재
(가)	150개	0개
(나)	130개	50개
(다)	70개	100개
(라)	0개	120개

보기

ㄱ. (가)를 선택했을 때 생산비는 750만원이다.
ㄴ. (나)를 선택하는 것이 가장 합리적이다.
ㄷ. (다)를 선택했을 때 이윤은 900만원이다.
ㄹ. (라)에서 (나)로 변경할 경우 Y재 50개 생산을 포기해야 한다.

① ㄱ, ㄴ
② ㄱ, ㄷ
③ ㄴ, ㄷ
④ ㄴ, ㄹ

해설

ㄱ. (가)를 선택했을 때 생산비는 750만원이다.
ㄴ. 기업의 이윤은 판매수입에서 생산비를 빼 구한다. 각각의 이윤은 (가) 750만원, (나) 900만원, (다) 850만원, (라) 600만원이다. A기업은 이윤이 가장 큰 (나)를 선택하는 것이 합리적이다.

18 다음 대화에 대한 옳은 분석을 〈보기〉에서 고른 것은?

사장 : 우리가 ⊙ 업체에게 지불해야 하는 원자재 값이 인상돼서 상품가격을 20% 인상하려 합니다. 구매자 수는 어떻게 변할까요?
직원A : 상품가격을 20% 인상하면 구매자 수가 30% 감소할 것으로 예측됩니다.
직원B : 저는 현재 구매자 수보다 10% 감소할 것이라 생각합니다.

보기

ㄱ. ⊙은 생산요소의 가격인상을 의미한다.
ㄴ. A는 가격변화율보다 수요변화율이 더 작을 것이라고 본다.
ㄷ. A가 예상하는 수요의 가격탄력성은 B보다 크다.
ㄹ. B의 예측이 옳다면 가격인상 후 매출액이 감소할 것이다.

① ㄱ, ㄴ
② ㄱ, ㄷ
③ ㄴ, ㄷ
④ ㄴ, ㄹ

19 다음은 A국의 경제상황을 나타낸 것이다. 2022년과 비교한 2023년의 상황에 대한 설명으로 옳지 않은 것은?

구 분	2022년	2023년
국내총생산	200억달러	300억달러
수출액	100억달러	150억달러
수입액	50억달러	100억달러

※ 무역의존도(%) = $\dfrac{수출액+수입액}{국내총생산} \times 100$

① 무역의존도가 높아졌다.
② 수입액은 2배로 증가했다.
③ 수출액과 수입액의 차이가 커졌다.
④ 국내총생산에 대한 수입액의 비율은 상승했다.

20 밑줄 친 ㉠~㉣에 대해 잘못 이해하고 있는 사람은?

> ㉠ 일할 능력과 ㉡ 일할 의사가 있음에도 불구하고 일자리를 갖지 못한 사람을 실업자라고 한다. 따라서 ㉢ 초등학생이 일을 하고 있지 않다고 해서 실업자라고 하지는 않는다. 또 가사에 전념하기 위해 ㉣ 전업주부 생활을 하고 있는 사람도 실업자라고 하지 않는다.

① A : ㉢은 경제활동인구에 포함되지 않아.
② B : ㉣은 비경제활동인구에 포함돼.
③ C : ㉠, ㉡ 중 어느 하나라도 없으면 실업자로 분류될 수 없겠군.
④ D : ㉢과 달리 ㉣은 취업자로 분류되겠네.

21 다음 자료에 나타난 정부의 경제적 역할로 가장 적절한 것은?

> 시장경제체제는 주기적인 경기변동이 발생하기 때문에 이를 보완하기 위한 정부의 역할이 중요하다. 경기가 침체된 상황에서는 세율을 인하하거나 정부지출을 확대해 내수를 촉진하고 일자리를 창출하는 정책을 시행한다. 반면 경기가 과열됐을 때는 세입을 증가시키거나 정부지출을 억제해 경기변동에 능동적으로 대처한다.

① 경제안정화
② 소득재분배
③ 공정한 경쟁환경조성
④ 효율적 자원배분유도

해설
정부가 시장경제의 주기적인 경기변동에 대처하기 위해 세입·세출을 조정하는 것은 정부의 경제안정화 기능이다.

22 빈칸 (가)에 들어갈 적절한 내용을 〈보기〉에서 고른 것은?

> A : 자유무역이 확대되면 유치산업이 몰락해서 경제에 부정적인 영향을 끼칠 수 있어.
> B : 하지만 자유무역을 통해 얻을 수 있는 이점도 많아. 예를 들면, [(가)   ]
> • 유치산업 : 잠재력은 있으나 국제경쟁력을 갖추지 못한 산업

> **보기**
> ㄱ. 규모의 경제를 활용하여 생산비를 낮출 수 있어.
> ㄴ. 정부가 국내산업을 보호하거나 지원하기가 쉬워져.
> ㄷ. 다양한 제품을 더 낮은 가격에 소비할 수 있어.
> ㄹ. 외국의 경제위기가 국내에 닥치는 것을 막을 수 있어.

① ㄱ, ㄴ   ② ㄱ, ㄷ
③ ㄴ, ㄷ   ④ ㄴ, ㄹ

해설
자유무역확대에 대해 A는 부정적인 영향을, B는 긍정적인 영향을 제시하고 있다.
ㄴ. 자유무역이 확대되면 정부가 국내산업을 보호하거나 지원하기 어려워진다.
ㄹ. 자유무역이 확대되면 외국의 경제위기가 국내에 쉽게 파급될 수 있다.

23 다음은 X재의 시장균형점 변동(E → E')을 나타낸 것이다. 변동요인으로 옳은 것은?

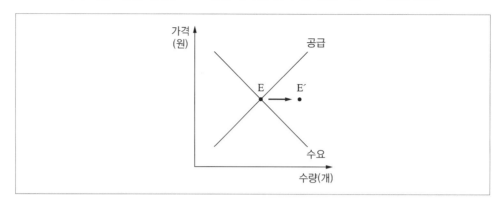

	수요 측면	공급 측면
①	선호도 개선	원자재가격 상승
②	보완재가격 상승	생산성 향상
③	대체재가격 하락	미래 가격상승 예상
④	수요자 소득 증가	기술혁신

해설

위와 같은 균형점 변화는 수요·공급이 동시에 증가할 때 나타날 수 있다. 수요자의 소득이 증가하면 수요가 증가하고, 기술혁신은 공급의 증가요인이다.

선호도 개선, 보완재가격 하락, 대체재가격 상승, 미래 가격상승 예상 등은 수요의 증가요인이다. 원자재가격 하락, 생산성 향상, 미래 가격하락 예상, 수입개방 등은 공급의 증가요인이다.

24 자료에 대해 올바르게 분석한 것은?

X재와 Y재만을 생산하는 A국과 B국은 서로 비교우위 상품만을 생산해 교역하기로 했다. A국과 B국의 생산현황은 아래 표와 같다. 단, A국과 B국이 보유한 생산요소의 양은 동일하며, 각국의 생산가능곡선은 직선이다.

구 분	특화 전 생산량		특화 후 생산량	
	X재	Y재	X재	Y재
A국	50개	100개	0개	200개
B국	100개	200개	300개	0개

① A국에서 Y재 1개 생산의 기회비용은 X재 2개다.
② B국에서 X재 1개 생산의 기회비용은 Y재 1개다.
③ A국은 X재와 Y재 생산 모두에 절대우위가 있다.
④ A국은 X재, B국은 Y재 생산에 비교우위가 있다.

특화 전과 후의 생산량을 비교·분석하면, A국은 X재 50개를 포기하고 Y재 100개를 추가생산할 수 있었고, B국은 Y재 200개를 포기하고 X재 200개를 추가생산할 수 있었다. 따라서 B국에서 X재 1개를 생산하는 데 드는 기회비용은 Y재 1개이다.

25 다음은 A국과 B국이 쌀과 사과를 각각 1kg씩 생산하는 데 필요한 비용을 나타낸 것이다. 이에 대해 올바르게 분석한 것을 〈보기〉에서 고르면?

구 분	쌀 1kg	사과 1kg
A국	6달러	6달러
B국	4달러	2달러

보기

ㄱ. A국은 쌀 생산에 절대우위를 가진다.
ㄴ. B국에서 쌀 1kg과 사과 2kg에 대한 생산비는 같다.
ㄷ. 사과 1kg 생산의 기회비용은 A국이 B국보다 작다.
ㄹ. A국은 쌀 생산에, B국은 사과 생산에 비교우위를 가진다.

① ㄱ, ㄴ
② ㄱ, ㄷ
③ ㄴ, ㄷ
④ ㄷ, ㄹ

B국은 쌀과 사과의 생산에서 절대우위를 가진다. 비교우위의 원리의 의하면 A국은 쌀 생산에, B국은 사과 생산에 비교우위를 가진다.

26 다음 A국의 경제상황에 대한 추론으로 옳은 것은?

[A국 경제 현황 보고서]
물가가 예상치를 넘는 높은 수준으로 상승하는 추이가 지속되고 있음.

① A국 화폐의 가치가 하락한다.
② 돈을 빌려준 사람은 유리해진다.
③ 수출이 증가하고 수입이 감소한다.
④ 자산을 현금으로 보유하려는 사람이 늘어난다.

물가가 상승하면 실물가치는 상승하지만 화폐가치는 하락한다.
② 물가가 상승하면 돈을 빌려준 채권자는 불리해지고, 돈을 빌린 채무자는 유리해진다.

27 다음 사례를 종합해 추론할 수 있는 진술로 가장 적절한 것은?

> • A기업은 전문경영인 체제를 도입해 투명한 경영을 실천해 주주들과 소비자의 신뢰를 얻었다.
> • 사회적 기업인 B기업은 지역청년들에게 일자리를 제공하고 매년 이윤의 일정비율을 지역사회에 환원해 왔다.
> • C기업은 노동자대표가 경영에 참여한 이후, 노동자와 사용자간 상생의 분위기가 나타났다.

① 이윤의 일부를 사회에 환원해야 한다.
② 의사결정 과정의 투명성을 높여야 한다.
③ 사회에 미치는 영향을 고려하여 기업의 사회적 책임을 다할 수 있어야 한다.
④ 지속적인 투자를 통해 기술을 혁신하고 새로운 시장을 개척해야 한다.

해설

기업이 이윤추구 이외에도 사회에 긍정적 영향을 미치는 책임 있는 활동을 해야 한다는 것을 기업의 사회적 책임이라 한다.

28 자산관리의 주요 판단기준인 A~C와 관련한 진술 중 옳은 것은?(단, A~C는 각각 수익성, 안전성, 유동성 중 하나다.)

> A : 원금이 보전될 수 있는 정도
> B : 시세차익, 이자수익 등을 기대할 수 있는 정도
> C : 필요할 때 현금으로 전환하기 용이한 정도

① 채권은 예금에 비해 A가 높다.
② 부동산은 금융자산에 비해 C가 높다.
③ B가 높은 자산일수록 A가 낮은 경향이 있다.
④ 예금은 A와 C가 모두 낮은 편이다.

해설

A는 안전성, B는 수익성, C는 유동성이다. 일반적으로 수익성이 높을수록 안전성이 낮은 경향이 있다.

29 다음 대화에 나타난 금융상품 A, B의 일반적인 특징에 대한 설명으로 옳은 것은?(단, A와 B는 각각 은행예금, 주식 중 하나다.)

> 갑 : 최근 영업 실적이 좋은 ○○기업의 A에 투자하려고 해. A에 투자하면 나도 주주로서의 권리를 갖게 돼.
> 을 : 그보다는 안전성이 높은 B에 가입하는 것이 어때?

① A는 이자 수익을 기대할 수 있다.
② B는 시세 차익을 기대할 수 있다.
③ A는 B보다 수익성이 높다.
④ B는 A보다 원금이 보전될 수 있는 정도가 낮다.

해설

A는 주식, B는 은행예금이다. 일반적으로 주식은 수익성이 높고 안전성이 낮은 금융상품이고, 은행예금은 수익성이 낮고 안전성이 높은 금융상품이다.

30 다음 자료에 대한 설명으로 옳은 것은?

> (가) 1940년대에 바다에서는 ㉠ 고래가 흔하게 발견되었다. 하지만 무분별한 남획 때문에 개체수가 급감했고, 현재는 고래를 발견하기 어려워졌다.
> (나) ㉡ 국방 서비스는 비용을 지불하지 않아도 누구에게나 제공되며, 한 사람이 국방 서비스의 혜택을 받더라도 다른 사람이 누리는 국방 서비스의 양은 변함이 없다.

① ㉠은 희소성이 없는 재화이다.
② ㉡은 ㉠과 달리 경합성을 가진다.
③ ㉠과 ㉡ 모두 비배제성을 갖는다.
④ (가)는 (나)와 달리 시장실패가 나타난다.

해설

㉠은 공유자원, ㉡은 공공재이다. 공유자원은 비배제성과 경합성을 갖고, 공공재는 비배제성과 비경합성을 가진다.

31 다음 내용으로 추론할 수 있는 A국의 고용지표 변화에 대한 옳은 분석을 〈보기〉에서 고른 것은? (단, 15세 이상 인구는 일정하다.)

> A국 정부의 일자리창출 정책 시행으로 많은 실업자들이 일자리를 얻게 되었으며, 구직을 단념했던 많은 사람들도 다시 일자리를 구하러 나서기 시작했다.

보기

ㄱ. 실업자 수는 감소했다.
ㄴ. 비경제활동인구는 증가했다.
ㄷ. 고용률은 상승했다.
ㄹ. 경제활동참가율은 상승했다.

① ㄱ, ㄴ   ② ㄱ, ㄷ
③ ㄴ, ㄷ   ④ ㄷ, ㄹ

해설
ㄱ. 실업자 수의 증감여부는 위 내용만으로 알 수 없다.
ㄴ. 실업자가 일자리를 얻게 되면서 비경제활동인구는 감소한다.

32 밑줄 친 ㉠~㉢에 대한 설명으로 옳은 것은?

> • A카페는 고객이 음료 한 잔을 구매할 때마다 적립쿠폰에 도장을 한 번씩 찍어 주고, 도장이 10번 찍힌 쿠폰을 제시한 고객에게는 ㉠ 음료 한 잔을 무료로 제공하고 있다.
> • B국은 재산세를 2회에 걸쳐 나눠 내는 것을 원칙으로 하지만 일시 납부하는 사람들에게 ㉡ 세액의 10%를 감면해 준다. 또한 정해진 기한 내에 납부하지 않는 사람들에게는 ㉢ 세액의 5%를 가산하는 제도도 운영한다.

① ㉠은 A카페에 대한 소비를 감소시키는 유인이다.
② ㉢은 재산세를 기한 내에 납부하도록 하는 유인이다.
③ ㉡과 달리 ㉠은 경제적 이익을 통해 동기를 부여하는 수단이다.
④ ㉢과 달리 ㉡은 비용을 부과해 특정행위를 감소시키는 유인이다.

해설
㉠과 ㉡은 모두 경제적 이익을 제공하는 유인이다. ㉠은 A카페의 음료 소비를 증가시키는 유인이고 유인 ㉡은 재산세 일시납을 증가시킨다. ㉢은 비용을 부과하는 유인으로서, 재산세 납부기한을 어기는 행위를 감소시킨다.

33 다음 질문에 대한 답변으로 올바른 것은?

> 원/미국달러 환율의 상승이 지속될 것으로 전망된다. 이러한 환율변동 추세가 한국과 미국의 경제에 끼칠 영향은 무엇인가?

① 미국산 상품의 원화표시가격이 하락한다.
② 한국에서 달러화 예금의 자산가치가 하락한다.
③ 한국으로 여행을 오는 미국인의 경비부담이 감소한다.
④ 한국기업의 달러화표시 외채상환부담이 감소한다.

해설
① 미국산 상품의 원화표시가격은 상승한다.
② 한국에서 달러화 예금의 자산가치는 상승한다.
④ 한국기업의 달러화표시 외채상환부담은 증가한다.

34 A국과 B국이 추진하는 정책의 공통적인 목적으로 가장 적절한 것은?

> • A국은 국영기업을 설립해 X재를 생산해 왔으나 방만한 경영으로 인해 적자가 누적되어 국영기업의 민영화를 추진하고 있다.
> • B국은 허가된 기업만 Y재를 생산할 수 있도록 규제해 왔으나, 허가권을 둘러싼 부정부패가 지속되자 어떤 기업이든 Y재를 생산할 수 있도록 규제완화를 추진하고 있다.

① 규모의 경제를 실현하고자 한다.
② 민간기업 간의 불공정거래 관행을 막고자 한다.
③ 시장에서의 공공재 부족 문제를 해결하고자 한다.
④ 정부실패를 보완해 자원배분의 효율성을 높이고자 한다.

해설
A국은 국영기업의 민영화, B국은 시장에 대한 규제완화를 통해 정부실패를 보완해 자원배분의 효율성을 높이고자 한다.

03 사회 · 문화

01 사회 · 문화현상의 탐구

1. 사회 · 문화현상의 이해

(1) 사회 · 문화현상의 정의

① 사회 · 문화현상 : 인간의 의지나 노력 여부와는 상관없이 자연계에서 발생하는 현상이 자연현상이라면 사회 · 문화현상은 이에 반해 인간의 의지와 노력에 의해 발생하는 현상이다. 사회 · 문화현상은 인간이 사회에서 다양한 구성원들과 관계를 맺으며 발생하는 사회활동과 관련이 있다.

② 자연현상의 특성

  ㉠ 존재법칙 : 인간의 인식여부와는 상관없이 스스로의 원리로 사실 그대로 존재하는 법칙을 따른다.

  ㉡ 몰가치성 : 지진 · 태풍 같이 자연현상은 인간의 의지와는 상관없이 일어나므로, '옳고 그름'을 판단할 수 없다.

  ㉢ 뚜렷한 인과관계를 가진다.

  ㉣ 어느 시공간에서나 보편적으로 발생한다.

③ 사회 · 문화현상의 특성

  ㉠ 가치함축적 : 옳고 그름을 판단할 수 없는 자연재해로 파괴된 사회시설을 복구하는 것은 인간의 의지와 가치가 담긴 일이다. 이처럼 사회 · 문화현상은 가치와 신념을 함축하고 있다.

  ㉡ 개연성 : 자연현상은 발생하는 과정에서 분명한 인과관계를 발견할 수 있다. 그러나 사회 · 문화현상은 인간의 의지와 판단이 적용되므로 현상 발생과정에서 예외가 존재한다. 그러므로 사회 · 문화현상은 뚜렷한 인과관계가 아닌 어느 정도의 개연성을 갖춘다고 본다.

  ㉢ 보편성과 특수성 : 사회 · 문화현상도 시대와 지역에 따라 어느 정도 보편적으로 나타난다. 그러나 시대별 · 지역별로 조금씩 다른 양상을 나타낸다. 결혼은 어느 시대 · 지역에서나 보편적으로 일어나지만 그 풍습이나 양태는 차이를 보인다. 이렇듯 사회 · 문화현상은 보편성과 특수성을 동시에 가진다.

(2) 사회 · 문화현상에 대한 관점

① 사회 · 문화현상과 관점 : 사회 · 문화현상을 해석하는 관점에 따라 같은 현상을 다르게 해석할 수 있다. 어떤 현상이든 다양한 관점으로 바라봐야 그 의미를 더 깊게 파악할 수 있다. 사회 · 문화현상을 분석하는 관점에는 크게 기능론, 갈등론, 상징적 상호작용론이 있다.

ㄱ 기능론
- 사회가 수많은 요소로 구성되어 있고, 이 요소들이 상호밀접하게 연관되어 각각의 고유한 기능을 주고받는 하나의 '유기체'처럼 작동한다고 본다.
- 사회구성원이 공유하는 규범을 합의의 산물로 보고, 사회통합과 유지를 위해 규범을 준수해야 한다고 본다.
- 사회합의와 유지·안정을 지나치게 중요시해 급격한 사회변화를 설명하기 어려운 측면도 있다.

ㄴ 갈등론
- 사회구성원들이 지배·피지배 관계에 있다고 보고 사회 안에서 일어나는 대립과 갈등에 주목한다.
- 사회제도나 규범을 지배계층이 자신들의 기득권을 유지하고 피지배계층을 착취하기 위한 수단으로 삼는다고 본다.
- 사회 안의 다양한 관계를 지배·피지배로 단순화하는 경향이 있고, 사회통합·유지 현상을 제대로 설명하지 못한다는 측면도 있다.

ㄷ 상징적 상호작용론
- 일상에서 나타나는 사람의 행위를 중심에 두고, 언어, 몸짓 등 기호와 상징을 통해 이뤄지는 주체들 간의 상호작용에 주목한다.
- 사람들이 살아가면서 주고받는 인사나 손짓 따위의 상징적인 표현을 통해 서로의 의도를 해석하고 그에 따라 반응한다고 본다. 이러한 방식의 상호작용 과정과 그 과정이 일어나는 사회적 맥락 속에서 인간의 행동을 이해해야 한다고 본다.
- 개인 간의 상호작용의 주관적 의미를 이해하는 데는 유용하나, 사회구조·제도에 따른 사람들의 행위를 해석하는 데는 미진하다.

② 사회·문화현상을 바라보는 균형적 관점 : 기능론, 갈등론, 상징적 상호작용론 중 어느 하나만 옳은 관점이라고 볼 수 없다. 사회·문화현상을 분석할 때에는 세 가지 관점을 고루 이용해 그 현상에 숨겨진 함의는 무엇인지 균형 있게 바라볼 필요가 있다.

2. 사회·문화현상의 탐구방법

(1) 사회·문화현상을 연구하는 방법

① 사회·문화현상의 과학적 탐구 : 과학적 지식은 개인적인 믿음·상식과 달리 이성적이고 체계적인 연구로 얻어지는 것으로 신뢰할 만하다. 사회·문화현상도 과학적으로 탐구함으로써 믿을만한 지식을 도출할 수 있다.

ㄱ 양적연구방법 : 사회·문화현상에서도 자연현상과 같이 인과관계를 발견할 수 있으므로 실험과 측정으로 이를 연구할 수 있다고 본다.
- 실증적 연구방법 : 사회·문화현상과 관련한 경험적 자료를 수치로 내서 통계를 분석한다. 사회·문화현상을 객관적 시각으로 증명할 수 있는 연구방법이라고 하여 실증적 연구방법이라고도 한다.

- 개념의 조작적 정의 : 객관적이고 실증적인 연구를 위해 사회·문화현상에서 발견되는 용어를 구체화한다.
- 연구자의 주관 개입 방지 : 사회·문화현상을 통계로써 객관적으로 보기 때문에 연구자의 주관적 가치가 개입되는 것을 막을 수 있다. 또한 정밀한 연구가 가능하다.
- 한계점 : 인간의 주관적인 영역은 연구하기 어렵고, 인간의 동기나 가치에서 분리하여 사회·문화현상을 연구하기 때문에 심층적 이해가 어렵다.
- ⓛ 질적연구방법 : 사회·문화현상이 자연현상과 본질적으로 달라 자연과학적인 연구와는 다른 방식을 추구해야 한다고 본다.
  - 해석적 연구방법 : 직관적 통찰로써 인간의 행동 이면에 있는 동기와 가치를 이해하고 해석하는 것이다. 이 때문에 해석적 연구방법이라고도 한다.
  - 감정이입 : 질적연구방법에서는 인간 행동의 동기에 주목하기 때문에, 왜 그러한 행동을 했는지 살펴보고 당시의 감정에 이입해 상황을 바라본다. 이를 위해 통계 등 공식적인 자료뿐만 아니라 녹취록, 일지 같은 비공식자료를 통해 주관적 세계를 탐구한다.
  - 한계점 : 인간의 감정 같은 수치화하기 어려운 주관적 영역을 탐구할 수 있으나, 연구자 본인의 주관이 지나치게 투영될 가능성이 있고 객관적 법칙을 발견하기 어렵다.
- ② 양적연구방법과 질적연구방법의 상호보완 : 어떤 사회·문화현상인가에 따라서 더 적합한 연구방법도 있지만, 양적과 질적 모두 각각의 장단점을 갖고 있다. 그래서 사회·문화현상을 연구할 때에는 두 연구방법을 상호보완적으로 활용한다.

(2) 연구자료수집

사회·문화현상을 연구하기 위한 자료에는 연구자가 직접 수집한 '1차 자료'와 기존자료를 자신의 연구에 활용한 '2차 자료'가 있다. 연구자의 자료수집 방법으로는 문헌연구법, 질문지법, 면접법, 실험법, 참여관찰법이 있다.

① **문헌연구법** : 역사적 문헌, 보도자료, 일지, 논문 등 기존문헌에서 자료를 수집하는 방법이다. 양적·질적연구에서 모두 활용되며, 2차 자료로 주로 활용된다.
  - ㉠ 장점 : 자료수집에 필요한 시공간의 제약이 적고 시간·비용이 절약된다. 또한 기존연구는 어떤 동향을 띠고 있는 지 알아보기 쉽다.
  - ㉡ 단점 : 문헌연구 과정에서 연구자의 주관이 개입될 여지가 있고, 문헌의 신뢰도가 떨어질 경우, 연구자체의 신뢰성도 하락할 위험이 있다.

② **질문지법** : 연구하는 내용을 질문·설문지로 만들어 배포해 자료를 수집하는 방법이다. 특정한 사안에 대해 많은 사람들의 다양한 생각을 수치화할 수 있다. 질문지법은 조사를 진행할 모집단을 선정하고 이 모집단을 대표하는 표본을 추출한다.
  - ㉠ 장점 : 짧은 시간 내에 대량의 자료를 수집할 수 있다. 또 연구자의 주관이 개입될 여지가 적고, 조사결과를 통계화해 비교분석이 쉽다.
  - ㉡ 단점 : 조사과정에서 대상자가 질문지를 이해하지 못하거나, 질문지의 회수율이 떨어지면 신뢰성도 하락한다. 또 문맹자의 경우 조사자체가 어렵다.

③ **면접법** : 연구자가 대상자를 직접 대면해 연구주제를 설명한 뒤, 질문·대화를 통해 조사하는 방법이다. 대화를 통해 대상자의 신념과 태도를 파악하며 질문지로는 파악하기 어려운 깊이 있는 연구결과를 얻을 수 있다.

　　㉠ 장점 : 문맹자에게도 조사가 가능하며, 심층적인 자료를 얻을 수 있다.

　　㉡ 단점 : 시간과 비용이 많이 들며 시공간의 제약이 있을 수 있다. 대상자와 대화하는 과정에서 연구자의 주관이 개입될 수 있다.

④ **실험법** : 인위적인 상황을 만들고 변수를 조작해 변화를 측정하는 자료수집 방법이다.

　　㉠ 실험집단과 통제집단 : 실험법에서 연구자는 대상자를 두 개의 집단으로 나눈다. 특정 상황을 만들어 둔 실험집단, 그러한 처치를 하지 않아 비교대상이 되는 통제집단이다.

　　㉡ 독립변수와 종속변수 : 독립변수는 실험집단에 조성한 특정한 상황이다. 종속변수는 독립변수로 이끌어낸 결과다. 예를 들어 특정수업이 학생들의 성적향상에 도움이 되는지 알아보려할 때, 특정수업 실시는 독립변수가 되고 실험집단 학생들의 성적향상은 종속변수가 된다.

　　㉢ 장점 : 실험 전 가설을 세우고 이를 검증하는 과정을 통해 법칙을 발견하기 용이하다.

　　㉣ 단점 : 사람을 대상으로 실험을 진행하기 때문에 윤리적 문제가 발생할 수 있으며, 독립변수를 제외한 예상치 못할 변수의 개입을 통제하기 어렵다.

⑤ **참여관찰법** : 연구자가 대상자들과 함께 생활하며, 그들의 생활방식, 태도, 신념 등을 직접 관찰하는 것이다. 단, 연구자가 대상자들의 생활에 관여하거나 가치관에 지나치게 개입해 대상자와 연구결과에 영향을 끼치는 행위를 해서는 안 된다.

　　㉠ 장점 : 다른 방법으로는 수집하기 어려운 대상자들의 생생한 생활상을 직접 경험하고 자료화할 수 있다.

　　㉡ 단점 : 관찰과정에서 연구자의 주관이 개입할 수 있으며, 예상치 못한 돌발상황이 발생해 수집자료가 오염될 수 있다. 또한 연구과정에 시간과 비용도 많이 든다.

3. 사회·문화현상의 연구태도와 탐구절차

(1) 연구자의 연구태도와 연구윤리

① 사회·문화현상의 연구태도

　　㉠ 객관적 태도 : 연구자가 개인의 주관, 선입관을 배제하고 연구대상을 그 사실 그대로 바라보는 것이다. 연구과정에서 객관적 태도 없이 연구자의 이해관계가 개입된다면 연구결과가 왜곡될 수 있다.

　　㉡ 개방적 태도 : 자신과는 다른 주장과 시각이 존재하리라 인정하는 것이다. 비록 그것이 자신의 주장과 상이하더라도 타당성이 있다면 받아들이고, 자신의 주장에 대한 비판 또한 겸허히 수용하는 것이다.

　　㉢ 상대주의적 태도 : 사회·문화현상을 연구하며 연구대상이 되는 사회·문화에 대해 그 특수성을 고려하는 것이다. 다양한 사회·문화가 존재하므로 어느 한 가지 기준만을 각각의 사회·문화를 연구하는데 보편적으로 적용할 수 없다.

② 성찰적 태도 : 사회·문화현상을 있는 그대로 받아들이지 않고 그 이면에 숨겨진 의미를 이해하려는 자세다. 능동적으로 그 해당 사회·문화현상의 함의는 무엇인지 치밀하게 연구하고 파악하는 것이다.

② 사회·문화현상의 연구윤리
  ⊙ 연구대상자에 대한 윤리 : 연구대상이 인간이므로 많은 제약이 따를 수밖에 없으며, 그에 따라 연구윤리가 철저히 지켜져야 한다. 연구대상에게 연구주제와 목적, 방법을 소상히 설명하고 연구에 대한 동의를 반드시 받아야 한다. 또한 연구과정에서 얻은 연구대상의 개인정보를 함부로 유출하거나 연구목적 외에 사용해서는 안 되며, 연구과정이 연구대상에게 신체적·정신적 위해를 끼쳐서는 안 된다.
  ⓛ 연구과정에서의 윤리 : 연구목적이 반인권적·비윤리적이어서는 안 되며, 연구과정으로 얻은 결과가 사회에 어떤 영향을 끼칠 것인가도 고려해야 한다. 연구자료를 조작하거나 연구결과를 확대·축소해서는 안 되며, 다른 사람의 연구과정·결과를 자신의 것처럼 무단으로 활용하지 않아야 한다.

③ 사회·문화현상의 탐구절차
  ⊙ 양적연구 탐구절차
    • 문제인식 : 연구를 시작하기 위해서는 먼저 무엇이 문제인지 인식해 연구주제를 정해야 한다.
    • 가설설정 : 연구주제가 정립되면 앞서 그 주제를 연구한 다른 자료는 없는지 검토한 후, 가설을 설정한다. 연구주제에 대한 잠정적인 결론을 내는 것이다.
    • 연구설계 : 가설을 설정하면 연구대상은 누구로 할 것인지, 자료수집 방법과 그 범위, 조사기간, 자료분석 방법 등은 어떻게 설계할지 결정한다. 양적연구의 특성상 질문지법이나 실험법을 설정한다.
    • 자료수집 및 분석 : 연구설계를 마치면 본격적으로 자료를 수집하고 분석한다.
    • 가설검증과 결론도출 : 자료분석이 끝나면 결과를 바탕으로 처음 세운 가설이 증명되었는지 그렇지 않은지 검증한다. 가설이 증명되었다면 수용하고 그렇지 않다면 기각한다.
  ⓛ 질적연구 탐구절차
    • 문제인식 : 양적연구와 마찬가지로 문제인식 후 연구주제를 정한다.
    • 연구설계 : 질적연구의 특성상 면접법이나 참여관찰법을 설정한다.
    • 자료수집과 해석 : 질적연구의 특성상 연구자의 직관적 통찰이 중요시된다. 양적연구와 달리 자료수집과 해석이 동시에 이뤄진다.
    • 가설검증과 결론도출

④ 사회·문화현상 탐구의 가치중립 : 사회·문화현상의 과학적 탐구를 위해서는 연구자가 가치중립을 지켜야 한다. 어느 특정 가치관이나 태도에 쏠리지 않아야 연구결과가 왜곡되지 않는다.

1. 사회적 존재로서의 인간

(1) 개인과 사회의 관계

① 개인과 사회 간의 관계에 대한 관점

ㄱ 사회 실재론 : 사회를 개인의 단순한 합이 아닌 독립된 실체로 보는 것이다. 개인을 둘러싼 사회는 실재로 존재하며 개인은 사회의 영향을 받아 행동한다. 사회를 하나의 유기체로 보는 사회유기체설이 사회 실재론의 관점을 담고 있다. 실재론에서는 사회를 작동하게 하는 제도나 구조의 개선에 주목해, 사회와 구조·제도가 개인에게 미치는 영향을 설명하기 용이하다. 그러나 개인의 존재를 등한시해 개인희생을 정당화할 우려가 있다.

ㄴ 사회 명목론 : 사회는 개인이 모인 집합체에 불과하고, 사회의 실체는 없으며 오직 개인만이 존재한다고 보는 관점이다. 개인은 자유의지를 갖고 활동한다고 보고, 개인의 특성과 행동양식에 주목한다. 개인이 권리보장을 위해 사회와 계약을 맺었다는 사회계약론이 사회 명목론의 관점을 담고 있다. 자유적 관점을 바탕으로 개인의 능동적인 활동을 설명하기에 용이하다. 그러나 극단적인 개인주의와 이기주의를 조장할 우려가 있다.

② 개인과 사회의 조화 : 사회·문화현상을 심도 있게 이해하기 위해서는 상반된 성격의 사회 실재론과 사회 명목론을 상호보완적으로 적용해야 한다.

(2) 사회적 존재로의 성장

① 사회화의 정의와 과정

ㄱ 사회화의 정의 : 개인이 태어나 다른 개인과 상호작용하면서, 언어와 규범, 행동양식을 터득하고 한 사회의 구성원이 되는 것을 사회화라고 한다. 사회화를 통해 자아정체성과 인격을 형성하면서 사회적 존재로 성장한다.

ㄴ 사회화의 과정 : 사회화는 인생의 특정주기가 아닌 전 생애에서 이뤄진다.

- 유아기·아동기 : 가족 등 가까운 사람들을 통해 기본적인 욕구를 충족하고, 언어와 규범을 배우며 정서반응을 하게 된다. 이때 개인의 인격 형성에 큰 영향을 받게 된다.
- 청소년기 : 학교에서 또래들과 생활하며 영향을 주고받고, 지식을 습득하며 적성과 진로를 탐색한다.
- 성인기 : 직장생활을 시작하고 배우자를 만나 가정을 이루게 되며, 학교에서는 배울 수 없는 새로운 지식을 습득한다. 사회에 본격적으로 진출해 어엿한 사회구성원으로 성장하게 된다.
- 노년기 : 사회변화에 적응하면서 새로운 행동양식을 터득하고 인생의 마지막 순간을 준비하게 된다.

ㄷ 재사회화 : 이전과는 다른 새로운 환경에 적응하고 새로운 가치·규범을 학습하는 것이다.

ㄹ 예기 사회화 : 향후 변화하거나 옮겨가게 될 새로운 환경의 사회에 적응하기 위해, 사전에 행동양식을 학습하는 것이다.

② **사회화 기관의 유형** : 사회화 기관은 개인의 사회화에 영향을 끼치는 기관을 말한다.

  ㉠ 1차적 사회화 기관 : 가족이나 또래 등 유아기·아동기 때의 기초적 사회화 과정을 담당하는 기관이다.

  ㉡ 2차적 사회화 기관 : 전문적인 지식과 사회규범 등 기능을 익히는 기관이다. 학교와 직장, 대중매체 등이 해당한다.

  ㉢ 공식적 사회화 기관 : 사회화 자체를 목적으로 특수하게 설립된 직업훈련소 등의 기관이다.

  ㉣ 비공식적 사회화 기관 : 사회화 자체를 위한 것은 아니나, 사회화에 영향을 끼치는 가족, 대중매체 등이 해당한다.

③ **사회화 기관의 특징**

  ㉠ 가족 : 출생 후 처음으로 만나는 사회화 기관으로, 가족의 보살핌 아래 언어와 기초적인 생활규범·양식을 배운다. 개인의 인격 형성에 큰 영향을 미치므로 가장 중요한 기관이라 할 수 있다.

  ㉡ 또래집단 : 청소년기에는 또래와 어울리면서 집단생활을 하게 되고 행동발달에 영향을 주고 받는다. 자연스레 집단 내의 생활규범과 양식, 질서의식을 학습한다.

  ㉢ 학교 : 체계적인 사회화를 담당하는 기관으로 사회생활에 필요한 구체적인 지식과 사회규범을 배울 수 있다. 자신에 대한 외부 사회적 평가를 받게 되며, 그러면서 자아정체성을 확립해나간다.

  ㉣ 직장 : 업무와 관련된 기술과 지식을 배우고 조직사회에 걸맞은 규범을 터득한다. 또한 직장을 옮기거나 업무의 변화과정에서 이에 적응하기 위한 재사회화를 지속적으로 겪는다.

  ㉤ 대중매체 : 대중매체를 통해 빠르게 변화하는 사회상에 대한 정보를 습득하면서, 개인의 사회화 과정에도 영향을 받는다.

(3) 사회적 지위와 역할

① **사회적 지위** : 개인이 그 사회에서 차지하는 위치를 지위라고 한다.

  ㉠ 귀속지위 : 개인의 능력이나 노력 여부와는 관계없이 얻게 되는 지위다. 과거 신분제 사회에서의 양반, 노비 등은 귀속지위에 해당한다.

  ㉡ 성취지위 : 개인의 의지와 노력으로써 성취하는 지위를 말한다. 고위관료, 기업임원이나 남편, 아내 등은 성취지위에 해당한다.

② **사회적 역할** : 사회는 개인의 지위에 따라 수반되는 특정한 역할을 기대한다. 부모는 마땅히 자녀의 양육을 해야 하고, 대통령은 국가가 성장하도록 잘 이끌어야 한다. 한 사람이 가지는 지위도 다양하기 때문에 해야 할 역할도 그에 맞게 다양하며, 개인은 사회화를 거치면서 각 지위가 담당하는 역할을 학습한다.

  ㉠ 역할 행동 : 개인이 지위에 따라 자신에게 주어진 역할을 수행하는 구체적인 방식이다.

  ㉡ 역할 갈등 : 다양한 지위에 따른 다양한 역할이 요구되어 그중 어떤 것을 우선해야 하는지를 두고 일으키는 심리적 갈등이다.

  ㉢ 역할 갈등의 해결 : 먼저 우선순위를 적절히 설정하는 개인의 합리적 의사결정능력이 필요하다. 또한 그것이 사회적으로 바람직한 것인지 사회적인 합의가 있어야 하고, 어떤 역할도 포기할 수 없다면 사회는 제도적으로 뒷받침할 수 있는 장치를 마련하고 지원해야 한다.

2. 사회집단과 사회조직

(1) 사회집단의 정의

① **사회집단의 의미** : 가족, 학교, 직장, 동호회 등 둘 이상의 사람들이 모여 소속감과 공동체의식을 가지면서 지속적인 상호작용을 하는 집단을 말한다. 사회집단은 개인의 자아정체성 확립에 영향을 끼친다.

② **사회집단의 유형**

　㉠ 1차 집단과 2차 집단

　　• 1차 집단 : 가족, 또래와 같이 대면접촉·친밀함을 바탕으로 전인격적인 사회화가 일어나는 집단이다. 규모가 작고 구성원들의 연대감이 강하다. 원초집단이라 하기도 한다.

　　• 2차 집단 : 회사, 정당과 같이 특정한 목표달성을 위해 조직된 집단이다. 간접·수단적 접촉이 발생하며, 구성원은 규칙과 법률로써 통제된다.

　㉡ 공동사회와 이익사회

　　• 공동사회 : '공동체'라고도 하며 자연발생적으로 조직된 집단이다. 가족이나 전통적 촌락의 공동체가 이에 해당한다. 구성원들이 친밀하고 정서적으로 결합되어 있다.

　　• 이익사회 : '결사체'라고도 하며 특정한 목적·목표달성을 위해 조직된 집단이다. 학교, 회사, 정당 등이 이에 해당한다. 개인의 선택적 의지로 소속되는 집단이며, 구성원들은 각자의 이해 타산으로써 결합된다.

　㉢ 내집단과 외집단

　　• 내집단 : 구성원의 소속감이 강한 '우리 집단'이다.

　　• 외집단 : 구성원의 소속감이 없는 '타인 집단'이다.

　㉣ 준거집단 : 개인이 스스로의 신념과 가치관 등을 규정하고 행동의 지침으로 삼는 집단이다. 소속 집단이 준거집단과 일치할 경우 개인은 행복감과 안정감을 느끼지만, 불일치할 경우 상대적 박탈감과 불만족을 느낄 것이다.

(2) 사회조직의 정의

① **사회조직의 의미와 특징** : 사회조직은 뚜렷한 목표달성을 위한 규범과 절차가 체계적으로 설정된 조직으로 일반적으로 공식조직을 의미한다. 사회조직은 구성원 간의 수단적·형식적 관계가 나타난다.

② **비공식조직** : 기업 같은 공식조직에서는 비슷한 가치관, 성향, 취미 등을 가진 구성원들이 동호회 같은 비공식조직을 만들기도 한다. 이러한 비공식조직은 공식조직 내에서 활동하며 조직을 유지하는 데서 오는 긴장감을 해소하는 역할을 한다. 공식조직의 존재를 전제로 한다.

③ **자발적 결사체** : 공통의 목표와 가치관을 가진 사람들이 자발적으로 이루는 조직이다. 동호회 같은 친목집단이 있고, 노동조합처럼 특수이익을 추구하는 이익집단, 사회문제 해결을 위한 시민단체 등이 이에 해당한다. 이러한 자발적 결사체는 탈퇴·가입이 자유롭고 개인의 자아실현의 만족감을 준다. 사회의 다원화·민주화를 촉진하기도 하지만, 한편으론 자기집단만의 이익만을 강조하여 사회통합을 저해하기도 한다.

④ 관료제 조직 : 산업화 이후 대규모 조직을 효율적으로 운영하기 위해 나타난 조직형태다.
  ㉠ 관료제 조직의 특징
    • 업무가 세분화·전문화되어 업무의 효율성이 높다.
    • 조직 내 지위가 위계서열화되어 업무실패 시 책임소재가 분명하다.
    • 조직 내 규칙과 업무 절차가 정해져 안정된 조직운영이 가능하다.
    • 승진과 보상에 있어 연공서열이 중요시된다.
  ㉡ 관료제 조직의 문제점
    • 목표달성이 아닌 규칙과 절차에 더욱 치중하는 목적전치현상이 일어난다.
    • 외부 환경변화에 유연하게 대처하지 못하는 경직성이 일어난다.
    • 구성원을 조직객체로 여기는 인간소외현상이 일어난다.
    • 연공서열을 중시하는 승진·보상에 따른 무사안일주의가 나타난다.
⑤ 탈관료제 조직 : 관료제의 한계를 극복하기 위한 조직으로 팀제와 네트워크제로 운영된다.
  ㉠ 탈관료제 조직의 특징
    • 규칙·절차에 얽매이지 않고, 외부환경에 따라 자유롭게 변모하는 유연성을 갖춘다.
    • 조직구성원의 관계가 수평적이다.
    • 조직구성원의 자율성·창의성을 존중한다.
    • 연공서열이 아닌 개인의 능력과 성과에 따라 승진·보상이 이뤄진다.
  ㉡ 탈관료제 조직의 한계
    • 조직 안정성이 떨어져 구성원이 불안감을 느낄 수 있다.
    • 조직원의 책임·권한이 불명확해 갈등이 일어날 수 있다.

3. 사회구조와 일탈행동

(1) 사회구조

① **사회구조의 정의** : 사회구조란 사회적관계가 긴밀하게 하나의 안정된 틀을 이뤄 조직된 상태를 말한다. 사회구조는 개인과 집단의 행동에 영향을 끼친다.

② **사회구조와 개인행위** : 사회구조는 개인행위를 강제하며, 개인은 사회구조를 조정하거나 좌우할 수 없다. 그러나 사회주체들의 자발적인 노력으로 사회구조에 변화를 일으킬 수도 있다. 예를 들어 과거에는 많은 사회에서 일부 특정계층에게만 투표권이 있었으나, 이에 문제의식을 느낀 사람들이 지속적인 정치적 운동으로 투표권을 쟁취할 수 있었다.

(2) 일탈행동

① **일탈행동의 정의** : 사회가 정상적이라고 인정하는 규범의 허용범위를 벗어난 행위를 말한다. 친구와의 약속을 어기는 것부터 살인을 저지르는 것까지 경중이 다양하다. 보통 일탈행동은 사회통합을 저해해 바람직하지 못한 행동이라 취급되지만, 일탈행동이 사회적 문제를 지적함으로써 사회구조를 변화시키는 데 영향을 끼칠 수도 있다.

② 일탈행동에 관한 이론

　　㉠ 아노미 이론
　　　• 뒤르켐의 이론 : 아노미를 급격한 사회변동으로 인한 규범의 부재·혼재 상태로 본다. 사회가 이렇게 혼란해지면 개인의 일탈행동이 늘어난다고 설명한다.
　　　• 머튼의 이론 : 사회가 문화적 목표를 달성하기 위해 마련한 제도적 수단 간의 괴리와 혼란이 발생하는 상황을 아노미라고 본다. 일탈행동은 비합법적인 수단으로 문화적 목표를 달성하려는 과정에서 발생한다고 설명한다.
　　　• 아노미 이론의 한계 : 일탈행위를 사회구조적인 관점으로만 설명해, 개인 간의 상호작용이 일탈행동에 미치는 영향에 대해서는 등한시한다.
　　㉡ 차별 교제 이론 : 일탈행동을 하는 사람들에게 직접 영향을 받고 학습하여 일탈행위를 일으킨다고 본다. 그러나 이 이론은 일탈행위자들과 오랜 시간 접촉한 후에도 일탈행위를 일으키지 않는 사람들을 설명하는 데 한계가 있다. 또한 우발적인 일탈행위도 충분히 설명하지 못한다.
　　㉢ 낙인 이론 : 특정행위를 한 사람에게 주변인들이 일탈자라는 부정적 평가를 지속함으로써 일탈행위를 벌이게 된다는 이론이다.
　　　• 1차적 일탈 : 대부분의 사람들이 일시적으로 가볍게 하는 가벼운 일탈행동이다. 잘 발각되지 않고 문제시되지 않는다.
　　　• 2차적 일탈 : 1차적 일탈이 발각되어 일탈자로 낙인찍히게 되면, 스스로를 일탈자로 규정하고 일탈행위를 하게 된다.
　　　• 낙인 이론의 한계 : 개인의 일탈행위의 원인을 사회적 시선과 반응에만 지나치게 초점을 맞춘다. 또한 두 사람이 같은 낙인을 찍혔을 때, 한 쪽은 일탈행위를 저지르고 다른 한 쪽은 저지르지 않는 현상에 대해선 설명하지 못한다.

③ 일탈행동에 대한 대책

　　㉠ 아노미 이론 : 사회적 합의에 따른 지배규범을 마련하고, 사회적 목표를 달성할 수 있는 기회를 균등히 분배해야 한다.
　　㉡ 차별 교제 이론 : 일탈행동을 저지르는 사람을 차단하고, 정상적 집단과 교류하도록 도와야 한다.
　　㉢ 낙인 이론 : 낙인에 대한 신중한 접근과 낙인이 찍힌 후에도 정체성을 올바로 확립할 수 있도록 지원해야 한다.

1. 문화의 이해

(1) 문화의 정의

① 문화의 의미

ㄱ 좁은 의미 : 문화행사, 문화생활처럼 예술의 특정분야를 가리키거나, 문화시민이나 문화인처럼 세련되고 교양 있는 것을 가리키기도 한다.

ㄴ 넓은 의미 : 다문화, 생활문화처럼 사회구성원이 공유하는 생활양식, 규범, 사고방식 같은 삶의 방식 자체를 의미하는 말이기도 하다.

② 문화의 속성

ㄱ 공유성 : 문화는 사회의 구성원이 공유하는 생활양식이다.

ㄴ 학습성 : 개인은 사회에서 태어나 살아가며 그 사회의 생활양식을 후천적으로 배운다.

ㄷ 축적성 : 문화는 한 세대에서 다음 세대로 전승되고 시간이 흐름에 따라 새로운 요소들로 인해 축적된다.

ㄹ 전체성(총체성) : 문화는 사회의 언어, 예술, 가치, 규범 등 다양한 문화요소로 구성되어 있다. 각 구성요소는 독립적인 것이 아닌 유기적으로 상호작용하며 하나의 전체를 이룬다.

ㅁ 변동성 : 생활양식은 시간의 흐름에 따라 문화요소가 생겨나고 사라지는 등 계속해서 변화하고 새로운 모습으로 탈바꿈한다.

(2) 문화를 보는 관점

① 문화와 관점

ㄱ 총체론적 관점 : 어떤 문화현상을 이해하기 위해 다른 문화요소의 문화현상을 관련 지어 전체 문화의 맥락 속에서 의미를 파악하는 것이다.

ㄴ 비교론적 관점 : 모든 사회에 공통으로 존재하는 문화요소를 문화의 보편성이라고 하고, 한 문화에 있는 독특한 문화요소는 문화의 특수성이라고 한다. 그리고 서로 다른 문화의 공통점과 차이점을 분석하면서 보편성 · 특수성을 이해하려는 것이 비교론적 관점이다.

ㄷ 상대론적 관점 : 문화를 해당 사회의 환경과 상황 및 역사적 맥락에서 이해하는 관점이다.

② 다른 문화를 이해하는 태도

ㄱ 자문화 중심주의 : 자기의 문화만을 우수한 것으로 보고 이를 기준으로 다른 문화의 수준을 낮게 평가하는 것이다. 자기 문화의 자부심을 높이고 구성원의 결속을 강화할 수 있다. 그러나 다른 문화를 있는 그대로 이해하기 힘들고, 자기 문화만 지키려는 국수주의나 자기 문화만을 강요하는 문화 제국주의로 악화될 우려가 있다.

ㄴ 문화 사대주의 : 다른 문화를 자기 문화보다 우월하다고 여기고 추종하는 태도다. 다른 문화가 더 우수하다는 편견 때문에 다른 문화와 자기 문화 모두 객관적으로 바라볼 수 없다. 또한 자기 문화의 주체성을 상실해 전통문화가 희미해질 수도 있다.

© 문화 상대주의 : 문화 간의 우열이 존재하지 않으며, 각각의 문화가 서로 다른 자연환경, 역사, 사회적 배경으로 형성되어 왔다고 본다. 그래서 각각의 문화가 나름의 가치를 갖고 있다고 생각하는 태도다. 문화 간의 갈등을 줄이고 공존하기 위해 필요한 태도다.

2. 현대사회의 문화양상

(1) 하위문화

① 하위문화의 정의와 특징

    ㉠ 주류문화 : 한 사회의 구성원이 대부분 공유하는 문화다.

    ㉡ 하위문화 : 한 사회의 일부 구성원만이 공유하는 문화다. 사회가 다원화될수록 다양한 하위문화가 나타나는데, 이는 다양한 문화적 만족감을 선사하고, 문화적 획일성을 방지하는 역할을 한다.

② 다양한 하위문화

    ㉠ 지역문화 : 한 사회를 구성하는 다양한 지역사회의 구성원들이 해당 지역에서 공유하는 생활양식이다. 지역마다 특색 있는 지역문화가 존재한다. 최근에는 교통·통신의 발달로 지역문화의 특색이 약화되는 추세에 있다.

    ㉡ 세대문화 : 같은 시대에 살면서 그 시대만의 특정한 경험을 함께 한 사람들이 공유하는 문화다. 변화가 빠른 현대사회에서는 세대를 구분하는 연령범위가 좁아지면서 더 다양한 세대문화가 등장하고 있다.

    ㉢ 반문화 : 사회의 주류와 기득권에 불만을 갖고 정면으로 도전·저항하는 문화다. 지배적 문화에 적대적으로 반응해 사회갈등을 일으키지만, 그로 말미암아 사회변화를 이끌어내기도 한다.

(2) 대중문화

① 대중문화의 형성 : 대중문화는 일상 속에서 다수의 사람들이 향유하는 문화를 말한다. 신문, 라디오, 텔레비전 등의 대중매체가 보급되면서 발달하게 되었다. 이로써 영화, 음반 등의 문화상품이 생산되었고, 이를 대중이 소비하면서 대중문화가 정립됐다.

② 대중문화의 특징 : 과거에는 신문, 텔레비전 등의 일방향 소통으로서, 대중문화 생산자 측이 생산한 문화상품을 대중은 오로지 소비했다. 그러나 현재는 인터넷의 등장에 힘입어 일반대중도 문화상품을 생산하는 개인방송, 블로그 등 쌍방향 매체가 발달되었다. 문화상품을 생산하는 이들은 대중의 취향과 입맛, 사회경향을 분석해 상품을 내놓아야 외면받지 않는다.

③ 대중문화의 기능

    ㉠ 순기능 : 과거 대중매체가 발달하기 전에는 소수의 특권층만 문화적 혜택을 누렸으나, 대중문화의 등장으로 누구나 오락과 휴식을 얻어 풍요로운 삶을 즐길 수 있게 되었다. 또한 대중들에게 새로운 지식과 정보, 가치를 전달해 새로운 놀이문화가 탄생하도록 한다.

    ㉡ 역기능 : 문화상품이 획일적이고 대량으로 유통되기 때문에, 개인의 독창성이 저하될 수 있고 문화적 다양성이 약화될 수도 있다. 또한 문화상품이 상업성을 갖게 되어 선정적·쾌락적인 문화상품이 등장해 대중문화의 질을 낮출 수 있다. 아울러 특정세력이 대중매체를 장악해 자신의 이데올로기를 강요하고 정보를 왜곡하는 수단으로 악용할 수도 있다.

④ 대중문화의 비판적 수용 : 대중문화의 상업성·획일성을 감안해 그 내용을 선별해 받아들일 필요가 있다. 또한 저급한 대중문화상품을 감시하고 개선을 요구하는 등 적극적으로 목소리를 내야 한다. 대중매체가 전달하는 내용도 무조건 수용하기보다는, 정보의 출처는 명확한지 비판적으로 바라볼 필요가 있다.

3. 문화변동의 양상과 대응

(1) 문화변동

① 문화변동의 의미 : 어떤 문화든 고정되지 않고 끊임없이 변화한다. 문화가 변화하는 양상을 문화변동이라고 한다.

② 문화변동의 요인
　　㉠ 내부적 요인
　　　• 발명 : 이전에는 없었던 새로운 문화요소를 만들어내는 것이다. 바퀴, 자동차 등 물질적인 발명이나 제도와 같이 비물질적인 것을 모두 포함한다.
　　　• 발견 : 이미 존재했으나 아직 알려지지 않았던 사실·사물을 찾아내는 것이다.
　　㉡ 외부적 요인 : 한 사회가 다른 사회에 문화요소를 전달하는 전파가 있다.
　　　• 직접전파 : 사람이 직접 다른 사회의 사람과 접촉해 이뤄지는 전파다. 전쟁, 혼인, 무역, 국가 간 사신교류 등이 이에 해당한다.
　　　• 간접전파 : 책, 광고, 인터넷, 문화상품 등 매체를 통해 전파되는 것이다.
　　　• 자극전파 : 다른 사회의 문화에 자극을 받아 자기 사회에 새로운 문화요소를 만들어내는 것이다.

③ 문화변동의 양상
　　㉠ 내재적 변동 : 발견·발명 등으로 새로운 문화요소가 나타나 이를 사회구성원이 받아들이면서 일어나는 문화적 변동을 말한다.
　　㉡ 문화접변 : 서로 다른 두 사회가 장기간 접촉하면서 일어나는 문화적 변동을 말한다.
　　　• 강제적 문화접변 : 전쟁을 통한 정복이나 식민통치 등으로 한 사회가 다른 사회에 자기들의 문화요소를 강제로 주입하면서 나타나는 문화적 변동이다.
　　　• 자발적 문화접변 : 이주나 이민, 교류 등과 같이 두 사회가 지속적으로 접촉하면서 사회 구성원들이 필요성을 느껴 다른 사회의 문화요소를 받아들이는 것이다.

④ 문화접변의 결과
　　㉠ 문화공존 : 두 문화가 서로의 고유성을 잃지 않고 공존하는 것이다.
　　㉡ 문화동화 : 외부에서 유입된 다른 문화가 기존 문화요소를 잠식해, 기존 문화요소가 그 고유성과 정체성을 소실하는 것이다.
　　㉢ 문화융합 : 두 사회의 문화요소가 만나 양쪽의 특성을 띠면서도 한편으로는 다른 특성을 가진 새로운 문화요소가 탄생하는 것이다.

(2) 문화변동과정에서 나타나는 문제와 대응

① 문화변동이 야기하는 문제

    ㉠ 집단 간의 갈등 : 새로운 문화요소가 등장했을 때 이를 받아들여 기존문화를 대체하려는 집단과 기존 문화를 지키려는 집단이 갈등을 일으킬 수 있다.

    ㉡ 아노미 현상 : 문화변동이 급격하게 이뤄지고 규범이 사라지면서 사회적 혼란이 발생할 수 있다.

    ㉢ 정체성 혼란 : 새로운 문화요소가 유입되면서 기존 문화의 정체성이 혼란을 빚고 약화될 수 있다.

    ㉣ 문화지체 : 기술·문물 등의 물질문화와 제도·의식 등의 비물질문화가 한 사회에서 수용되는 속도가 각각 달라 부조화를 일으킬 수 있다.

② 문화변동이 일으키는 문제에 대한 대응

    ㉠ 집단 간의 갈등 : 관용·상대주의적 태도를 견지하고 상대와의 차이점을 존중하려는 자세가 필요하다.

    ㉡ 아노미 현상 : 문화변동에 따라 새로운 사회규범을 신속히 확립해야 한다.

    ㉢ 정체성 혼란 : 다른 문화요소가 유입되더라도 기존 문화의 정체성을 지키고 독자적으로 이어나가려는 노력이 필요하다.

    ㉣ 문화지체 : 새로운 물질적 문화요소의 유입에 따른 변화를 제어하고, 야기되는 사회적 혼란을 통제할 수 있는 제도를 구축해야 한다.

---

04   사회계층과 불평등

1. 사회불평등과 사회계층의 이해

(1) 사회불평등 현상의 정의

① 사회불평등 현상 : 사회의 자원의 양은 한정되어 있고, 이러한 희소성 때문에 사회구성원은 서로 더 많은 자원을 확보하기 위해 경쟁·대립하게 된다. 이 과정에서 사회구성원들에게 자원이 차등적으로 분배되어 위계적 질서가 확립되는 것을 말한다.

② 사회불평등 현상의 다양한 양상

    ㉠ 경제적 불평등 : 빈부격차라고도 하며 소득과 재산 등 물질적 가치가 차등적으로 분배된 것이다.

    ㉡ 정치적 불평등 : 권력을 행사할 수 있는 능력이 차등적으로 분배된 것이다.

    ㉢ 사회·문화적 불평등 : 교육수준과 명예, 신분 등 사회·문화적 생활수준이 불평등한 것이다.

③ 사회불평등 현상을 보는 관점

    ㉠ 기능론 : 사회불평등이 사회를 원활하게 돌아가게 하는 기능이 있다고 보는 관점이다. 기능론은 불평등이 사회를 분업화하고 각자 여러 가지 기능을 발휘하면서 사회를 유지·발전시킨다고 분석한다. 사회불평등은 구성원의 사회적 기여도에 따라 희소한 자원을 분배한 것이며, 구성원이 이에 합의했으므로 공정하다고 본다.

ⓛ 갈등론 : 기능론과 달리 분업화된 직업의 기능적 중요성에 대한 객관적인 기준이 없다고 본다. 불평등은 지배계층의 가치가 반영된 결과이자 자원이 불공정하게 분배된 상태이며, 사회의 갈등과 대립을 초래할 수밖에 없다고 분석한다.

ⓒ 계급론 : 계급은 생산수단의 소유여부에 따라 구분된 위치나 집단이며, 사회는 자본가 계급과 노동자 계급으로 이뤄진다. 사회의 정치적·사회적 불평등은 경제적 불평등에 종속되어 나타나는 현상으로, 이로 인한 계급 간 갈등은 불가피하다. 각 계급은 자기 계급에 대해서는 강한 계급의식을, 다른 계급에 대해서는 강한 적대감을 느낀다.

ⓔ 계층론 : 사회의 계층은 계급, 지위, 권력 등 다양한 요인에 따라 서열화된 위치 혹은 집단으로, 상류층·중류층·하류층으로 이뤄진다. 계층론에 의하면 사회의 계층 간 경계가 명확하지 않아 계층의식이 미약하고, 다른 계층에 대해 적대감이 약하다. 계층론은 사회불평등을 다차원적인 측면에서 이해하고, 현대사회의 지위불일치 현상을 설명하기에 적합하다.

(2) 사회이동과 사회계층구조

① **사회이동의 의미** : 개인·집단의 사회계층적 위치가 변화하는 것이다.

② **사회불평등 현상의 다양한 양상**

ⓐ 이동의 방향
- 수평이동 : 동일계층 내에서 사회적위치가 변화하는 것이다.
- 수직이동 : 계층적 위치가 높아지는 상승이동과 낮아지는 하강이동이 있다.

ⓑ 세대 간의 이동
- 세대 내 이동 : 한 개인의 생애 동안 이뤄지는 사회이동이다.
- 세대 간 이동 : 부모와 자녀와 같이 두 세대 이상에 걸쳐 이뤄지는 사회이동이다.

ⓒ 이동의 원인
- 개인적 이동 : 개인의 노력과 의지로 이뤄지는 사회이동이다.
- 구조적 이동 : 혁명, 전쟁 등 사회변동으로 이뤄지는 사회이동이다.

③ **사회계층구조의 의미** : 사회불평등이 일정한 형태로 고정된 구조를 뜻한다.

④ **사회계층구조의 유형**

ⓐ 계층의 비율에 따른 구분
- 수직형·수평형 계층구조 : 이론상으로만 존재하는 극단적 형태의 계층구조다.
- 피라미드형 계층구조 : 낮은 계층의 비율이 가장 높고 상층으로 갈수록 비율이 낮아지는 구조다. 신분제 사회에서 가장 흔한 구조로, 상층의 계급으로 갈수록 희소자원을 독점하게 된다.
- 다이아몬드형 계층구조 : 상층과 하층에 비해 중층의 비율이 가장 높은 형태의 안정적 구조다. 전문직·사무직 등의 중간계층의 비율이 높은 산업사회에서 두드러진다.

ⓑ 계층 간 이동 가능여부에 따른 구분
- 폐쇄적 계층구조 : 계층 간의 이동이 불가능한 구조다. 개인의 노력과 의지로 계층 상승·하강이 불가능하므로 사회의 역동성이 낮다. 전통적 신분제 사회에서 나타난다.

• 개방형 계층구조 : 계층 간의 이동이 가능한 구조다. 신분제가 폐지된 대부분의 사회에 나타나는 구조로 개인의 노력과 능력이 중요시된다. 그러나 개방형 계층구조를 갖췄더라도, 사회에 따라선 노력과 능력에도 이동이 활발하지 않은 폐쇄성을 띠기도 한다.

2. 다양한 사회불평등

(1) 사회적 소수자에 대한 차별

① 사회적 소수자 : 신체적·문화적·관념적인 차이 때문에 사회 안에서 다른 구성원의 차별을 받으며, 차별에 대한 인식을 갖고 있는 사람들을 말한다. 사회적 권한의 행사에서 주류 집단보다 열세에 놓인다. 사회적 소수자를 결정하는 핵심적인 요소는 구성원의 수가 아닌 구성원의 사회적 영향력이 얼마나 작으냐는 것이다.

② 사회적 소수자 문제의 양상 : 우리 사회에서 여성과 장애인, 성적 소수자는 사회적 소수자로 차별을 받아왔다. 최근에는 다문화사회로 진입하면서 외국인 근로자, 결혼 이민자 등 국적·종교·민족에 따른 차별도 함께 발생했다. 이러한 편견과 차별은 최근 들어 점차 개선되었고 관련 제도도 정비되었으나, 그럼에도 사회적 소수자에 대한 차별과 인권침해는 여전히 일어나고 있다.

③ 사회적 소수자 문제의 해결방안

  ㉠ 사회적 소수자에 대한 인식과 태도 변화

  ㉡ 사회적 소수자를 사회 구성원으로 받아들이려는 관용적 태도 견지

  ㉢ 사회적 소수자에게 동등한 기회를 부여하기 위한 법과 제도 마련

(2) 성 불평등 문제

① 성 불평등의 의미 : 남성과 여성의 차이를 이유로 남녀가 사회적인 권력과 위치에서 격차를 보이는 것이다. 일반적으로 여성이 남성에 비해 낮은 처우와 사회불평등을 겪고, 그런 양상은 정치·경제·문화 등 다방면에서 나타난다.

② 성 불평등의 원인과 해결방안

  ㉠ 원 인

    • 가부장적인 사회구조 : 전통적인 가부장제 관습에서 남성은 가정 외부에서 노동을, 여성은 가정 내에서 육아와 가사를 담당하는 경향이 지속되어 오면서 성별분업에 따른 차별이 발생했다. 이러한 차별인식은 여성의 사회진출이 활발해진 현대까지 이어져, 유리천장 등 직장에서의 성차별을 유발한다.

    • 차별적인 사회화 과정 : 남아·여아를 부모가 다르게 양육하는 과정, 학교교육에서 전통적 성역할을 내면화시키는 과정 등이 성 불평등을 유발하고, 고정된 성역할 인식을 고착화할 수 있다.

  ㉡ 해결방안 : 양성평등의 원칙에 어긋나는 제도를 개선하고, 양성평등 의식을 고취하기 위한 교육적 노력을 기울여야 한다.

(3) 빈곤문제의 해결

① 빈곤의 정의 : 인간이 기본적인 욕구를 충족시키는 데 필요한 자원의 결핍이 지속되는 것이다.

② 빈곤의 유형

  ㉠ 절대적 빈곤 : 인간이 기본적인 욕구를 충족시키는 데 필요한 자원이 절대적으로 부족한 현상이다. 최저생계비를 기준으로 판단한다.

  ㉡ 상대적 빈곤 : 사회의 한 구성원이 다른 구성원보다 자원·소득을 상대적으로 적게 가진 것을 말한다. 전체가구를 소득순으로 정렬해 중간수준에 있는 중위소득의 50%를 기준으로 그에 미치지 못하는 소득수준에 있다면 상대적 빈곤으로 판단한다.

③ 빈곤의 양상과 문제점 : 현재는 1인가구와 노인가구의 빈곤이 심각한 상황이다. 빈곤은 당사자의 주거, 교육, 의료 등 생활 전반에서 악영향을 끼친다. 빈곤이 지속되면 개인적 무력감에 빠져 인간관계에도 단절이 발생할 수 있다. 또한 빈곤은 사회통합을 어렵게 만들며 가난의 대물림 등 가족의 해체에도 영향을 미친다.

④ 빈곤의 원인과 해결방안

  ㉠ 원인 : 개인적 요인뿐 아니라 사회적 차별이나 사회구조적 원인에 의해 발생한다.

  ㉡ 해결방안

  • 개인적 차원 : 개인이 빈곤에서 벗어나려는 의지를 가져야 하며, 노동 능력을 기르고 구직에 적극적으로 나서야 한다. 빈곤하지 않은 개인은 공동체의식을 갖고 나눔을 실천하는 태도를 견지해야 한다.

  • 사회적 차원 : 국가는 빈곤층에게 일자리와 직업능력개발의 기회를 제공해야 한다. 또한 기본적인 생활을 영위할 수 있도록 기초생활지원금, 의료서비스, 교육지원 등 복지를 실현해야 한다.

3. 사회복지와 복지제도

(1) 사회복지의 실현

① 사회복지의 정의 : 개인에게 언제 찾아올지 모를 위험에 대비하고, 기본적인 욕구를 충족할 수 있도록 지원하는 것이다.

② 사회복지제도의 발전

  ㉠ 초기 자본주의 : 자유방임주의에 기초해 빈곤문제가 개인의 책임이라고 여겨, 주로 민간차원에서 빈민구제가 이뤄졌다.

  ㉡ 베버리지 보고서 : 자본주의의 발전으로 빈부격차의 심화, 대량실업 등 사회문제가 발생하면서 1942년 영국에서는 인간이 누려야 할 최소한의 삶의 수준을 규정한 베버리지 보고서가 채택되었다.

③ 복지제도의 유형

　　㉠ 사회보험 : 보험의 형태로 국민에게 닥칠 위험에 대비하도록 건강·소득서비스를 제공하는 제도
　　　　다. 모든 국민이 가입대상이며 의무적으로 가입해야 한다. 사회보험에 드는 비용은 기본적으로
　　　　가입자와 사용자가 부담한다. 보장수준에 관계없이 가입자의 소득수준에 맞춰 보험료가 차등
　　　　징수된다.

　　　　• 우리나라의 사회보험 : 국민연금, 국민건강보험, 고용보험, 산업재해보상보험, 노인장기요양
　　　　　보험 등

　　㉡ 공공부조 : 국가가 생활이 어려운 국민의 최저생활을 보장하고 자립할 수 있도록 돕는 것이다.
　　　　제도시행에 필요한 조세를 조세부담능력이 있는 사람에게 부담하기 때문에 사회보험보다 부의
　　　　재분재가 더욱 잘 이뤄진다.

　　　　• 우리나라의 공공부조 : 국민기초생활보장제도, 기초연금제도, 의료급여제도 등

　　㉢ 사회서비스 : 국가기관·민간차원의 도움이 필요한 국민의 삶의 질 제고를 위한 공공서비스다.
　　　　상담, 재활, 돌봄, 사회참여 지원 등의 비금전적 서비스를 제공한다. 사회보험과 공공부조를
　　　　보조하는 역할을 한다.

　　　　• 우리나라의 사회서비스 : 아이·노인돌봄, 장애인 활동지원, 간병서비스 등

(2) 복지제도의 역할과 한계

① 복지제도의 역할

　　㉠ 개인적 측면 : 개인의 생존권을 보장해 최소한의 인간다운 생활을 영위하도록 한다. 아울러 개인
　　　　의 잠재능력을 발휘하도록 돕고 자립을 지원한다.

　　㉡ 사회적 측면 : 사회적 위험에 공동으로 대응함으로써, 사회구성원의 공동체의식을 높이고 각자
　　　　의 존엄성과 가치를 구현하게 한다. 또한 빈부격차를 완화해 사회통합에 기여할 수 있다.

② 복지제도의 한계

　　㉠ 경제적 효율성 저하 : 경기침체가 지속될 시, 복지지출이 늘어나고 국민의 조세부담도 커질 수
　　　　있다. 정부의 재정이 악화되면서 경기침체가 길어질 수 있다.

　　㉡ 복지병 : 복지제도에 의존하며 자립하지 않고 스스로의 능력을 키우지 않는 도덕적 해이가 나타
　　　　나기 시작한다. 이 과정에서 복지제도의 효과가 제대로 발휘되지 않는 복지병 현상이 발생한다.
　　　　이러한 복지병은 복지제도를 축소하고 개혁하려는 신자유주의를 낳기도 했다.

③ 복지제도의 발전방향

　　㉠ 생산적 복지 : 복지병의 발생으로 나타난 방식으로 노동에 참여함을 전제로 복지를 제공하는
　　　　것을 말한다. 복지제도의 효율을 높이고 도덕적 해이로 인한 부작용을 방지하는 목적이 있다.

　　㉡ 보편적 복지 : 모든 사람을 대상으로 하는 복지로, 대상의 차등이 없어 형평성이 있지만 많은
　　　　비용이 든다.

　　㉢ 선별적 복지 : 반드시 필요한 사람을 우선적으로 골라 지원하는 복지형태다. 효율이 높고 비용도
　　　　적게 들지만, 복지를 받는 사람에게 빈곤의 낙인이 찍힐 수 있다는 단점이 있다.

1. 사회변동과 사회운동

(1) 사회변동의 설명

① 사회변동의 의미 : 일정한 시간동안 사회규범, 생활양식, 사회구조가 변화하는 현상이다. 어느 지역·시대의 사회에서나 나타나지만 변동속도, 정도 등에서 다양한 양상을 띤다.

② 사회변동의 요인

　㉠ 기술발달 : 이동수단, 정보통신 등 물질적 형태인 기술의 발달로 인해 사람들이 누리는 삶의 형태와 수준이 달라지면서 일어날 수 있다.

　㉡ 관념과 이념 : 시대적으로 일어나는 관념과 이념운동으로 인해 사회변동이 발생한다. 계몽사상 등은 시민계급의 혁명을 야기했고, 프로테스탄트 윤리는 자본주의가 촉발되게 했다.

　㉢ 집단 간의 갈등 : 사회적 소수자에 대한 차별로 발생한 집단 간의 갈등이 사회 안에 다른 시각을 만들어내고 이에 따라 사회운동을 촉발했다. 이러한 사회운동은 사회변동을 일으킨다.

　㉣ 정부 : 정부가 사회발전을 목표로 제도확립이나 국가적 정책시행 등으로 사회변동을 유도할 수 있다.

　㉤ 자연환경적 요인 : 자연재해나 환경오염 등에 영향을 받아 사회의 생활상에도 변화를 일으킬 수 있다. 가령 지구온난화 위기가 현실화되자 각국 정부는 탄소배출 저감을 위해 경유 차량운행을 제한하고 있다.

③ 사회변동을 설명하는 이론

　㉠ 순환론과 진화론

　　• 순환론 : 사회는 하나의 유기체처럼 언젠가는 소멸할 운명을 지니고 있다. 또한 사회변동이 곧 사회자체의 진보와 발전을 의미하지는 않는다고 본다. 사회변동 과정을 단기적으로 설명하고, 향후의 사회변동 방향을 예측하기 어렵다.

　　• 진화론 : 사회는 생명체가 진화하듯이 일정한 방향으로 변동한다. 또한 서구사회가 진보된 사회라고 보는 관점으로, 서양 제국주의의 비서구 사회 식민통치를 정당화할 수 있다.

　㉡ 기능론과 갈등론

　　• 기능론 : 사회는 상호의존적인 요소로 구성되며 각 요소가 균형을 이루면서 안정적으로 유지된다. 또한 사회변동은 일시적으로 발생하는 사회 불균형을 극복해나가는 과정으로 본다. 혁명과 같은 사회의 급격한 변동을 설명하는 데는 적합하지 않다.

　　• 갈등론 : 사회는 소수 지배집단이 다수 피지배집단을 강제·억압하며 유지되고, 사회에 내재한 집단 간의 갈등으로 사회변동이 발생한다고 본다. 또한 사회변동을 불평등한 사회구조를 개선해나가는 과정으로 해석한다. 사회통합 등 사회구성원들 간의 상호의존성을 설명하는 데는 적합하지 않다.

(2) 사회변동에 영향을 끼치는 사회운동

① 사회운동의 정의 : 개인의 신념과 가치관을 실현하기 위해, 동일한 신념을 가진 개인들이 조직을 구성해 목표를 갖고 행동하는 것이다. 노동·환경·민주화운동이 해당한다.

② 사회운동이 사회변동에 끼치는 영향 : 사회운동은 사회변동을 목표로 하며, 기존 사회가 갖고 있던 문제점·병폐 등과 이에 대한 문제의식을 수면 위로 떠오르게 한다. 그럼으로써 문제의 원인과 책임, 해결방안을 시민에게 알리고 공동의식을 일으켜 문제를 해결하고자 한다.

2. 현대사회의 변화와 대응방안

(1) 세계화와 다문화 사회

① 세계화의 정의 : 국경과 민족을 초월하여 전 세계 사람들이 정치·경제·문화 등 다양한 방면에서 서로 영향을 주고받는 것이다. 삶의 영역이 한 지역에서 전 세계로 확대되는 것이다.

② 세계화의 배경 : 항공기 등 교통수단과 인터넷 등 정보통신의 발달로 국가 간 교류에 드는 시간과 비용이 크게 단축되면서, 다양한 분야에 걸쳐 국경을 초월한 교류가 확대되었다.

③ 세계화의 영향과 대처

    ㉠ 경제 : 기업은 더 넓은 시장에 진출할 수 있게 되어 국가 간의 경쟁력을 겨룰 수 있게 되었다. 한편으론 국가 간 경쟁이 심화되어 경쟁력이 떨어지는 국가의 산업기반이 약화되고, 국가 간의 빈부격차가 커지기도 했다.

    ㉡ 문화 : 국가가 나름의 문화를 교류하며 사람들은 더 다양한 문화를 누릴 수 있게 되었다. 한편으론 그런 과정에서 문화 간의 갈등이 일어나고, 강대국의 문화가 약소국의 문화를 잠식하는 양상이 나타나기도 했다.

    ㉢ 정치 : 전 지구적인 인간의 보편적 가치가 확립되기도 했지만, 국제기구·강대국·다국적 기업의 영향력이 강대해지면서 약소국의 자율성을 침해하기도 한다.

    ㉣ 세계화에 대한 대처 : 기술력과 독자적인 문화를 발전시켜 세계에서 경쟁력을 갖춰야 하고, 우수 인력·부가가치산업을 적극적으로 육성해야 한다.

④ 정보화로 인한 영향

    ㉠ 정보화의 정의 : 정보통신기술의 발달로 인간의 주요활동이 정보통신을 바탕으로 이뤄지고, 지식정보가 산업과 경제활동에 중추적인 역할을 하게 되는 것이다. 정보화를 이룬 사회를 정보화 사회라고 한다.

    ㉡ 정보화의 영향

        • 경제 : 지식정보가 부가가치산업의 원천으로 부상했고, 개개인의 다양한 욕구와 취향을 만족하는 상품이 다품종 소량생산방식으로 생산된다. 소비자는 전자상거래를 통해 상품정보를 수집·교환하기 수월해졌고, 편리하게 경제적 욕구를 충족하게 되었다.

        • 노동 : 원격·재택근무가 활성화되면서 근로자가 시간과 공간의 제약 없이 자유롭게 근로할 수 있게 되었다. 또한 탈관료제 따위의 수평적 사회조직이 증가했다.

        • 사회 : 인터넷 매체를 통해 사회적 관계를 맺는 사람들이 늘어났고, 자신의 의견을 불특정다수에게 자유롭게 개진할 수 있게 되었다.

ⓒ 정보화의 부작용과 대처방안

- 부작용 : 정보화는 개인정보유출로 인한 사생활침해와 이를 악용한 사이버범죄를 야기했다. 또한 정보기술 환경에 따른 정보격차로 사회·경제적 불평등이 일어났고, 정보가 범람하는 정보과잉이 발생하며 불건전한 정보가 유포되기도 했다. 아울러 인터넷을 통한 인간관계가 빈번히 성립되면서, 외려 대면접촉이 빈약해지는 인간소외현상을 유발하기도 했다.
- 대처방안
    - 개인적 차원 : 정보화사회에서 올바른 정보윤리를 함양하고, 인터넷 활동을 통한 불법행위 등 타인의 권리를 침해하는 시도를 하지 않아야 한다. 또한 확인되지 않은 정보를 맹신해서는 안 되고 비판적으로 바라보는 자세를 가져야 한다.
    - 사회적 차원 : 정보화의 부작용에 대처하는 법률적·제도적인 장치를 마련해 이로 인한 피해가 없도록 예방해야 한다.

(2) 저출산·고령화사회와 다문화사회

① 저출산·고령화사회의 원인 : 여성의 사회진출, 출산과 양육에 대한 가치관 변화, 결혼기피 현상 및 혼인·출산연령 상승, 자녀양육부담 등이 복합적으로 작용해 출생아 수가 줄면서 저출산 현상이 심화되고 있다. 아울러 의료기술이 발달해 평균수명이 오르면서 노인인구비율이 느는 고령화가 빠르게 진행되고 있다.

② 저출산·고령화의 영향 : 저출산·고령화는 우리 경제의 성장동력을 저해하고, 생산가능인구가 줄면서 소비위축과 노동생산성 감소로 이어진다. 노인에 대한 복지지출과 부양비가 늘어나고, 국가재정의 건전성도 악화될 수 있다.

③ 고령화사회·고령사회·초고령사회 : 전체인구 중 노인인구(65세 이상 인구)의 비중이 7% 이상인 사회를 고령화사회, 14% 이상인 사회를 고령사회, 20% 이상인 사회를 초고령사회라고 한다.

④ 저출산·고령화의 대응방안

ⓐ 출산·보육환경 개선 : 자녀의 양육부담을 줄이고 일과 보육의 양립이 가능하도록 보육환경을 개선해야 한다. 여성의 출산 후 경력단절을 막는 등 제도 개선도 필요하다.

ⓑ 청년의 경제적 부담 완화 : 청년 일자리와 신혼부부의 주거 문제를 해결하고, 가부장적 가족문화를 개선해 결혼·출산의 어려움을 해소해야 한다.

ⓒ 고령화에 대한 적절한 대비 : 고령자가 연령에 관계없이 일할 수 있는 환경을 구축하고, 고령친화산업을 육성해 고령화에 대비해야 한다. 고령자에 대한 건강관리·돌봄을 지원하는 제도도 필요하다.

⑤ 다문화적 변화와 영향

ⓐ 다문화사회의 정의 : 결혼이민, 외국인 근로자 유입 등으로 다양한 문화를 가진 사람들이 함께 어울려 사는 사회를 말한다.

ⓑ 다문화사회의 영향 : 문화의 다양성이 강화돼 문화의 발전 가능성을 높이고, 사회 구성원들이 다양한 문화를 경험할 수 있게 해준다. 노동력 부족 문제를 해결해 국가 발전을 제고하는 데도 도움을 줄 수 있다. 그러나 다문화가정과 외국인 근로자에 대한 차별과 혐오도 여전히 발생하고 있어 사회통합을 저해하고 있는 현실도 있다.

⑥ 다문화사회의 대응방안

　　㉠ 다문화주의 정착 : 다문화사회에서 발생하는 문제를 해결하기 위한 다문화주의를 정착시켜, 다
　　　양한 인종·종교를 가진 사람들과 공존하는 환경을 조성해야 한다. 이주민들이 차별 받지 않도
　　　록 관련 제도·장치를 정비하는 것도 필요하다.

　　㉡ 다문화교육 강화 : '다름'을 '틀림'으로 의식하지 않도록 국가적 차원에서 교육을 강화해야 하며,
　　　자연스레 다양한 인종·국가의 문화를 경험할 수 있도록 프로그램을 구축해야 한다.

3. 전 지구적 수준의 문제와 지속가능한 사회

(1) 전 지구적 수준의 문제

① 전 지구적 수준의 문제의 의미 : 전 세계에 동시다발적으로 발생하고, 특정 사회가 아닌 주변국과
　전 세계에 영향을 끼치는 사회문제를 말한다. 대개 인간의 무분별한 욕망이 일으킨 것으로 세대
　간에 걸쳐 지속될 수 있다. 특정국가의 힘만으로는 해결하기 어렵고 전 세계 사람들이 문제의식을
　공유하고 행동해야 해결 가능성이 커진다.

② 전 지구적 수준의 문제 유형

　㉠ 환경문제 : 지구온난화, 열대우림파괴, 사막화현상, 빙하감소 등이 있다.

　　• 지구온난화 : 산업화의 영향으로 인구가 증가하고, 대량생산·소비가 계속되면서 지구환경이
　　　오염되기 시작했다. 특히 화석연료의 무분별한 사용으로 지구의 평균온도가 상승하는 지구온
　　　난화 현상이 나타나며 세계를 위기에 빠뜨리고 있다.

　　• 열대우림파괴 : 열대우림을 무분별하게 개발하면서 열대우림파괴가 일어나, 서식하는 동식물
　　　을 멸종시키고 생물다양성을 감소시키고 있다. 또한 지구의 허파라고 불리는 우림이 훼손되면
　　　서 대기중 이산화탄소 비율을 높이고 기상이변을 일으킨다.

　㉡ 자원문제

　　• 자원고갈 : 산업화 과정에서 자원을 무분별하게 대량으로 소비했고, 그 결과 중요자원이 고갈
　　　되는 현상이 발생했다.

　　• 식량부족 : 전쟁, 이상기후, 사막화 등으로 곡물을 생산할 수 있는 경작지가 줄어들면서, 식량
　　　가격이 오르고 경작지도 줄어드는 현상이 발생했다.

　　• 물부족 : 지구온난화로 인한 가뭄이 점점 심해지면서 식수·산업용수 확보가 어려운 국가가
　　　늘어나고 있다.

　㉢ 전쟁과 테러 : 현재도 정치적·종교적 갈등으로 인해 국가 간의 대규모 전면전이 발생하는 상황
　　이며, 특정목적을 위해 민간인에게까지 피해를 입히는 테러가 세계평화를 위협하고 있다.

(2) 지속가능한 사회에 대한 추구

① **지속가능한 사회** : 현재뿐 아니라 미래세대까지 안정적이고 풍요로운 생활을 영위할 수 있도록 경제 성장, 사회안정·통합, 환경보전 등이 조화를 이루는 사회다.

② **지속가능한 사회를 이루기 위한 자세** : 국제사회의 노력과 함께 개인이 '세계시민'이라는 자세를 가져야 한다. 현대 시민은 지구 전체를 생각하는 세계관을 바탕으로 내가 속한 인류를 긴밀히 상호 작용하는 하나의 운명공동체라고 여겨야 한다. 이에 따라 세계 곳곳에서 발생하는 전쟁, 기아, 환경 오염 등의 문제에 공감하고 관심을 두어야 한다. 아울러 전 지구적 수준의 문제를 비판적으로 바라 보고 해결점을 찾기 위해 적극적으로 노력해야 한다.

01 밑줄 친 ㉠, ㉡과 같은 현상의 일반적인 특징에 대한 설명으로 옳은 것은?

> 지리산에서 '3세대 반달가슴곰'이 또 발견되었다. 국립공원관리공단은 ㉠ 지리산에 반달가슴곰을 차례로 방사해 왔는데, 이번에 발견된 반달가슴곰을 포획해 DNA를 분석한 결과, 자연적으로 출생한 3세대라는 결론이 나왔다. 국립공원관리공단은 "㉡ 3세대 곰들이 지속적으로 태어나는 것은 곰들이 야생에 안정적으로 적응해 스스로 잘 살아가고 있다는 증거"라고 발표했다.

① ㉠과 같은 현상은 ㉡ 현상과 달리 몰가치적이다.
② ㉠과 같은 현상은 ㉡ 현상에 비해 보편성이 강하다.
③ ㉠과 같은 현상은 ㉡ 현상과 달리 예측이 용이하다.
④ ㉡과 같은 현상은 ㉠ 현상에 비해 인과관계가 분명하다.

해설
㉠은 사회·문화현상, ㉡은 자연현상에 해당한다. 자연현상은 사회·문화 현상에 비해 인과관계가 분명하다.

02 A~C가 제시한 자료수집방법의 일반적인 특징에 대한 설명으로 옳은 것은?(단, A~C가 제시한 자료수집방법은 각각 질문지법, 면접법, 문헌연구법 중 하나다.)

> 조장 : 우리 조의 주제인 '교권침해현상'을 탐구하는 데 적합한 자료수집방법에 대해 이야기해 보자.
> A : 우선 교권침해에 대한 정의나 실태를 파악하기 위해 선행연구나 최근 보도자료를 찾아봐야 해.
> B : 우리학교 선생님들과 학생들 모두를 대상으로 질문을 해서 선생님들과 학생들의 교권침해에 대한 인식을 통계적으로 분석해 보자.
> C : 교권침해 경험이 있는 선생님을 인터뷰해서 솔직하고 깊이 있는 자료를 얻는 것도 필요해.

① A의 방법은 연구주제와 관련된 동향을 살펴보기에 용이하다.
② B의 방법은 2차 자료를 수집하기 위한 것이다.
③ C의 방법은 대량의 자료를 수집하기에 용이하다.
④ B의 방법은 C의 방법에 비해 연구자의 주관이 개입될 우려가 크다.

해설
A는 문헌연구법, B는 질문지법, C는 면접법을 제시하고 있다. 문헌연구법은 기존자료를 활용해 필요한 정보를 수집하는 방법으로 연구주제와 관련된 최근 동향을 살피기 위해 많이 활용된다.
② 질문지법은 1차 자료를 수집하기 위한 것이다.
③ 면접법은 소수를 대상으로 깊이 있는 자료를 얻기에 용이하다.
④ 연구자의 주관이 개입될 우려가 큰 방법은 면접법이다.

03 밑줄 친 ㉠~㉂에 대한 설명으로 옳은 것은?

> 연구팀은 학생의 ㉠ 학업성취도 향상에 ㉡ 토론 수업이 효과적인지 알아보기 위한 연구를 시작했다. 성취도 수준이 비슷한 학생 10명을 5명씩 A, B 두 집단으로 나누어 ㉢ A집단은 기존대로 자율학습을 진행하도록 하고, ㉣ B 집단은 ㉤ 토론 수업에 따라 학습을 진행했다. 6개월 동안 실험을 진행한 결과 A집단과 달리 B집단에 속한 학생들은 ㉥ 학교시험 점수와 과목별 석차 등 성취도를 나타내는 지표들이 유의미하게 향상된 것으로 나타났다.

① ㉠은 독립변수, ㉡은 종속변수이다.
② ㉢은 실험집단, ㉣은 통제집단이다.
③ ㉤은 종속변수의 변화를 알아보기 위한 처치이다.
④ ㉥은 독립변수를 조작적으로 정의한 것이다.

해설

연구에서 사용된 자료수집방법은 실험법이다. 연구에서 종속변수는 학업성취도이며, 독립변수인 토론 수업의 실시는 종속변수의 변화를 파악하기 위한 처치에 해당한다.
① ㉠은 종속변수, ㉡은 독립변수이다.
② ㉢은 통제집단, ㉣은 실험집단이다.
④ ㉥은 종속변수를 조작적으로 정의한 것이다.

04 개인과 사회의 관계를 바라보는 관점 (가), (나)에 대한 설명으로 옳은 것은?

> A : 어른에게 존댓말을 쓰는 것은 우리사회의 전통과 관습에 의해 강제된 것이다.
> B : 존댓말을 쓰지 않는 사람들도 있듯, 존댓말 사용은 개인의 능동적인 선택에 의한 것이다.
> 사회자 : A의 관점은 (가), B의 관점은 (나)를 바탕으로 하고 있다.

① (가)는 사회가 개인의 합에 불과하다고 본다.
② (가)는 사회가 개인의 외부에 실제로 존재한다고 본다.
③ (나)는 개인은 사회 속에서만 존재 의미를 갖는다고 본다.
④ (나)는 사회 전체를 위해 개인의 희생을 정당화할 위험이 있다.

해설

(가)는 사회실재론, (나)는 사회명목론이다. 사회실재론은 사회가 개인의 외부에 실제로 존재한다고 본다.
④ 사회실재론은 사회 전체를 위해 개인의 희생을 정당화할 위험성이 있다.

05 밑줄 친 ⊙, ⊙에 나타난 문화 이해의 태도에 대한 설명으로 옳은 것은?

> • A국의 선교사들은 자국문화를 B국으로 전파했다. 이때 선교사들은 B국의 문화적 전통이나 가치 규범은 무시한 채 ⊙ A국의 생활양식이 가장 바람직하다는 생각을 가지고 A국의 문화요소를 전하기 위해 노력했다.
> • 인도사람들은 갠지스강에서 목욕이나 빨래를 하는데, 이 강에는 시체가 떠내려 오기도 한다. 이를 사람들은 아무렇지 않게 여기는데, 힌두교를 믿는 인도인들은 갠지스강을 성스러운 장소로 여겨 이 강에서는 모든 것이 정화된다고 믿는다. 이처럼 ⊙ 한 사회의 문화는 그 사회의 입장에서 바라봐야 올바르게 이해할 수 있다.

① ⊙의 태도는 다른 문화수용에 적극적이다.
② ⊙의 태도는 모든 문화의 고유가치를 존중한다.
③ ⊙의 태도는 자기 문화의 주체성을 상실할 가능성이 높다.
④ ⊙의 태도는 ⊙과 달리 문화 간에 우열이 없다고 본다.

해설
⊙에는 자문화 중심주의, ⊙에는 문화상대주의가 나타나 있다. ④ 자문화 중심주의는 문화 간에 우열이 있다고 보는 반면, 문화상대주의는 없다고 본다.

06 다음 서비스 후기에서 밑줄 친 ⊙~② 에 대한 설명으로 옳은 것은?

> "아이를 돌봐주는 돌봄서비스로 직장에서는 일에 집중하고,
> ⊙ 가족의 행복을 찾으세요."
> 저는 24개월 된 ⊙ 아들을 둔 워킹맘입니다. 아이가 아플 때마다 어린이집에 맡기고 ⓒ 직장에 출근을 해야 할지, 집에서 돌봐야 할지 ② 고민이 많았습니다. 하지만 1년 전부터 아이돌봄서비스를 이용해 걱정 없이 아이를 키우고 있고, 회사에서는 업무에 집중할 수 있었습니다.

① ⊙은 2차적 사회화기관이다.
② ⊙은 성취지위이다.
③ ⓒ은 공식적 사회화기관이다.
④ ②은 역할갈등에 해당한다.

해설
① 가족은 1차적 사회화기관이다.
② 아들은 귀속지위이다.
③ 직장은 비공식적 사회화기관이다.

07 사회집단 및 사회조직의 유형 A~C에 대한 설명으로 옳은 것은?

> • A~C는 각각 비공식조직, 이익사회, 자발적 결사체 중 하나다.
> • B 또는 C에 해당하는 집단 및 조직이라면 A에도 해당한다.
> • B에 해당하는 집단 및 조직이라면 C에도 해당한다.

① A는 자발적 결사체다.
② B는 공식조직의 존재를 전제로 한다.
③ C는 본질의지를 바탕으로 형성된다.
④ A와 B 모두 구성원 간에 친밀한 대면접촉이 지배적이다.

해설
A는 이익사회, B는 비공식조직, C는 자발적 결사체다. ② 비공식조직은 공식조직 내에서 활동하므로 공식조직의 존재를 전제한다.

08 다음은 사회조직 유형 A, B의 일반적 특징을 비교한 것이다. 이에 대한 설명으로 옳은 것은? (단, A, B는 각각 관료제와 탈관료제 중 하나다.)

업무내용의 표준화 정도	A > B
업무수행의 자율성 정도	(가)
(나)	A < B

① (가)에는 'A > B'가 적절하다.
② (나)에는 '조직 내 지위의 서열화 정도'가 적절하다.
③ A, B 모두 2차적 인간관계가 지배적이다.
④ B는 A보다 명시적인 규칙과 절차를 강조한다.

해설
A는 관료제, B는 탈관료제이다. 관료제와 탈관료제 모두 공식조직으로 2차적 인간관계가 지배적이다.
① 업무수행의 자율성 정도는 탈관료제가 더 크다.
② 조직 내 지위의 서열화 정도는 관료제가 탈관료제보다 강하다.
④ 명시적 규칙과 절차를 강조하는 성향은 탈관료제보다 관료제가 강하다.

09 근대화와 관련된 A, B의 이론에 대한 설명으로 옳은 것은?

> A : 비서방 국가들도 서방선진국이 밟은 근대화 과정을 모방하면 발전할 수 있다.
> B : 제3세계 국가들은 계속되는 서방선진국의 착취 때문에 저개발 상태를 벗어날 수 없다.

① A의 이론은 서방 중심적 사고라는 비판을 받기도 한다.
② A의 이론은 비서방 국가들이 발전하지 못하는 이유를 외부적 요인에서 찾는다.
③ B의 이론은 개발도상국의 발전을 설명하기에 적합하다.
④ B의 이론은 서구사회의 식민정책을 정당화하는 근거로 활용됐다.

해설
A는 근대화론, B는 종속이론의 입장에서 근대화를 이해하고 있다.

10 개인과 사회의 관계를 바라보는 A, B의 관점에 대한 설명으로 옳은 것은?

> 토론 주제 : 학교폭력 문제를 해결하기 위해서는 어떻게 해야 하는가?
> A : 학교폭력 문제는 근본적으로 개인의 도덕성 부재에서 기인한다. 따라서 문제해결을 위해서는
>   개개인이 타인의 고통에 공감하는 능력을 기르고 높은 도덕성을 갖추고자 노력해야 한다.
> B : 학교폭력 문제는 단순히 개인의 도덕성 문제가 아니라 우리사회가 안고 있는 구조적 문제에서
>   출발한다. 따라서 문제해결을 위해서는 인권교육을 강화하고 경쟁위주의 교육제도를 개선해야
>   한다.

① A는 사회가 개인으로 환원될 수 없는 독자성을 지닌다고 본다.
② A는 개인이 사회를 구성하고 변화시키는 능동적인 존재라고 본다.
③ B는 사회가 상호작용하는 개인들의 단순한 집합일 뿐이라고 본다.
④ B는 개인은 사회에 대해 독립적이고 개별적인 존재라고 본다.

해설
A의 관점은 학교폭력 문제의 원인과 대책을 개인적 차원에서 접근하는 명목론적 관점이며, B의 관점은 구조적 측면에서 접근하는 실재론적 관점에 해당한다. 개인을 사회변화에 있어 능동적 존재로 바라보는 것은 사회 명목론적 관점에 해당한다.

11 밑줄 친 ㉠~㉤에 대한 설명으로 옳지 않은 것은?

A는 평소 ㉠ 학급회장으로서 급우들의 의견을 대변하고 선생님의 말씀을 따라야 하는 책무를 잘 수행해 왔다. 그런데 ㉡ 학교에서 개최하는 합창대회를 앞두고 합창곡을 선택하는 과정에서 ㉢ 학급 친구들은 대중가요를 새롭게 요구하는 반면 ㉣ 선생님은 기존대로 가곡을 선곡하는 것이 좋겠다고 말씀하셨다. 이에 A는 급우들의 요구와 선생님의 말씀 중 무엇을 수용해야 할지 고민이 되어 ㉤ 아버지께 조언을 구했다.

① ㉠은 A의 역할 행동이다.
② ㉡은 사회화를 목적으로 설립된 기관이다.
③ ㉢은 A의 소속집단이다.
④ ㉣은 ㉤과 달리 성취지위에 해당한다.

해설
④ 선생님과 아버지 모두 후천적으로 획득한 성취지위에 해당한다.
② 사회화를 목적으로 설립된 기관은 공식적 사회화기관으로, 학교는 공식적 사회화기관에 해당한다.

12 다음에서 강조하는 내용으로 가장 적절한 것은?

사회학이 사회를 연구하는 경험과학이라고 한다면, 어떤 이론적 진술이 타당한지 또는 구체적 현실에 부합하는지 객관적으로 검증될 수 있어야 한다. 이를 위해 사회현상을 분석하는 과정에서 연구자는 일체의 가치를 배제하고, 있는 그대로의 사실을 탐구해야 한다. 그래야만 사회현상에 대한 과학적 이해가 가능하게 된다.

① 사실과 가치의 구분은 불가능하다.
② 개인적 가치보다 사회적 가치를 우선해야 한다.
③ 연구자는 가치중립적인 자세로 탐구에 임해야 한다.
④ 연구자는 연구과정에서 개방적 태도를 유지해야 한다.

해설
연구과정에서 연구자는 가치중립적인 자세를 가져야 함을 강조하고 있다.

13 다음은 사회·문화현상을 바라보는 관점 (가)~(다)를 비교한 것이다. 이에 대한 설명으로 옳은 것은?

구 분	(가)	(나)	(다)
전 제	사회는 유기체와 유사한 특성을 지니고 있다.	사회적 관계는 지배와 피지배의 관계로 이뤄진다.	인간은 자율성을 지닌 능동적 존재다.
기본입장	사회는 본질적으로 조화와 균형을 이루는 체계다.	계급 간의 갈등은 필연적으로 발생한다.	인간은 대상에 대해 주관적인 의미를 부여하는 주체다.

① (가)는 사회구성요소 간의 상호의존적 관계를 경시한다.
② (나)는 급격한 사회변동을 설명하기 어렵다.
③ (다)는 기득권층의 이익을 대변한다는 비판을 받는다.
④ (가)는 (나)와 달리 사회의 통합·존속을 중시한다.

해설

(가)는 기능론, (나)는 갈등론, (다)는 상징적 상호작용론이다. ④ 기능론은 사회통합과 존속을 위해 사회구성원이 규범을 준수해야 한다고 본다.

14 대중문화를 바라보는 A~C의 견해에 대한 분석으로 옳은 것은?

> A : 오늘날 누구나 약간의 비용만 부담하면 클래식, 오페라 등 수준 높은 문화를 즐길 수 있게 되었다.
> B : 사람들이 예능프로그램과 드라마에 빠져 뉴스를 외면하고, 신문의 연예기사만 즐겨 보는 것은 심각한 문제다.
> C : 너나 할 것 없이 연예인을 따라 똑같은 패션 스타일을 하고 있는 것도 문제다.

① A는 지나친 상업성 추구로 인한 대중문화의 질적 저하를 우려한다.
② B는 사람들이 대중문화를 통해 정치에 대한 무관심을 극복하고 있다고 본다.
③ C는 대중문화가 개성을 상실한 획일적 인간을 양산하고 있다고 본다.
④ B, C 모두 대중문화의 오락 및 여가제공기능이 약화되고 있다는 점을 강조한다.

해설

③ C의 진술 중 '너나 할 것 없이 연예인을 따라한다.'라는 부분을 통해 대중문화가 개인을 몰개성화시키고 있음을 알 수 있다.

15 밑줄 친 ㉠~㉣에 대한 옳은 설명을 〈보기〉에서 있는 대로 고른 것은?

> ㉠ 경기불황으로 혼인기피 현상이 확산되면서 1인가구가 증가하고 있다. 소득이 적은 1인가구는 소유보다는 공유를 지향하는 소비를 하게 되었고, 이로 인해 공유경제 시장이 유망산업으로 등장하면서 ㉡ 공유경제 문화가 확산됐다. 공유경제 문화는 물자를 절약하고 재활용하자는 취지로 아껴 쓰고 나눠 쓰고 바꿔 쓰고 다시 쓰자는 ㉢ '아나바다 운동'의 확장으로 볼 수 있다. 이제 공유경제 문화는 사회의 ㉣ 소비문화로 정착되기에 이르렀다.

> **보기**
> ㄱ. ㉠은 문화요소가 유기적으로 결합되어 있음을 보여준다.
> ㄴ. ㉡은 주류문화에 저항하는 반문화로 분류된다.
> ㄷ. ㉢은 물질문화로 분류되는 문화요소에 해당한다.
> ㄹ. ㉣에서 '문화'는 넓은 의미의 문화로 사용되었다.

① ㄱ, ㄷ   ② ㄱ, ㄹ
③ ㄴ, ㄷ   ④ ㄱ, ㄴ, ㄹ

해설
ㄱ. 문화의 속성 중 전체성에 해당한다.
ㄹ. '소비문화'에서의 문화는 생활양식의 총체를 의미하는 넓은 의미의 문화로 사용되었다.

16 다음에서 강조하는 문화이해의 관점에 부합하는 진술로 가장 적절한 것은?

> 사람들은 자기 문화를 당연한 것으로 여기기 때문에 다른 문화를 경험하기 전까지는 자기 문화의 특성을 제대로 이해하기 어렵다. 따라서 자기 문화를 있는 그대로 이해하려면 다른 문화와의 비교연구를 통해 무엇이 같고 다른지를 우선 파악해야 한다.

① 다른 문화를 거울삼아 자기 문화를 객관적으로 파악해야 한다.
② 문화요소들을 분리해 심층적으로 파악해야 한다.
③ 다른 문화와의 비교를 통해 자기 문화의 우수성을 파악해야 한다.
④ 그 문화를 누리는 사람들의 입장에서 해당 문화를 이해해야 한다.

해설
문화이해의 관점에는 총체론적 관점, 상대론적 관점, 비교론적 관점이 있다. ① 서로 다른 문화를 비교함으로써 자신의 문화를 객관적으로 파악하고자 하는 것은 비교론적 관점이다.
③ 비교론적 관점의 목적은 자기 문화의 우수성을 파악하기 위한 것이 아니라 객관적으로 파악하기 위한 것이다.
④ 상대론적 관점에 대한 설명이다.

17 문화를 이해하는 A, B의 태도에 대한 설명으로 옳은 것은?

> • 영국이 인도를 지배하던 시절, 영국작가 A는 "식민지 주민들은 백인이 가져다주는 문명개화의 가치를 몰라보고 그저 원망과 불평만 쏟아낸다. 그럼에도 백인들은 더욱 노력해서 이 미개인들을 문명인으로 만들어야 한다"고 했다.
> • 1930년대 브라질 원주민을 현지조사했던 인류학자 B는 "단지 우리와 다른 풍습을 지녔다는 이유만으로 우리가 그들을 야만적이라고 하듯, 우리도 그들에게는 야만적으로 보일 것이다. 각각의 사회는 나름대로의 선택을 할 수 있지만, 그 선택은 서로 비교될 수 없다. 그것은 서로 동등한 가치를 가졌기 때문이다"라고 말했다.

① A의 태도는 문화적 다양성을 증대하는 데 기여한다.
② A의 태도는 다른 문화의 장점을 수용하는 데 유리하다.
③ B의 태도는 제국주의적 문화 이식 시도로 이어져 갈등을 초래할 수 있다.
④ B의 태도는 문화의 우열을 평가할 수 있는 절대적 기준은 없다고 본다.

해설
A는 자문화 중심주의, B는 문화상대주의에 해당한다. 문화상대주의는 문화의 우열을 평가할 수 있는 절대적 기준을 인정하지 않는다.

18 밑줄 친 ㉠~㉣에 대한 옳은 설명을 〈보기〉에서 고른 것은?

> '혼밥', '혼행' 등으로 대표되는 ㉠ '나홀로 문화'가 트렌드로 자리 잡고 있다. ㉡ 1인가구 증가와 맞물린 '나홀로 문화'는 방송계에도 영향을 미쳤다. 혼자 사는 이들의 생활을 관찰하는 프로그램이 공감을 얻고, '먹방'은 혼자서도 즐겁게 식사할 수 있다는 데 초점을 맞춰 인기를 끌고 있다. 이러한 변화는 삶을 바라보는 우리 사회구성원들의 시각이 달라지고 있음을 의미한다. 과거에는 전통적인 ㉢ 가족제도 안에서 가족공동체 중심의 삶이 우선시됐으나, 최근에는 ㉣ 개인의 삶을 가족공동체 못지않게 소중하게 여기는 삶의 양식이 확산되고 있다.

보기
ㄱ. ㉠에서의 문화는 '문화인'에서와 같이 좁은 의미로 사용되었다.
ㄴ. ㉡은 문화의 여러 요소들이 상호유기적으로 결합되어 있음을 보여준다.
ㄷ. ㉢은 비물질문화에 해당한다.
ㄹ. ㉣은 주류문화에 저항하는 반문화이다.

① ㄱ, ㄴ   ② ㄱ, ㄷ
③ ㄴ, ㄷ   ④ ㄴ, ㄹ

해설
ㄴ. 1인가구 증가가 방송계에 영향을 미치는 것을 통해 문화의 총체성을 파악할 수 있다.
ㄷ. 제도는 비물질문화에 해당한다.

19 다음은 우리나라의 사회보장제도 유형 A, B와 각 유형에 해당하는 제도를 나타낸 것이다. A, B에 대한 설명으로 옳은 것은?(단, A, B는 각각 공공부조와 사회보험 중 하나다.)

유 형	제 도
A	국민의 질병, 부상 및 건강증진 등에 대해 보험급여를 실시하는 제도
B	생활이 어려운 사람에게 필요한 급여를 지급하여 최소한의 인간다운 생활을 할 수 있도록 돕는 제도

① A는 저소득층을 대상으로 하는 공공부조다.
② B는 상호부조의 원리를 바탕으로 한다.
③ B는 A와 달리 사전예방적 복지를 추구한다.
④ A, B 모두 금전적 지원을 원칙으로 한다.

해설

A는 사회보험이며 이에 해당하는 제도는 건강보험이다. B는 공공부조이며 이에 해당하는 제도는 국민기초생활보장제도다.
② 상호부조의 원리를 바탕으로 하는 제도는 사회보험이다.
③ 사회보험은 사전예방적 복지를 추구한다.

20 밑줄 친 ㉠, ㉡에 대한 옳은 설명을 〈보기〉에서 고른 것은?

㉠ 장애인 의무고용제도에 따라 국가와 지방자치단체의 장은 장애인을 소속공무원의 일정비율 이상 고용해야 한다. 이에 대해 비장애인 취업준비생 중 일부는 그 비율이 과도하다고 주장하며 제도의 ㉡ 부작용을 지적하고 있다.

보기

ㄱ. ㉠은 경력에 따른 분배기준을 적용한 것이다.
ㄴ. ㉠은 사회적 약자에 대한 적극적 우대조치에 해당한다.
ㄷ. ㉡의 예로 계층 간 소득불평등 심화를 들 수 있다.
ㄹ. 비장애인 취업준비생 중 일부가 주장하는 ㉡으로 역차별을 들 수 있다.

① ㄱ, ㄴ
② ㄱ, ㄷ
③ ㄴ, ㄷ
④ ㄴ, ㄹ

해설

ㄴ. 장애인 의무고용제도는 사회적 약자인 장애인에게 취업에서 우선권을 주는 제도이므로 적극적 우대조치에 해당한다.
ㄹ. 사회적 약자를 보호하는 과정에서 사회적 약자가 아닌 사람들이 차별을 받는 현상을 역차별이라고 한다.

21 밑줄 친 ⑦~⑩에 대한 설명으로 옳은 것은?

> A는 가난한 가정의 5남매 중 ⑦ 장녀로 태어났다. A는 ⓒ 어머니가 홀로 생계를 이어 나가야 했던 어려움 속에서도 법조인을 꿈꾸며 학업에 전념하였고, 그 결과 ⓒ ○○대학교 법대에 수석으로 입학했다. 이후 사법시험에 최종합격하고 사법연수원을 차석으로 수료했으며, ⓔ 법무부 장관상도 수상했다. A는 현재 ⑩ 판사를 지망하고 있다.

① ⑦은 귀속지위, ⓒ은 성취지위이다.
② ⓒ은 공식조직 내에 존재하는 자발적 결사체이다.
③ ⓔ은 사법연수원생으로서 A의 역할에 대한 보상이다.
④ ⑩은 A의 준거집단이면서 동시에 내집단이다.

해설

장녀는 자신의 의지와 무관하게 획득하는 귀속지위이며, 어머니는 본인의 의지가 개입되어 후천적으로 획득할 수 있는 성취지위다.
② ⓒ은 공식조직 내에 존재하는 공식조직이다.
③ ⓔ은 A의 역할 행동에 대한 보상이다.
④ A는 현재 판사가 아니므로 ⑩은 A의 내집단이 아니다.

22 밑줄 친 'A 이론'에 대한 옳은 설명을 〈보기〉에서 고른 것은?

> 사회불평등 현상에 관한 A 이론은 경제적 차원의 계급이 자본주의사회의 불평등을 설명하는 핵심개념이라고 보면서도 사회불평등을 경제적 차원뿐 아니라, 정치적 차원의 당파와 사회적 차원의 지위집단이라는 개념으로도 설명한다. 각각은 관련성은 있지만 별개의 개념이므로, 경제적 계급을 달리하는 자본가와 노동자도 동일한 지위집단에 속할 수 있다고 설명한다.

보기

ㄱ. 지위불일치 현상을 설명할 수 있다.
ㄴ. 사회불평등을 이분화된 계층구조로 설명한다.
ㄷ. 다차원적 기준으로 사회불평등 현상을 분석한다.
ㄹ. 동일한 경제적 위치에 기반한 구성원 간의 강한 연대의식을 강조한다.

① ㄱ, ㄴ   ② ㄱ, ㄷ
③ ㄴ, ㄷ   ④ ㄴ, ㄹ

해설

A 이론은 계층론이다. 계층론은 경제적·정치적·사회적 기준 등 다차원적 기준을 통해 사회불평등 현상을 분석하며, 지위불일치 현상을 설명할 수 있다.
ㄴ·ㄹ. 계급론에 대한 설명이다.

23 다음 자료에 대한 옳은 분석을 〈보기〉에서 고른 것은?

> **경제분야의 여성차별 실태**
>
> A국은 가부장적인 문화로 인해 여성들의 경제활동에 대한 차별이 심하다. 지난해 기준으로 A국 100대 기업의 임원 중 여성은 20%에 불과하다. 같은 연도에 남성근로자의 평균근속연수는 여성의 4배였다. 그리고 지난해 전체 남성근로자 중 60%가 정규직으로 고용된 반면, 전체 여성근로자 중에는 55%만이 정규직으로 고용되었다.

> **보기**
>
> ㄱ. 지난해 A국 100대 기업에서 남성임원은 여성임원의 4배다.
> ㄴ. 지난해 전체근로자 중 정규직으로 고용된 사람의 비율은 55% 초과 60% 미만이다.
> ㄷ. 지난해 남성근로자의 평균근속연수 대비 여성근로자의 평균근속연수는 50%이다.
> ㄹ. 지난해 전체 근로자 중 여성 비정규직 근로자 수가 남성 비정규직 근로자 수보다 많다.

① ㄱ, ㄴ ② ㄱ, ㄷ
③ ㄴ, ㄷ ④ ㄴ, ㄹ

> **해설**
>
> ㄷ. 남성근로자의 평균근속연수 대비 여성근로자의 평균근속연수는 25%이다.
> ㄹ. 성별 전체 근로자 수가 제시되지 않아 알 수 없다.

24 빈곤유형 A, B에 대한 설명으로 옳은 것은?(단, A, B는 각각 절대적 빈곤, 상대적 빈곤 중 하나다.)

> 최근 우리나라는 과거와 달리 A보다 B가 심각한 사회문제로 등장하고 있다. 경제가 성장하면서 소득이 생존에 필요한 최저기준에 미치지 못하는 A 가구비율은 감소하고 있는데 비해, 소득격차가 심화되면서 B 가구비율은 증가하고 있기 때문이다.

① A 가구비율은 후진국보다 선진국에서 높다.
② A 가구가 감소하면 B 가구는 증가한다.
③ A는 B와 달리 상대적 박탈감을 유발한다.
④ A와 B 가구의 증가는 사회통합을 저해하는 요인이 될 수 있다.

> **해설**
>
> A는 절대적 빈곤, B는 상대적 빈곤에 해당한다.
> ① 선진국보다 후진국에서 절대적 빈곤가구의 비율이 높다.
> ③ 절대적 빈곤과 상대적 빈곤 모두 상대적 박탈감을 유발할 수 있다.

25 다음 글에서 도출할 수 있는 결론으로 가장 적절한 것은?

> 과거에는 농촌에서 아이들이 밭주인의 허락 없이 농작물을 서리하는 경우가 많았다. 그리고 상당수 사람들은 이를 일탈행동으로 생각하지 않았다. 그러나 오늘날에는 그런 행동을 일탈행동이나 범죄로 인식하고 제재를 가해야 한다고 생각하는 사람들이 많다.

① 일탈행동은 상대적으로 규정된다.
② 목표와 수단의 괴리는 일탈행동의 원인이다.
③ 일탈행동은 타인과의 상호작용 과정에서 학습된다.
④ 무규범 상태에서 일탈행동이 발생할 가능성이 높다.

해설
특정행위에 대한 일탈행동 판단여부가 시대에 따라 상대적으로 달라지고 있음을 알 수 있다.

26 일탈이론 (가)~(다)에 대한 설명으로 옳은 것은?

> (가) 사회가 인정하는 수단을 통해서는 문화적 목표를 실현할 수 없는 상태에서 일탈행동이 발생한다.
> (나) 일탈은 특정행위에 대한 사회적 반응에 의해 규정되며, 그러한 사회적 반응의 결과 행위자가 일탈자로서의 정체성을 형성할 때 지속적인 일탈로 이어진다.
> (다) 일탈적인 환경 속에서 일탈자들과 접촉하면서 그들의 문화와 행동을 학습한 결과 일탈행동이 발생한다.

① (가)는 일탈행동이 계급 간 갈등에서 비롯된다고 본다.
② (나)는 일탈행동의 원인을 사회구조적 차원에서 찾는다.
③ (다)는 일탈행동의 해결방안으로 일탈규정에 대한 신중한 접근을 강조한다.
④ (나), (다) 모두 타인들과의 상호작용이 일탈행동의 발생과정에 미치는 영향을 중시한다.

해설
(가)는 머튼의 아노미 이론, (나)는 낙인 이론, (다)는 차별적 교제 이론이다. 낙인 이론과 차별적 교제 이론 모두 개인 간의 상호작용 과정에서 일탈이 발생한다고 본다.

27 A가 사용한 연구방법에 대한 설명으로 옳은 것은?

> A는 노인의 인간관계 밀도가 높을수록 삶의 만족도가 높을 것이라는 가설을 세우고 연구를 진행했다. 그는 65세 이상 남녀 500명을 대상으로 질문지법을 통해 자료를 수집했다. 인간관계 밀도는 신뢰하는 사람의 숫자 및 일주일 동안 그들과의 접촉빈도로 측정했고, 삶의 만족도는 0~10까지 11단계 척도로 측정했다.

① 편지, 일기와 같은 비공식적 자료를 선호한다.
② 연구자의 직관적 통찰 및 감정적 이해를 중시한다.
③ 사회·문화현상 속에 내재된 법칙 발견을 목적으로 한다.
④ 자연현상과 사회·문화현상은 본질적으로 다르다고 본다.

해설

A는 양적연구방법에 기초해 질문지법으로 자료를 수집하고 있다. 양적연구방법은 수치화 및 통계분석을 통해 사회·문화현상에 내재된 법칙을 발견하려 한다.

28 (가), (나)는 정보사회에서 나타나는 문제점을 해결하기 위한 노력이다. 이에 대한 옳은 설명을 〈보기〉에서 고른 것은?

> (가) A국은 개인정보를 수집하여 활용하는 기업에게 정보관리의 투명성과 정보보안을 강화하는 제도를 시행하고 있다.
> (나) B국 정부는 고령층과 장애인의 정보통신서비스 이용률이 낮게 나타나자 정보취약계층을 대상으로 스마트기기를 보급하고 있다.

보기

ㄱ. (가)는 개인정보의 상품적 가치를 높이기 위한 것이다.
ㄴ. (나)는 정보격차를 해소하는 데 초점을 두고 있다.
ㄷ. (가)는 사이버범죄 예방에, (나)는 정보이용자 저변확대에 기여한다.
ㄹ. (가)와 (나)는 모두 사생활침해 방지에 주안점을 두고 있다.

① ㄱ, ㄴ   ② ㄱ, ㄷ
③ ㄴ, ㄷ   ④ ㄴ, ㄹ

해설

ㄴ. 정보취약계층을 대상으로 스마트기기를 보급하면 정보이용자가 늘어나고 정보격차가 줄어들 수 있다.
ㄷ. 개인정보관리의 투명성과 정보보안을 강화하는 것은 사이버범죄 예방에 기여한다.

29 다문화정책에 대한 다음의 주장에 부합하는 진술로 가장 적절한 것은?

> 일부 사람들은 다문화정책이 값싼 외국인 노동력을 국내로 유입시켜 노동시장의 임금하락을 유도하며, 이주민에 대한 과도한 정착지원으로 자국민과의 형평성 문제를 야기한다고 주장한다. 하지만 현재 우리사회는 저출산·고령화로 인한 고질적인 노동력 부족문제에 시달리고 있으며, 다문화에 대한 차별은 세계화에 걸림돌이 되고 있다. 따라서 부족한 노동력을 확보하여 산업경쟁력을 강화하고, 나아가 문화다양성의 실현을 통해 세계화에 걸맞은 문화적 창조능력을 제고할 수 있도록 적극적으로 다문화정책을 실시해야 한다.

① 높은 임금이 일자리 부족의 원인이다.
② 다문화정책의 실시로 문화적자산이 풍부해질 것이다.
③ 다문화정책의 실시로 양질의 일자리가 증가할 것이다.
④ 외래문화의 유입으로 문화적 갈등이 심화될 것이다.

해설
위 글에서는 문화다양성 실현으로 세계화 시대에 걸맞은 문화창조능력을 제고해야 한다고 주장하고 있으므로, 다문화정책의 실시로 인해 문화적자산이 풍부해질 것으로 추론할 수 있다.

30 밑줄 친 ㉠~㉤에 대한 설명으로 옳은 것은?

> A는 청소년의 ㉠ 다문화 수용성에 ㉡ 이중언어교육이 미치는 영향을 알아보기 위한 ㉢ 연구를 수행하였다. 이를 위해 ㉣ A지역 학교에서 이중언어교육을 받은 학생과 그렇지 않은 학생을 각각 500명씩 무작위로 추출한 이후, ㉤ 문화개방성 정도를 지수화하여 설문조사를 하였다. 분석결과, 이중언어교육을 받을수록 다문화 수용성이 높다는 유의미한 결과를 얻었다.

① ㉠은 독립변인, ㉡은 종속변인이다.
② ㉢은 질적연구방법에 기초한 것이다.
③ ㉣에 대한 연구결과를 모집단에 일반화할 수 있다.
④ ㉤을 통해 개념의 조작적 정의가 이루어졌음을 알 수 있다.

해설
① ㉠은 종속변인, ㉡은 독립변인이다.
② ㉢은 양적연구방법에 기초하였다.
③ ㉣은 표본의 대표성을 갖추지 못해 연구결과를 일반화할 수 없다.

31 다음에 나타난 A, B기업의 변화에 대한 올바른 설명을 〈보기〉에서 고른 것은?

> • A기업은 호칭에서 '부장님'과 같은 직함을 생략하고, 모든 구성원들이 직급에 상관없이 상대방을
>   부를 때 이름 뒤에 '님'자를 붙여 부르기로 했다.
> • B기업은 인사제도를 개편해 기존 7단계 직급을 3단계로 단순화시켰다. 또한 연공서열제를 바탕으
>   로 하는 기존 승진제도를 폐지하고, 업무성과 및 실적에 따라 상위직급으로 승진시키는 제도를
>   신설했다.

> **보기**
>
> ㄱ. A기업은 업무처리절차를 표준화하고자 한다.
> ㄴ. A기업은 수평적 의사소통을 촉진시키고자 한다.
> ㄷ. B기업은 업적에 따른 보상체계를 강화하고자 한다.
> ㄹ. B기업은 구성원의 업무세분화 정도를 높이고자 한다.

① ㄱ, ㄴ　　　　　　　　　　② ㄱ, ㄷ
③ ㄴ, ㄷ　　　　　　　　　　④ ㄴ, ㄹ

해설

ㄴ. A기업은 모든 구성원들이 직함을 생략하고 상대의 이름 뒤에 '님'자를 붙여 부르도록 함으로써 수평적 의사소통을
　촉진하고자 한다.
ㄷ. B기업은 업무성과 및 실적에 따라 승진시키는 제도를 신설함으로써 업적에 따른 보상체계를 강화하고자 한다.

32 학교 교육을 바라보는 다음 글의 관점에 부합하는 진술로 가장 적절한 것은?

> 학교 교육은 학생들 간의 협력보다는 경쟁을 통한 성적 우열관계를 만들어 내는 데 초점을 맞추고
> 있다. 이는 우열관계에 반영된 기존 권력관계를 당연하게 받아들이도록 해 학생들에게 불평등구조
> 에 순응하도록 한다. 이는 상급학교로 올라갈수록 저소득층이나 소수인종의 비율은 점점 줄어들고,
> 양질의 교육환경은 상류층과 주류가 독점하는 교육의 현실을 통해 더욱 명확히 드러난다.

① 학교 교육은 계층이동의 사다리 역할을 한다.
② 학교 교육에서의 성취도는 개인의 노력에 따른 결과다.
③ 학교 교육은 인재를 적재적소에 배치하는 기능을 수행한다.
④ 학교 교육은 불평등한 사회구조를 재생산하는 역할을 한다.

해설

위 글에서는 학교 교육에 대한 갈등론적 관점이 드러난다. 갈등론적 관점은 사회가 지배계급의 이익을 반영해 불평등한
사회구조를 재생산한다고 본다.

33 밑줄 친 ㉠~㉢에 대한 설명으로 옳은 것은?

> 베트남은 농경에 필요한 ㉠ 소를 중요시하는 문화의 영향으로 돼지고기를 넣어 쌀국수를 만들었다. 그런데 베트남이 프랑스의 식민지가 되면서 ㉡ 새로운 쌀국수가 만들어졌다. 소고기수프에 익숙했던 프랑스인들은 돼지고기 쌀국수에 ㉢ 이질감을 느꼈고, 이로 인해 소고기를 넣어 쌀국수를 만들었다는 것이다. 이후 베트남 전쟁을 피해 해외로 망명한 베트남인들에 의하여 ㉣ 쌀국수는 세계 각지에 전해졌다.

① ㉠에서의 문화는 '문화시민'에서의 문화와 같은 의미다.
② ㉡은 문화접변의 결과 나타난 문화동화의 사례다.
③ ㉢은 문화지체에 해당한다.
④ ㉣은 직접전파에 해당한다.

해설
① ㉠의 문화는 넓은 의미의 문화이고, '문화시민'에서의 문화는 좁은 의미의 문화다.
② ㉡은 문화동화의 사례로 볼 수 없다.
③ ㉢은 문화지체에 해당하지 않는다.

34 다음에서 추론할 수 있는 대중매체의 문제점으로 가장 적절한 것은?

> 간접광고가 방송사의 수익에서 차지하는 비중이 커지면서 방송사는 예능이나 드라마의 기획단계에서부터 광고주의 입맛에 맞는 요소들을 우선적으로 고려하는 경우가 많아졌다. 간접광고를 위해 작품의 시대적 배경과 주인공의 직업 등을 바꾸면서 작품흐름이 부자연스러워지기도 한다. 또한 시청률이 저조해 광고수익을 얻지 못할 것으로 예상되면 양질의 프로그램이라도 대중에게 소개될 기회조차 얻지 못한다.

① 정보조작을 통해 여론을 왜곡한다.
② 이윤만을 추구하는 상업주의의 폐해를 심화시킨다.
③ 외래문화를 확산시켜 전통문화의 정체성을 약화시킨다.
④ 주류문화에 저항하는 문화를 양산해 사회통합을 저해한다.

해설
위 글을 통해 방송사가 광고수익을 올릴 수 있는 방향으로만 방송 프로그램을 제작하는 등 상업주의의 폐해를 심화시키고 있음을 알 수 있다.

무언가를 위해 목숨을 버릴 각오가 되어 있지 않는 한
그것이 삶의 목표라는 어떤 확신도 가질 수 없다.

– 체 게바라 –

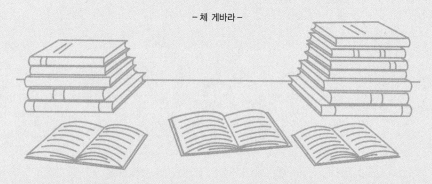

제주도 · 제주시 · 서귀포시 공무직 공개채용 한국사 + 일반사회

초 판 발 행	2024년 03월 30일 (인쇄 2024년 03월 26일)
발 행 인	박영일
책 임 편 집	이해욱
편 저	시사상식연구소
편 집 진 행	김은영 · 이보영 · 남민우
표지디자인	김도연
편집디자인	차성미 · 고현준
발 행 처	(주)시대고시기획
출 판 등 록	제10-1521호
주 소	서울시 마포구 큰우물로 75 [도화동 538 성지 B/D] 9F
전 화	1600-3600
팩 스	02-701-8823
홈 페 이 지	www.sdedu.co.kr

I S B N	979-11-383-6951-0 (13030)
정 가	18,000원